무엇을 해야 할지 더 이상 알 수 없을 때
그때 비로소 진정한 무엇인가를 할 수 있다.
어느 길로 가야 할지 더 이상 알 수 없을 때
그때가 비로소 진정한 여행의 시작이다.

_ 나짐 히크메트의 〈진정한 여행〉 중

문제는 무기력이다

# 문제는 무기력이다

박경숙 지음

와이즈베리
WISEBERRY

차 . 례

무기력은 인간의 본성이 아니다. 인간은 누구나 활력을 갖고 살아가게 되어 있다. 그럼 우리는 왜 무기력해지는가? 그것은 학습된 것이다. 반복적인 고통이나 실패로 인해 삶의 의욕을 잃어버린 것이다. 다행인 것은 무기력도 학습되지만 활력을 되찾는 것도 학습할 수 있다는 사실이다.

인생의 길에서 우리는 한번씩 무기력의 구덩이에 빠진다. 스스로 벗어날 때도 있지만 때로는 키보다 더 높은 구덩이에 빠질 수도 있다. 그럴 때 우리는 다급한 마음에 삽질과 같은 무의미한 행동을 하기 쉽다. 하지만 구덩이에서 빠져 나오려면 사다리나 도움을 줄 사람을 찾아야 한다.

인지과학자이자 심리상담가가 심혈을 기울여 쓴 이 책은 사다리와 같다. 왜 당신이 무기력의 구덩이에 빠지게 되었는지부터 어떻게 하면 빠져 나올 수 있는지 친절하게 안내해준다. 굿바이, 무기력!

문요한
정신과 전문의, 『굿바이, 게으름』의 저자

7

# 인생 발목 잡는 은밀한 방해자, 무기력

어떻게 해야 원하는 것을 얻을 수 있을까? 누구나 이런 질문을 한 번쯤 해보았을 것이다. 당연한 얘기지만 정답은 '원하는 것이 무엇이든 그것을 얻기 위해서는 행동에 나서야 한다'는 것이다. 그렇다. 행동할 때 삶은 희망하는 대로 진행된다. 그래서 우리는 행동하고자 한다. 하지만 행동할 수 없는 사람이 있다. 단지 게으르거나 성공에 무관심해서 행동하지 못하는 것이 아니다. 그들도 성공에 관심이 많고, 때로는 매우 부지런히 뭔가를 하는 듯 보인다. 그러나 그것이 자신이 진정 원하는 바와 거리가 멀거나, 행동하기를 무한정 미루며 늘 한자리에 머물러 있기 때문이다. 나 역시 그런 사람 중 한 명이었다.

나는 중년에 소중한 것을 많이 놓쳐버렸다. 그런데도 무엇이 문제인지 알지 못했다. 나는 왜 행동할 수 없을까? 나는 왜 내가 원하는 길을 가지 못할까? 문제가 무엇일까? 오랫동안 고민하고 아파했다. 그러다 마틴 셀리그만 교수의 '학습된 무기력'이 그 원인임을 알았다. '학습된 무기력'이란 외부의 힘 때문에 자신의 에너지를 발산하는 것이 차단당할 때 느끼는 좌절감이 무의식중에 학습되어 다음번에는 시도조차 하지 않으려고 하는 심리적 현상을 말한다. 그래서 무기력은 단순히 건강이 나빠졌다거나 피로가 누적될 때 나타나는 신체적인 기력 없음과는 다르다. 심리적 무기력은 '기력 없음'이 아니라 '의욕 없음'이다. 즉, 해야 할 일을 하게끔 이끄는 의욕이 상실된 상태이다. 무의식중에 배워버린 무기력은 모든 일에 악영향을 미쳐 우리의 행동을 지배한다. 그래서 성공을 향한 길을 스스로 막는 결과를 낳는다. 따라서 무기력은 우리의 인생을 퇴보하게 하는 마음의 독소라 할 수 있다.

자신이 성공하지 못한 것이 능력이 없어서가 아니라 능력을 발휘할 의욕이 없었기 때문이라는 사실을 알고 나면 인생을 되돌리고 싶어질지 모른다. 물론 무기력만이 성공을 위한 행동을 막는 것은 아니다. 나태·게으름·포기·절망·비관·미움·무관심 등등 많은 부정적 요소가 있다. 게으름과 나태의 결과와 무기력의 결과는 둘 다 행동하지 않는 것이므로 혼동되기도 하지만 무기력과 게으름에는 차이가 있다.

게으름은 내부에서 생겨나며 일종의 습관 같은 것인 반면, 무기력은 외부에서 가해지는 유기체를 반대하는 자극 때문에 의식과 무의식에 남게된, 행위하지 않으려고 하는 힘이다. 따라서 무기력이 게으름보다 우리를 더 힘들게 하고 극복하기도 더 어렵다. 또 게으름의 모습은 외부에 쉽게 드러나지만 무기력은 겉으로는 잘 드러나지 않는다. 무기력한 사람 중에는 겉으로는 부지런하게 보이는 사람도 많다. 하지만 정말로 해야 할 일이 아니라, 심리적으로 편안함을 느끼는 쉬운 일이거나 중요한 일을 대체할 수 있는 엉뚱한 시간을 보내는 예가 많기 때문에 스스로를 속이는 셈이 된다. 그래서 무기력을 '은밀히 속이며 인생의 발목을 잡는 강력한 방해자'라고도 부를 수 있다.

이 책에서는 무기력에 빠져 기능하지 못하는 우리 마음을 일깨우는 방법에 대해 설명할 것이다. 무기력에 빠진다는 것은 마치 주인이 없는 짐을 지고 억지로 버티며 사막을 건너가던 늙은 낙타가 기력이 다해 뜨거운 모래 한가운데에 쓰러져 죽을 수밖에 없는 순간을 만나는 것과 같다. 그런 날을 만나면 우리의 자아는 죽는다. 육체는 살았으나 마음이 죽는 심리적 사망과 조우하게 되는 것이다. 하지만 그 죽음이 끝이 아니다. 낙타가 죽은 자리에서 사자 한 마리가 기지개를 켜며 일어나는 환상 같은 일이 우리 삶에서 일어날 수 있다. 그것은 개인의 인생에서 엄청난 변화이자 진화를 맞는 놀라운 순간이다. 나는 이 책을 통해 무기력한 낙타를 벗고 자발적인 사자가 되는 법에 대해 말할 것이지만 그 변화는 결코 쉽지 않다. 그러나 그 변화가 일어나기만 한다면 비약적인 도약이 뒤따를 것이다. 낙타에서 사자로 변하는 종의 변화와 같은 엄청난 진화가 일어날 것이기 때문이다.

내가 이 책을 쓰려고 결심한 것은 나의 무기력 때문이다. 나는 중년에 무기력의 재앙을 만나 10여 년을 탕진했다. 그리고 그곳에서 빠져나오기 위해 시작한 힘겨운 수련 덕분에 조금씩 변해갔다. 이 책은 그 과정을 정리한 인지 과학적 보고서이다.

이 책은 5부로 구성되어 있다. 먼저 1부에서는 무기력의 여러 가지 모습을 설명하고, 2부에서는 우리가 무기력해지는 이유를 심리적인 원인과 사회 현상학적 원인으로 나누어 설명한다. 3부는 무기력에서 빠져나오는 훈련을 하기 전에 반드시 알아두어야 할 세 가지를 설명한다. 우선 인간이 변화되기 어려운 이유를 설명하고, 무기력에서 벗어나기 위한 전제 조건을 설명한다. 4부에서는 낙타가 사자가 되기 위한 실질적인 수련법을 다룬다. 즉, 무기력에서 벗어나 자신이 주인이 되어 자발적으로 살 수 있는 자발성 회복을 위한 자기 마음 깨우기 방법이다. 나는 여기서 마음을 통합적으로 다룰 수 있을 때 변화가 일어난다는 사실을 설명하며, '통합적 마음 전환' 기술을 구체적으로 설명한다. 인간의 마음이란 동기·인지·정서·행동이 통합적으로 운영되어 함께 돌아갈 때 변할 수 있다. 물론 이 중 하나라도 변할 수 있다면 그 사람은 달라질 수 있다. 그러나 인간이 총체적으로 완전히 변하기 위해서는 마음의 모든 요소가 함께 변해야 한다. 마지막 5부에서는 변화된 마음을 유지하기 위한 세 가지 팁을 부연 설명한다. 낙타에서 사자로 변한 사람은 자발적인 삶을 살 수 있다. 그 자발성을 찾은 이후에 성장할 수 있는 방법을 세 가지 기본 원칙을 통해 제시할 것이다.

자, 이제 신발 끈을 단단히 묶어라. 그리고 세렝게티 초원을 누비는 사자가 되는 경이로운 환상을 떠올리며 한 걸음씩 내딛어보자. 길고 고된 여정이 될 것이다. 그러나 걱정할 필요는 없다. 내가 그 여행에 안내자가 되어 이끌어줄 것이기 때문이다.

여행 중 내가 사막에 설치해둔 경고판이 앞에 보인다면, 반드시 돌아가고 피해 갈 바란다. 시험 삼아 재미로도 빠지지 마라. 올라오기 상당히 힘들 것이다. 또한 구덩이에 빠졌다 겨우 빠져나온 후에 또다시 거기 빠질

11

수도 있다는 사실을 잊지 말기 바란다. 인간의 마음이란 같은 실수를 반복하게 되어 있다. 따라서 빠진 구덩이에 다시 빠지지 않기 위해서는 정신을 똑바로 차려야만 한다. 냉정해져야 한다는 의미이다.

자신에게 냉정하라. 그러나 당신 자신의 힘을 믿고 스스로의 방식대로 걸어라. 오늘부터 당장 시작하라. 당장하지 않는다면 그곳에 오래 머물러야 할지 모른다. 내가 무기력의 사막에 버려둔 10년의 세월, 그것은 게오르규가 쓴 소설 『25시』처럼 도둑맞고 강탈당한 인생, 절대 존재해서는 안 되는 시간이었다. 당신은 그처럼 되지 않길 바란다. 속히 그곳에서 빠져나와 각자가 원하는 인생을 살아가길 간절히 바란다. 내가 이 책을 당신에게 드리는 이유이다.

끊임없는 자연재해와 인재가 우리를 괴롭히지 않는 날이 하루도 없고, 사회 환경과 외부에서 가해지는 강제적인 힘, 때로는 가장 사랑하는 사람이 우리를 절망하게 만드는 예측할 수 없는 인생에서 무엇을 의지해야 할까? 나를 지키는 것은 결국 내 마음 하나뿐이라는 사실을 기억하기 바란다. 모든 일을 결정하고 모든 결과를 만들어내는 것은 바로 당신의 마음이다.

나와 당신이 영혼의 자유를 찾는 것! 그것이 이 책을 쓴 목적이다. 무엇인가로부터 억압받는 낙타 같던 인생에서 벗어나 마음을 깨우고 당신 속의 사자를 움직이게 해서 궁극적으로 어린아이처럼 자유롭게 살아갈 수 있게 되길 진심으로 기도한다.

저자 박경숙

문제는 무기력이다

PART 1

실행하지
못하는
마음의
병

# 달리지
# 못하는 남자

한 운동장에서 육상 경기가 열렸다. 여덟 명의 선수가 출발 신호를 기다리며 100미터 트랙 위에 섰다. 잔뜩 긴장한 선수들의 입술은 바싹 마르고 근육에는 힘이 들어갔다. 이윽고 '땅!' 하는 신호와 함께 선수들이 달리기 시작했다. 그런데 한 선수가 그만 출발 신호를 놓쳐버렸다. 중요한 순간에 저지른 실수 때문에 당혹스러워하던 그는 출발선에 그대로 서버렸다. 불과 몇 초 만에 경기는 모두 끝났다. 달리지 못한 남자는 다른 선수들이 골인 지점을 통과하는 모습을 멍하니 지켜봐야만 했다.

다음 날, 또 다른 경기가 열렸다. 어제 출발도 하지 못한 선수가 모습을 드러냈다. 관객들은 그가 어제의 실수를 만회하리라고 생각했다. 그러나 그는 이번에도 출발조차 하지 못했다. 남자는 3일 뒤에 또 다른 경기에 출전했다. 다행히 이번에는 제때 출발했다. 그런데 이게 웬일인가? 그는 겨우 두세 걸음 내딛더니 속도를 늦추며 결국 멈춰서버렸다.

경기가 없는 날, 비 내리는 운동장에서 남자를 만났다. 그는 우산도 쓰지 않은 채 출발선에 주저앉아 울고 있었다. 남자에게 다가가 왜 우냐고 물었다. 그러자 그는 달릴 수 없는 게 억울해서 운다고 했다.

"저는 뛰지 않는 게 아닙니다. 아무리 뛰려고 해도 뛸 수가 없어요."

남자는 자신이 뛰지 못하는 이유를 아무리 생각해봐도 알 수가 없었다. 그는 오래전에 이 경기장에서 우승한 적도 있다고 말한 뒤, 목 놓아 통곡했다. 달리지 못하는 남자도 한때는 달릴 수 있는 사람이었던 것이다. 그것도 누구보다도 빠르게 말이다.


이 세상에 뛰고 싶어도 뛰지 못하는 사람이 비단 이 남자 하나뿐일까? 혹시 당신도 밤새워 공부하거나 새로운 사업에 골몰하던 시절을 그리워하고만 있지 않은가? 무슨 일을 하기도 전에 무엇을 해야 하는지, 왜 해야 하는지 모르겠고, 해도 안 될 것이라는 생각부터 들지는 않는가? 한시도 마음 편할 날이 없을 정도로 불안한데 다시 해보려고 힘을 내봐도 곧 기력이 떨어지고 의욕을 잃지 않는가?

만약 당신이 이야기 속의 '달리지 못하는 남자'처럼 어떤 일을 시작하지 못하거나 하다가 중도에 포기해버린다면 '무기력'을 의심해보기 바란다. 당신이 겪는 모든 문제가 무기력에서 비롯된 것인지도 모른다.

'하고 싶으나 에너지가 바닥나 아무것도 하지 못하는 상태', '자신에게 무슨 일이 일어나든 스스로의 힘으로 처지를 바꿀 수 없는 상황'. 이를 심리학적 용어로 무기력 helplessness 이라 한다. 그렇다면 무기력한 사람은 어떤 사람일까?

만약 사업을 포기한 사람이 있다고 하자. 사업에 소질이 없다는 사실을 깨닫고 가게에 취직해서 열심히 일한다면 그는 무기력한 사람이 아니다. 새로운 기술을 배워 새로운 일을 시작할 수 있기 때문이다. 문제는 새로운 사업을 하고 싶은 마음이 굴뚝같지만 예전에 실패한 기억과 알 수 없는 힘 때문에 아무것도 시작하지 못하는 것이다. 이런 사람은 경기에 출전하긴 하지만 달리지 못하는 남자와 같다.

'이번에는 달리고 말 거야. 반드시 1등을 거머쥐어야지.'

마음을 굳게 먹고 맹세해보지만 매번 실패하고 만다. 이렇게 좌절할 때마다 패배의 경험이 쌓이고 상처가 깊어진다. 실패가 누적되면서 그는 점점 더 뛸 수 없는 선수가 된다. 아무것도 하지 못하고 자책만 하다가 알코올의존증 환자가 되거나 평생을 무기력하게 살아갈지 모른다. 이 모든 것이 무서운 마음의 병인 무기력 때문이다.


미국의 유명한 심리학자 에이브러햄 매슬로Abraham Maslow는 "인간이 궁극적으로 자신과 평화롭게 지내려면, 음악가는 음악을 만들고 미술가는 그림을 그리고, 시인은 시를 써야 한다"고 했다. 단순해 보이는 이 말은 삶을 대하는 가장 중요한 태도와 인생을 성공으로 이끄는 원칙을 가르쳐준다. 자신의 역할을 다할 수 있는 사람은 축복받은 사람이다. 이런 사람은 꿈도 이루고, 행복과 자유를 누리는 성공도 이뤄낼 수 있다. 그러나 무기력한 사람은 자신의 일을 하지 못한다. 일을 시작하지 못하는 것은 물론, 작은 행동조차 할 수 없다.

"하루를 잘 보내면 그 잠은 달다.

인생을 잘 보내면 그 죽음이 달다."

역사 속 영웅들의 인생을 통찰한 윌 듀런트Will Durant는 저서 『역사 속의 영웅들』에서 이렇게 말했다. 누구나 한 번쯤 최선을 다해 하루를 보내고 피곤한 가운데 단잠을 잔 경험이 있으리라. 하루하루를 그렇게 사는 사람도 있을 것이다. 그는 누구보다도 행복한 사람이다. 발달 심리학자들도 윌 듀런트의 견해에 동의한다. 그들은 '모든 발달 단계를 제대로 거친 사람은 노년기에 통합을 이루고 편안한 삶을 누린다'고 보고한다. 각 연령에서 해야 할 것, 배워야 할 것을 제대로 행한 사람이 편안한 노년을 맞을 수 있다는 이야기이다.

자신의 나이와 위치에서 마땅히 해야 할 일을 제대로 수행할 수 있는 사람은 매우 건강한 사람이다. 10대 학생이 할 일과 40대 가장이 할 일은 다르지만 각자의 역할에 충실할 때 그들의 인생이 열린다. 하지만 할 일을 하지 않으면 미래는 재앙이 된다. 그러므로 학생은 공부해야 하고, 세일즈맨은 매일 고객을 만나야 하며, 운동선수는 매일 몸을 단련하고 경기장에서 훈련을 해야 한다. 이렇게 건강한 사람만이 결과물을 내고 삶에 흔적을 남길 수 있다.

그러면 어떻게 해야 자신의 위치에서 해야 할 일을 제대로 할 수 있을까? 답은 하루를 승리로 이끄는 것이다. 자신의 뜻대로 이끌어가는 만족스러운 하루를 보내는 것이다. 하루가 쌓여 일생이 되는 것을 고려할 때, 의미 있는 인생을 살려면 하루하루를 승리로 장식해야 한다. 매일매일 승부를 걸어 내가 이긴 날이 많을 때 인생에서 승리할 수 있다.

그런데 하고자 하는 일에 몰입하지 못하고 오늘 하루를 허비한다면, 미래는 불투명해지고 절망이 스스로를 잠식한다. 그날 마땅히 해야 할 일을 하지 못한 사람의 마음은 하루 치만큼 병든다. 한 달을 하지 못하면 병은 조금 더 깊어진다. 일 년을 허비한다면 그 병은 만성이 될지도 모른다. 그런데 놀랍게도 10년 이상 아무것도 하지 못하는 사람이 있다. 과연 그런 사람이 있을까 싶지만 생각보다 많은 사람들이 아무것도 하지 못한 채 살아가고 있다. 겉으로는 직장에 잘 다니고, 가게를 잘 꾸려가는 듯 보이지만 이들은 진짜 인생을 살지 못한다. 이들은 매일 불안함과 죄책감에 떨면서 불면의 밤을 보낸다. 어쩔 수 없이 내일을 기다리며 겨우 잠들지만 비슷한 상황이 또다시 반복된다.

경기에서 뛸 수만 있다면 순위는 별로 중요하지 않다. 어떻게 인생에서 매번 1등만 할 수 있겠는가? 서른 번을 지다가도 서른한 번째부터는 연거푸 이길 수도 있는 게 인생이다. 설사 끝내 한 번도 1등을 하지 못한다 해도 괜찮다. 간절한 마음으로 준비하고 결연한 의지를 가지고 뛰었다면 꼴찌를 하더라도 후회는 없다.

문제는 뛰지 못한다는 데 있다. 더욱이 뛰고 싶은 마음은 간절한데도 전혀 뛸 수 없다면 반드시 그 문제를 해결해야 한다. 꿈을 이루지 못하는 것은 느리게 달려서가 아니라 달리지 않기 때문이다.

## 미리 해보는 간편한 무기력 테스트

무기력에 대해 이해하기 전에 당신의 무기력 정도를 미리 테스트해보자. 다음은 미국의 저명한 정신과 의사 프랭크 미너스<sup>Frank Minirth</sup> 박사가 설명하는 무기력증의 초기 증세이다. 24개 항목 중 몇 개 정도가 본인에게 해당되는지 체크해보자. 프랭크 미너스는 12개 이상에 해당된다면 무기력증이 침범하고 있다고 했다.

- 최근 모든 일에 흥미를 잃었고 부정적인 생각만 든다. ☐
- 퇴근 시간만 기다려진다. ☐
- 내가 하고 있는 일이 적성에 맞지 않는다는 생각을 자주 한다. ☐
- 매사에 조바심이 자꾸 생긴다. ☐
- 직업을 바꾸고 싶다는 생각이 부쩍 늘었다. ☐
- 전보다 두통(요통, 혹은 기타 질환)이 심해졌다. ☐
- "누가 나에게 관심이나 있을까?" 하는 실의에 자주 빠진다. ☐
- 최근 술을 많이 먹고 주량도 늘었다. ☐
- 매일 쌓이는 스트레스 때문에 신경 안정제를 먹고 있다. ☐
- 예전에 비해 기운이 떨어지고 하루 종일 피곤하기만 하다. ☐
- 근래 들어 일에 대한 부담이 커졌다. ☐
- 기억력이 떨어지고 전보다 집중이 잘 안 된다. ☐
- 밤에 잠을 못 이루거나, 새벽에 자주 깨고 한번 깨면 다시 잠들기 힘든 일이 많다. ☐
- 식욕이 떨어졌거나 식욕이 지나치게 왕성해졌다. ☐
- 제대로 한 것이 아무것도 없다고 느껴진다. ☐
- 일에 대한 의욕이 예전보다 훨씬 못하다. ☐
- 내가 하는 일의 가치를 느끼지 못한다. ☐

문제는 무기력이다

- 전에는 결정하는 데 망설임이 없었는데 지금은 그러지 못하다. ☐
- 내가 좋아하고 자신 있게 하던 일이 보잘것없게 느껴진다. ☐
- "신경 써서 뭐 해? 나와 상관없는 일인데"라는 말을 자주 한다. ☐
- 나는 정당한 대우와 관심을 받고 있다고 생각하지 않는다. ☐
- 나의 문제에서 벗어날 길이 보이지 않아 무능함을 느낀다. ☐
- 일에 대해 지나치게 이상주의적이라는 말을 자주 듣는다. ☐
- 내 직업은 장래성이 없다는 생각이 든다. ☐

# 무기력의
# 여러 가지 얼굴

우리 주변의

무기력

　　얼마 전 젊은 사람들 사이에서 유행처럼 쓰이다가 이제는 신조어로 등록된 단어 중 '귀차니즘'이라는 것이 있다. 이 단어는 만사가 귀찮아 게으름 피우는 현상이 고착된 상태를 말하는 인터넷 용어이다. 귀찮은 일을 몹시 싫어하는 태도나 사고방식을 뜻하는 이 말은 남녀노소 할 것 없이 사용할 정도로 널리 퍼졌다. 조합이 이상한 이 단어가 힘을 얻은 것은 그만큼 귀차니즘에 공감하는 사람들이 많다는 사실을 의미한다.

　많은 사람들, 심지어 초등학생들마저 "귀차니즘에 빠졌다", "귀찮다, 의욕 없다"라는 말을 흔히 하는 것을 보면 걱정이 앞선다. 한창 새로운 것을 경험하고 호기심을 가지며 이것저것에 빠져들 때이고, 큰 좌절을 겪을 나이가 아니기 때문이다. 이러한 반응은 쉽게 넘길 수만은 없는 심각한 현상일지도 모른다. 의욕 없는 상태인 무기력이 마음에 그림자를 드리우고 있다는 신호이기 때문이다.

심리학에서는 무기력을 '자발적으로, 적극적으로 행하지 않는 것' 또는 '현저하게 의욕이 결여되었거나 저하된 경향'이라고 정의한다. 즉, 무기력은 자발성과 의욕이 상실된 상태이며 반대로 무기력에서 벗어난다는 것은 자발성과 의욕을 회복하는 것으로 볼 수 있다.

사회가 고도로 발달하면서 무기력을 야기하는 원인도 늘고 있다. 이러한 추세에 따라 심리학과 정신의학 분야에서는 무기력을 진단하고 치료하는 수많은 연구가 진행되고 있다. 무기력 연구의 대가라 할 수 있는 미국 펜실베이니아대학의 마틴 셀리그만Martin Seligman 교수는 1975년에 '학습된 무기력Learned Helplessness'에 관한 연구를 시작했다. 이후 많은 심리학자들이 무기력, 무력감Burn Out 등의 개념을 발달시켰고, 연구에 헌신했다. 이들 중 미국의 심리학자 허버트 프로이덴베르거Herbert Freudenberger는 무기력을 에너지가 고갈된 상태라고 정의하며 무기력증에 빠진 사람은 에너지가 없으므로 항상 타인에게 억압을 느낀다고 주장했다.

프랑크 미너스는 상담을 통해 심리적인 문제를 안고 있는 수많은 사람들을 관찰하며 무기력증 환자의 특징을 다음과 같이 설명했다.

"무기력한 사람들은 육체적, 정서적으로 탈진한 상태다. 그들은 미래가 불확실하다고 느끼고 지인과 사회로부터 자신을 고립시키려고 하며,

감정적인 허탈감에서 수반되는 정신적인 고통을 느낀다. 이러한 증상이 타인을 무시하거나 부정적으로 대하게 만든다. 누군가 나서서 도와주려고 해도 자신을 그냥 내버려두라며 고집을 부리고, 결국 혼자 고립되고 만다.”

미너스는 무기력증 환자는 결국 스스로 타인과의 관계를 차단하면서 정서적인 피로를 느끼고 유능감도 낮아진다고 말한다. 여기서 유능감이란 새롭고 조금은 어렵게 느껴지는 일을 성공적으로 해내면서 느끼는 긍정적인 감정을 뜻한다. 바로 이 유능감이 부족하면 일의 성취도가 떨어지고 점점 더 무기력해진다.

또 그는 무기력을 치료하지 않으면 우울증으로 발전할 수 있다고 경고했는데, 마틴 셀리그만도 그와 같은 의견을 내놓았다. 무기력과 우울증은 서로 연관되어 있으며 상호작용을 한다. 그 결과 무기력하기 때문에 우울증이 나타나고, 우울하기 때문에 무기력해지는 악순환이 반복된다. 즉, 무기력에서 우리를 보호해야만 우울증에 빠질 위험에서도 벗어날 수 있는 셈이다.

심리학자 제리 에델위치Gerry Edelwich와 아치 브로드스키Archie Brodsky는 열심히 일하던 직장인이 어느 날부터 ‘일은 그냥 일일 뿐이다’라는 태도를 갖기 시작하면 무기력해진다는 이론을 발표했다. 그들은 직장에서 최선을 다하지 않고 적당히 시간을 때우는 사람 중 무기력을 호소하는 사람이 많다고 밝혔다. 이러한 예는 우리 주변에서 흔히 발견할 수 있다. 2009년 잡

문제는 무기력이다

코리아와 비즈몬이 함께 실시한 설문 조사에 따르면 73.4%가 "회사에 출근하기만 하면 무기력을 느낀다"며 이른바 '회사 우울증'을 호소했고 일은 가능하면 피하고 싶다는 반응을 보였다.

나 역시 모 기관에서 근무할 때 이와 비슷한 예를 볼 수 있었다. 그곳에는 많은 연구 교수와 포스터 닥터가 있었는데 그들의 평균 근무 기간은 6~8개월 정도였고, 극히 일부만이 일 년 이상 견뎠다. 무기력하게 시간을 때우던 박사들 대부분이 일 년을 채우지 못하고 사직하거나 해고당했다. 채용 인터뷰에 참여했던 나는, 그들이 얼마나 큰 희망과 의욕을 가지고 연구소 임용을 원했는지 알고 있었다. 그러나 시간이 갈수록 그들은 열정 없이 하루하루를 보냈고 매사에 무기력한 지식 근로자의 전형적인 모습을 보여주었다.

외국 박사 학위를 보유한 연구원 A씨를 예로 들면, 그는 처음에 매우 의욕적으로 여러 명의 학생과 새로운 연구를 진행하려고 시도했다. 그런데 제안하는 연구 계획이 여러 번 좌절되자 눈에 띄게 달라졌다. 근무 시간에 인터넷으로 일본 드라마를 시청하거나, 쇼핑몰을 검색해 잡동사니로밖에 보이지 않는 물건을 구입해 거의 매일 연구실로 상품이 배달되었다. 미팅 시간에는 멍하니 앉아 소장의 질문에 답하지 못하고 엉뚱한 말을 늘어놓고, 주변 사람을 아랑곳하지 않고 누군가와 한두 시간은 기본으로 통화해 원성을 샀다. 그뿐 아니라 자신이 맡은 프로젝트의 기한을 넘겨 급하게 다른 사람의 도움을 받아 보고서를 제출하는가 하면, 업무를 분담해 함께 제안서를 쓸 때는 그가 맡은 부분에서 치명적인 실수가 발견되어 거의 성사된 대형 프로젝트에서 탈락되는 사태까지 일어났다. 그는 결국 해고되는

지경에 이르렀다. 그의 변화는 충격적이었다. 처음엔 모든 연구를 해낼 것 같이 의욕적이던 사람이 너무나 무기력하게 변해버린 것이다.

새로운 지식을 창출하고 가공하는 일을 하는 지식 근로자가 무기력을 느낄 때는 다른 직종보다 더 심각한 사태가 빚어진다. 육체노동은 관성에 의해 굴러갈 때도 있지만 지식 노동자는 자신의 두뇌를 최대한 활용해야 최고의 생산품을 만들 수 있다. 그러므로 무기력이 뇌를 침범하면 그 사람은 업무를 제대로 수행할 수 없게 된다. 나 역시 그런 경험을 했다.

하지만 그는 정도가 더 심한 것처럼 보였다. 그가 해고를 원했으리라고 생각하지는 않지만 만일 직장이 자신과 맞지 않는다고 여겼다면 빨리 다른 곳으로 옮겼어야 옳다. 그는 그러지도 않았고, 해고되는 순간까지 무엇을 해야 할지 모른 채 우왕좌왕했다. 문제가 되는 환경에서 벗어날 생각조차 하지 못하는, 무기력에 사로잡힌 사람의 전형적인 모습을 보여준 것이다.

그가 과거에는 의욕이 왕성하고 똑똑한 사람이었다는 사실을 알기에 그의 변화가 더 큰 충격으로 다가왔다. 그가 변한 이유는 여러 가지일 것이다. 내가 관찰한 바에 의하면 목표 상실이 그중 하나의 이유였으리라 생각한다. '자기가 하고 싶은 연구는 못하게 되어 좌절하고, 보스가 시키는 일은 자신의 연구 목표와 맞지 않아 재미가 없어 하기 싫다'는 것이 그를 그렇게 만든 이유가 아닌가 생각된다. 다른 직장으로 옮긴 그가 자신의 목표에 맞는 연구를 할 수 있다면 아마 예전에 보여주었던 능력을 발휘할 수 있을 것이다.

많은 직장인들이 일에 대해 열정을 느끼지 못하는 것도 이와 비슷한 이유 때문일 가능성이 많다. 꿈과 현실의 괴리에서 오는 심리적인 공백이 무기력을 유발하는 것이다.

## 무기력의
## 증상

무기력은 천의 얼굴을 갖고 있다. 단순히 기력이 없다든지, 만사가 귀찮다든지, 의욕이 생기지 않는다든지 하는 것만이 무기력의 전부가 아니다. 업무 능력 저하나 게으른 상태만이 아니라 생각지도 못한 다양한 증상을 통해 나타나기 때문에 그 신호를 신속하게 감지해야 한다. 우선 마틴 셀리그만이 정리한 무기력의 증상을 알아보자.

### 1 행동하지 않는다

무기력의 가장 중요한 증상은 뭔가를 직접 나서서 하지 않는 것이다. 즉, 자발성이 사라진다고 할 수 있다. 환경과 사건을 스스로 통제하지 못하는 것, 이를 두고 심리학에서는 '통제 불가능성'이라고 한다. 이런 통제 불가능성을 경험한 사람은 무슨 일을 하든 '귀찮아. 어차피 내가 어떻게 할 수 없어'라고 생각한다. 자연히 행동하고자 하는 의지가 사라지고, 시도 자체를 포기하게 된다.

셀리그만은 실험을 통해 속수무책으로 전기 충격을 받은 개는 도주할 수 있는 여건이 되어도 도망치려는 시도를 하지 않는다는 결과를 얻었다. 이러한 현상은 개에게만 나타나는 것이 아니라 쥐·고양이·원숭이 같은 다른 동물에게서도 나타났고, 사람도 마찬가지였다. 인간 역시 자신이 스스로 상황을 통제하지 못한다는 사실을 알고 나면 자발적으로 행동하려고 하지 않는다. 이렇게 행동하지 않는 증상의 원인은 '동기의 약화', '동기 장애'이다.

## 2  나는 뭘 해도 안 돼

통제 불가능한 상황에 의해 무기력을 느끼면 자신이 문제를 해결할 수 있다는 긍정적인 생각을 하지 못한다. 한번 피할 수 없는 전기 충격을 받은 개가 도피할 수 있다는 생각을 잊어버리는 것처럼, 인간도 자신이 그 문제를 해결할 수 있다는 생각을 하지 못한다. 심리학에서는 이런 현상을 '부정적 인지 형성'이라고 한다. 세상과 자신을 바라보는 인지의 양식을 부정적으로 이끄는 증상의 또 다른 명칭은 '인지 장애'다.

## 3  마음은 물론, 몸도 아프다

무기력해지면 여러 가지 '정서 장애'가 나타난다. 슬픔·우울·불안·죄책감·분노 등 부정적인 감정이 생겨난다. 이런 부정적인 정서는 육체에도 영향을 준다.

정신적 충격을 겪으면 마음뿐 아니라 신체까지 부정적인 영향을 받는다는 것은 이미 심리학과 의학을 통해 밝혀진 사실이다. 스트레스를 받아 우울해진 원숭이가 위궤양 증상을 보이고 홍수·화산 폭발·교통사고·납치 등에서 살아남은 사람들이 사건을 겪은 이후에 악몽·소화불량·불면증에 시달리는 사례가 이를 입증한다. 배우자의 죽음이나 자녀의 사고로 받은 충격 때문에 병을 얻고, 심지어 사망에 이르는 경우를 주변에서 어렵지 않게 볼 수 있다.

미국 로체스터 의과대학의 조지 엥겔George Engel 교수는 심리적 상실과 신체적 질병의 관계를 20년 이상 연구했다. 그의 연구에 따르면 무기력을 느끼기 전까지 생리적인 병원체를 잘 막아내던 유기체도 무기력을 느끼면 저항력이 떨어진다고 한다.

즉, 무기력은 유기체를 각종 질병에 노출되기 쉽게 만든다. 원래는 건강한 체질이던 나도 무기력 때문에 우울증을 앓은 기간에는 여러 질병에 시달렸고, 지금은 그 증상들이 거의 사라져 다시 건강해졌다. 그때 나를 괴롭힌 질병이 단순히 노화에 의한 것만은 아닌 이유다.


## 4  지나친 수동성

동물과 사람은 자신을 보호하기 위해 외부 공격에 반응하고 도피하며 때로는 반격하기도 한다. 그것은 생존과 직결되는 본능이다. 그러나 무기력에 점령당한 사람과 동물은 지극히 수동적인 성향을 띠기 때문에 공격에 대항하지 않고 받아들인다.

이는 온화함과는 다르다. 온화함은 대항할 수 있는 힘이 있으면서도 수용하는 것을 말하지만 수동성은 막을 수 없다고 생각하기 때문에 어쩔 수 없이 공격을 받아들이는 것을 가리킨다. 경쟁해봐야 어찌할 도리가 없으리라는 부정적 인지가 행동하지 않게 유도해 '행동 장애'를 일으키는 것이다.

무기력과 우울은 체중 변화를 동반한다. 무기력한 사람들은 대개 갑자기 살이 찌거나 빠지는 일을 경험한다. 과거 심리학에서는 무기력과 우울증이 식욕을 억제해 체중이 줄어들게 한다고 보고했다. 그러나 최근에는 스트레스에 따른 폭식이 비만을 유발한다는 발표가 많다. 이를 뒷받침하는 예는 주변에서 쉽게 찾아볼 수 있다.

얼마 전 1997년 미스코리아 출신인 L씨가 한 방송사의 체중 감량 프로그램에 출연해 화제가 되었다. 우리나라를 대표할 정도로 뛰어난 미모와 몸매를 갖추었던 그녀는 100킬로그램에 가까운 몸무게로 사람들을 놀라게 했다. 사업에 실패한 후 폭식과 폭음을 반복한 탓이었다. 미스코리아 출신인 사람까지도 자신을 돌보지 않아 비만에 이르게 할 만큼 우울증의 폭력은 깊은 상처를 남긴다.

앞에서 이야기한 심리학자 허버트 프로이덴베르거는 일곱 가지 임상 증상을 제시하며 셀리그만이 정리한 다섯 가지 무기력 증상을 더욱 상세하게 설명했다.

## 1 탈진, 피로

탈진은 무기력의 초기 증상이다. 에너지가 떨어져 피곤하고 만사가 귀찮아 탈진하는 예가 많다. 무기력에 오래 시달리다 보면 수면 부족과 식욕 부진으로 피곤함을 느끼며 마치 탄성을 잃어 축 늘어진 고무줄 같은 상태가 된다.

## 2 고립되었다는 생각

무기력을 느끼기 시작하면 타인과 교제할 정신적, 시간적 여유가 사라진다. 자연히 가까운 사람들과도 거리를 두려고 한다. 혼자 있고 싶어 고립 상태를 유지하는 데 시간과 노력을 집중한다.

이렇게 고립감을 느끼면 냉소적인 태도를 보인다. 문화생활이나 동호회 활동, 동창 모임, 소개팅에도 '그게 무슨 의미가 있지?'라고 냉소적으로 반응한다. 인생 자체에 대해 회의를 느끼기도 한다. 나 역시 무기력에 빠져 있던 시기에는 친구나 직장 동료와 어울리려 하지 않았다. 회식 자리도 가급적 빠지고 싶어 했으며 영화를 보거나 여행가는 것에도 흥미를 느끼지 못했다. 한마디로 말해 고립된 섬과도 같았다.

## 3 조급증과 과민반응

무기력은 의외로 무슨 일이든 빨리빨리 해치우는 습성이 있는 사람에게 많이 나타난다. 이런 사람들이 한번 무기력에 빠지면 성취 능력이 현저히 떨어진다. 목표를 이루지 못하면 환경이나 다른 사람 탓이라고 생각하고 화를 내는데, 처음에는 자신에게 짜증을 내고 분노하다가 나중에는 실패의 원인을 가족이나 동료에게 전가하려 한다. 구덩이에 빠진 자동차를 빼내려고 조급하게 핸들을 돌리다 구덩이 안으로 더 깊숙이 빠져 들어가는 꼴이 되고 마는 것과 같다.

## 4 무슨 일이든 내가 다 해야지

아이러니하게도 무기력은 일중독자나 완벽주의자에게 많이 나타난다.

"이 일을 나보다 더 잘해낼 사람은 없어."

"일할 사람이 나밖에 없어. 아무도 못해!"

불행히도 이런 생각을 하면 할수록 무기력해질 가능성이 많다.

내가 심한 무기력에 시달린 것도 이런 완벽주의 성향 때문이었다. 그때 나는 직장 일과 집안일, 둘 다 완벽하게 해내야 한다고 생각했다. 학교에서는 학과장으로서의 업무, 집에서는 아이 양육과 집안일을 혼자 다 해내려고 했다. 그러면서도 새로운 연구와 논문을 위해 매 순간 고민했으니 지칠 수밖에 없었다.

젊고 체력이 좋을 때는 무슨 일이든 다 해낼 수 있을 것 같지만 언젠가는 한계에 부딪힌다. 그러므로 무언가를 포기하는 것은 곧 무능력하기 때문이라는 생각에서 해방되어야 한다. 할 수 없는 것을 내려놓는 것은 무능한 것도, 비겁한 것도 아니다. 오히려 내려놓아야 할 때를 알고 내려놓는 사람이 현명한 사람이다.

## 5 무리수, 심하면 과대망상

무기력이 깊어지면 무리수를 두려는 경향이 나타난다. 무기력한 사람은 생산성이 떨어지는 것을 경험한다. 그러나 그들은 자신이 일을 해내는 데 문제가 있다고 생각하지는 않는다. 오히려 단숨에 모든 것을 역전시킬 수 있다고 믿는다.

달리지 못하는 남자도 매번 경기에 출전했다. 예전에 우승한 사실만 기억하며 훈련도 하지 않고 최고의 선수들과 경쟁하려고 한 것이다. 이런 사람들은 자신에게 노력이 필요하다기보다는 실력을 인정받지 못하고 부당한 대우를 받고 있다는 생각에만 빠져 있다. 프로이덴베르거는 중증 무기력 환자들은 '누군가 나를 잡으려고 바깥에 서 있다'는 피해망상에 빠지기도 한다고 보고했다.

## 6 지남력 장애

지남력指南力 장애란 시간·공간·관계·성질·식별 등의 감각에 혼란이 온 상태를 말한다. 무기력한 상태가 장기간 지속되면 사고 체계에 혼란이 온다. 집중하는 시간이 짧아지며 말을 더듬기도 하고 이름, 날짜 등을 기억하지 못하거나 무슨 말을 어떻게 해야 할지 모르게 된다. 기억력과 언어 능력이 감퇴하기 때문이다.

이러한 지남력 장애의 원인은 내면의 동요와 스트레스이다. 나도 비슷한 경험을 했다. 무기력했던 기간에 일어난 일 중 지금도 잘 기억나지 않는 게 많다. 그 이전의 일들은 상당히 또렷하게 기억하지만 그 무렵의 일은 도무지 생각나지 않는다. 거짓말 같지만 사실이다.

## 7 통증

무기력은 정신적인 스트레스로 발병하는 질환인 심신증을 유발한다. 마음의 병이 신체의 면역력을 떨어뜨려 각종 질병을 야기하기 때문이다. 두통이나 고질적인 감기·요통·어깨 통증은 무기력에 동반되는 대표적인 질병이다. 나 역시 무기력했던 시절 두통과 요통을 앓았고, 특히 심한 어깨 통증에 시달렸다.

# 은밀하게
# 무의식적으로

## 은밀한
## 무기력

많은 사람이 성공을 욕망한다. 성공과 번영에 대한 열망은 진화의 사슬을 타고 우리 유전자 속에 각인된 본능과도 같다. 성공은 경제적, 시간적 제약에서 벗어나 폭넓은 행동의 자유를 약속한다. 한마디로 성공하면 남들보다 자유로울 수 있다는 뜻인데 자유를 추구하는 것 또한 인간의 본능이다. 따라서 우리는 자유를 가져다주는 성공을 원하고, 성공을 향한 욕망에 따라 움직인다. 그런데 욕망은 있으나 행동하지 못하는 사람이 있다. 욕망했으나 아무런 결과도 내지 못하는 사람, 당신도 혹시 그런 사람에 속하지 않는가?

무기력하면 행동할 수 없게 된다. 욕망은 있으나 움직일 수 없는 것이다.

문제는 무기력이다

자신의 능력과 에너지를 집중해 꿈을 이루고 삶을 예술로 만들고 싶지만 몸과 정신이 의지대로 움직여주지 않는다. 원하는 '그것'에 집중하지 못한다. 그러면서도 강박증 환자처럼 계속 그것을 해야 한다고 생각한다. 하지만 생각은 정리되지 않고, 무엇을 먼저 해야 할지 몰라 이것저것 손만 대고 끝나는 일이 많아진다.

대학생 A씨는 졸업을 앞두고 나름대로 빡빡한 일정을 소화하고 있다. 오전에는 토익 학원에 다니고 오후에는 스터디, 밤에는 편의점 아르바이트를 한다. 내년에는 꼭 취업하기를 바라며 늘 그 생각뿐이지만 정작 구체적인 진로를 고심하는 일은 미루기만 한다. 어떤 회사가 자신에게 맞을지, 어떤 업무가 있는지 열심히 알아봐야겠다고 생각하지만 지금은 일단 토익 점수를 올려야지, 혹은 오늘은 피곤하니까, 라는 핑계를 대며 내일로 미룬다.

20대 후반 B씨는 디자인 회사에 입사했다. 윗사람에게 지시받은 업무는 단순한 작업인 반면 양이 상당해서 밤늦게까지 야근하는 날이 많았다. 하지만 시간이 가고 일이 점점 손에 익다 보니 처리 속도가 빨라져 업무 시간에 여유가 생겼다. 스스로의 발전을 위해 새로운 디자인 프로그램을 익히며 실력을 쌓고자 하는 생각은 있으나 어쩐지 시간 여유가 생겨도 좀처럼 공부를 할 수 없다. 책을 읽다 보면 잠이 오고, 자신도 모르게 한참 동안 인터넷 쇼핑을 한다.

대학 강사 C씨는 훌륭한 강의로 학생들에게 존경받고 그 인기로 책까지 집필해 작가가 된 대학교수가 부럽고 그처럼 되고 싶다. 그래서 어떤 주제로 강의를 해볼까, 어떤 방식으로 가르칠까 고민도 해보지만 정작 교수 임용도 어려운 현실을 생각하다가 교수 친목회, 동창 모임, 가족 여행을 준비하며 방학을 보낸다. 그리고 새 학기 강의안을 몇 년째 같은 내용으로 채운다.

수영 선수 D씨는 오늘도 골프 연습을 한다. 수영장 락스 냄새에 머리가 아프기 때문이다. 몇 달 후에 있을 중요한 시합을 앞두고 기록이 좀처럼 좋아지지 않아 걱정은 되지만 일단은 기분 전환 삼아 스윙 연습에 몰두한다. 그것도 운동이 되기 때문에 시간을 헛되이 보낸다고 생각하지는 않는다. 매일 내일은 복귀하자고 생각하지만 그 다짐이 2주를 넘기고 있다.

위의 예시에서 나온 사람들은 우리 주변에서 쉽게 찾아볼 수 있는 인물들이다. 그들은 아침부터 저녁까지 나름대로 바쁘게 무엇인가를 한다. 그래서 스스로는 물론 주변 사람들도 그들이 무기력하다고 생각하지 않는다. 혹은 그렇다고 생각하더라도 가벼운 정도이고, 심각한 문제라고 여기지 않는다. 단지 지금은 토익 점수를 올리는 것이 먼저라고, 업무도 끝냈으니 잠깐 인터넷 쇼핑을 하는 것도 나쁘지 않다고 생각할 뿐이다. 겉으로는 무슨 일이든 열심히 했다는 사실에 만족하지만 마음 한편에 자리 잡은 불안감을 떨치지 못한다. 무의식적으로 '훈련을 하지 않았으니 기록이 잘 안 나오는 게 당연하잖아' 하고 자신을 속이고 위로하려 한다. 자신을 속이면서 자기 자신에게서 도망치려는 것이다.

본인이 무기력하다는 사실을 알고, 주변 사람들도 느낄 수 있을 정도로 비교적 뚜렷하게 외부로 드러나는 명백한 무기력이 있는 반면, 이처럼 자각하기 힘든 '은밀한 무기력'도 있다.

이와 비슷한 예를 하나 더 들어보자. 농구계의 전설적인 스타로 일컬어지는 마이클 조던이 돌연 야구 선수가 되어 팬들 앞에 나타난 적이 있다. 마이클 조던이 이끌던 시카고 불스가 세 번째 NBA 우승을 달성한 직후인 1993년 7월, 조던의 아버지 제임스 조던이 강도에게 피살됐다. 든든한 버팀목이자 조력자인 아버지를 잃은 조던은 충격에 빠졌고, 1993년 10월, 은퇴를 공식 발표했다. 이 소식을 들은 그의 팬들은 더 이상 환상적인 플레이를 볼 수 없게 되었다며 아쉬워했다. 그런데 이듬해 봄인 1994년 3월, 조던은 농구가 아닌 야구 선수로 복귀했다. 농구 황제 마이클 조던이 시카고 화이트삭스에 입단해 마이너리그에서 뛰기 시작한 것이다. 그는 왜 하필이면 야구 선수가 되었을까? 그의 말에 따르면 야구 선수는 조던의 아버지가 평생 이루지 못한 꿈이었고, 조던 본인 또한 어린 시절부터 꿈꾸던 것이었다고 한다.

하지만 가장 신뢰할 만한 이유는 은퇴 당시 마이클 조던이 농구를 통해 이루고자 하는 바를 모두 이루었다는 사실일 것이다. 반복되는 연습과 경기, 목표 상실로 농구에 환멸을 느낀 그는 야구로 외도를 감행한 것이다. 어쩌면 잃어버린 승부욕을 불태우고 열정을 쏟아부을 대상이 필요했을지도 모른다.

이렇듯 중요한 일에 쏟아야 할 에너지를 부수적인 데 쓰는 이들도 사실은 무기력한 사람이다. 할 일을 하지 못하는 것도 무기력이지만, 집중해야 할 일 대신 다른 일에 몰두하는 것도 무기력의 결과다. 자기 일에서 점점 더 멀어지고, 그만큼 에너지를 허투루 낭비하는 악순환의 고리에 빠져든다. 당장은 자신이 열심히 산다고 착각하지만 얼마 지나지 않아서 그게 아니라는 사실을 깨닫게 될 것이다.

은밀한 무기력에 빠지면 헤어 나오기도 힘들다. 당신은 혹시 바쁜 하루를 보낸 뒤에 공허함을 느끼는가? 뭔가 열심히 하고는 있는데 자신의 삶이 빈껍데기 같다고 느끼는가? 그렇다면 은밀한 무기력증에 빠져 있지는 않은지 의심해보라. 자신이 무기력해서 다른 일에 매달린다는 사실을 알지 못할 수도 있다.


## 무의식적인
## 무기력

겉으로 드러나는 행동 양상 외에도 스스로 의식할 수 있는지 여부에 따라 무기력을 분류할 수 있다. 여기서 자신이 무기력하다는 것을 분명히 의식할 수 있고 원인도 안다면 '의식하는 무기력'이라 하고, 이유도 모르고 본인이 무기력하다는 사실도 자각하지 못하는 무기력은 '무의식적인 무기력'이라고 부르겠다.

'의식하는 무기력'은 다양한 상황에서 나타난다. 후회되는 일이 갑자기 떠올라 그 생각에 사로잡힌 나머지 갑자기 힘이 빠지거나, 본인 뜻대로 일이 풀리지 않아 낙담했을 때, 질병으로 기력이 떨어졌을 때, 뭔가를 열심히 했지만 결과가 좋지 않을 때, 다른 걱정 때문에 중요한 일에 집중하지 못할 때, 방이나 책상이 어지러울 때, 중압감을 느끼거나 뭔가를 기다리다 지쳤을 때 발생할 수 있다. 이런 상황에서는 이전보다 확실히 기운이 빠지고 의욕이 생기지 않는 것을 느낄 수 있고, 스스로도 "무기력하다" 혹은

문제는 무기력이다

"탈진했다"라고 말하기도 한다. 다행히 이럴 때는 원인을 제거하면 무기력에서 벗어날 수 있다.

예를 들어 탈진 때문에 무기력을 느낄 때는 심호흡을 통해 신체를 이완하거나 커피 또는 초콜릿을 섭취하고 가벼운 운동, 반신욕으로 피로를 풀어준다. 그러면 신체적인 무기력이 사라진다. 주변이 어수선할 때는 책상이나 방을 정리하는 것만으로도 다소간의 의욕이 생길 수 있다. 그리고 복잡한 생각이나 잡념 때문에 무기력하다면 노트나 컴퓨터에 자신의 생각을 글로 적어보는 것도 도움이 된다. 문제점을 글로 적어 차분히 분석하다 보면 복잡한 생각을 정리할 수 있다. 생각이 더 복잡하게 얽혀 있다면 상황과 배경, 과정과 결과를 마인드맵으로 정리하고 구체적인 해결법을 찾아보는 것도 좋다. 만약 업무의 압박 때문에 무기력을 느낀다면 '이 일에서도 배울 점이 분명 있다'라고 생각하는 것만으로도 무기력에서 조금은 벗어날 수 있다. 비교적 쉬운 방법으로 얼마든지 해결이 가능한 것이다. 문제는 본인이 의식하지 못하는 '무의식적인 무기력'이다.

최근 같은 집에 있어도 대화가 없고 남보다 못한 가족의 문제를 다룬 다큐멘터리를 본 일이 있다. 특히 아들은 방문을 걸어 잠그고 아예 밖으로 나오지 않았다. 그는 취업과 사업에서 연거푸 실패를 겪어서 안 그래도 속상한데 부모님은 얼굴만 마주했다 하면 "나이도 많은데 어서 자리 잡아야 되지 않겠느냐"면서 일장 연설을 늘어놓는 통에 피해 다닐 수밖에 없다고 했다. 그는 나름대로 노력하고 있다고 말했으나 사실은 멍하니 누워 있거나 게임에 빠져들기 일쑤였다. 환경적인 문제를 떠나 자신이 심각한 무기력에 빠져 있다는 사실을 자각하지 못하는 듯했다. 그 남자는 획기적인 계기가 없으면 무기력한 상태가 오래 지속될 가능성이 높은 듯 보였다. 만성적인 의욕 상실과 자신은 아무 일도 할 수 없다는 생각에 지배당하면 가족의 충고는 잔소리로 들릴 뿐이다. 설사 부모님과 관계를 회복한다 해도 방문을 열고 나와 사회에 편입되는 데는 많은 노력이 필요할 것이다.

이러한 무의식적인 무기력은 오랜 훈련과 노력이 뒷받침되어야 벗어날 수 있는, 해결하기 힘든 무기력이다. 여기에는 어린 시절 부모의 양육 방식, 환경적인 영향, 본인의 기질과 성격, 성장과 발달 과정에서 배운 모든 것이 영향을 미친다.

성격은 선천적으로 주어진 유전자와 후천적인 환경, 교육의 결과로 형성되는데, 한 인간 안에는 여러 가지 성격적 특질이 혼재한다. 여러 가지 성격적 특질 중에서도 의존적인 성격과 강박적인 성격이 특히 무기력에 취약하다. 이런 성격이라면 자신이 무기력하다는 사실을 의식하지 못한 채 평생 동안 무기력의 지배를 받을 위험이 있다. 이에 대해서는 뒷장에서 더 자세히 살펴볼 것이다.

## 만성적
## 무기력

무기력은 무기력한 상태가 지속되는 정도에 따라 무기력한 시간이 비교적 짧은 급성과 오랫동안 이어지는 만성, 두 가지로 나눌 수 있다. 급성 무기력은 평소보다 에너지가 현저히 저하되거나 갑자기 좋지 않은 상황에 맞닥뜨렸을 때 느끼는 무기력증이다. 갑자기 발생한 만큼 어

문제는 무기력이다

느 정도 시간이 지나면 사라진다. 영양가 높은 음식을 먹고 쉬거나, 문제가 해결되면 쉽게 벗어날 수 있다.

그런데 심리적인 원인이나 만성 질환에서 비롯된 만성적인 무기력은 그 원인의 특성상 쉽게 사라지지 않는다. 앞에서도 말했듯 무기력이란 신체적으로나 심리적으로 자신의 한계를 자각할 때 나타나므로 자신을 억누르는 상황이 길게 이어지면 함께 길어지기 마련이다. 그러면 급성 무기력과 만성 무기력에서 비롯되는 증상을 구체적인 사례를 통해 살펴보자.


인디언들끼리 치열한 전쟁을 벌이던 1659년, 어느 겨울에 일어난 일이다. 미국의 남부 조지아에 세인트 진이라는 마을이 있다. 이곳에는 페툰Petun 인디언이 무리 지어 살고 있었는데 이들은 때마침 중대한 결정을 내렸다. 페툰 인디언들의 오랜 적 이로쿠오스Iroquois 족의 침략을 원천 봉쇄하기로 한 것이다. 인디언들 사이에서 선발된 페툰 전사들은 이로쿠오스 족과 전쟁을 하기 위해 길을 나섰다. 그들은 며칠 동안 이로쿠오스 족을 찾아내려고 노력했지만 그 어디에서도 적군을 발견하지 못했다. 한참 헤매던 전사들은 결국 허탕만 치고 돌아왔다.

그런데 이게 어떻게 된 일인가? 마을이 완전히 불타버려 형체를 알아볼 수 없게 된 것이었다. 뿐만 아니라 전사들이 목숨 걸고 지키려 한 부녀자들과 아이들, 노인들이 갈기갈기 찢긴 채 죽어 있었다. 충격적인 광경을 본 전사들은 말을 잃었다. 그들은 그 자리에 주저앉아 신음 소리만 내뱉을 뿐, 손가락 하나도 움직일 수 없었다. 어느 누구도 이로쿠오스 족을 쫓아가 복수하고, 포로들을 구해 오자고 말하는 사람이 없었다. 전사들은 한나절 동안 단 한마디도 하지 못했다.

이 이야기는 마틴 셀리그만의 저서 『Helplessness』에 등장하는 재앙 징후가 유발하는 급성 무기력증에 관련된 일화다. 가장 호전적이라는 인디언 전사들도 비극적인 사건과 맞닥뜨리면 순간 전의를 상실해버린다.

재앙 징후-Disaster Syndrome란 사람들이 가공할 만한 참변에 노출되었을 때 심리적인 충격으로 한동안 아무것도 할 수 없는 상태를 말하는 심리학 용어다. 이러한 반응은 거의 모든 문화권에서 나타나는 일반적이고 자연스러운 현상이다. 아주 강력한 폭풍이 마을을 휩쓸었을 때 폭풍이 부는 동안 잘 대처하던 사람들도 폭풍이 지나간 후 하루 정도는 혼수상태에 빠진다는 보고가 있다. 피해자들은 대개 혼수상태로 하루를 보내고 나서야 일상을 되찾기 위해 노력한다. 충격에 빠져 아무것도 할 수 없는 시간을 보내야만 재기할 수 있는 것이다.

페툰 전사들의 예에서는 급성 무기력과 만성 무기력이 둘 다 나타날 수 있다. 인디언들이 자신의 종족이 살육당한 것을 목격한 후 한나절 동안 아무것도 할 수 없었던 것은 급성 무기력의 전형적인 증세다. 종족 전멸이라는 정신적 충격, 즉 재앙 징후 때문에 나타난 무기력인 것이다.

급성 무기력은 갑작스럽게 찾아온 만큼 빨리 벗어날 수 있다. 전사들이 이로쿠오스 족에게 복수하고 포로들을 데려와 마을을 재건한다면 무기력은 일시적인 것이라 할 수 있다. 그러나 적을 두려워해 원수를 갚지 못하고 뿔뿔이 흩어져 각자 자신의 상처를 평생 안고 살 수도 있다. 만성 무기력에 시달리게 되는 것이다.

재앙을 잊는 것은 매우 어려운 일이다. 2011년 3월에 닥친 일본 대지진은 사상 최악의 쓰나미를 가져왔다. 국제 아동 구호 단체에서 쓰나미를 경험한 아이들을 대상으로 조사한 결과, 아이들이 입은 정신적 피해가 심각한 것으로 드러났다. 건강 상태에 대한 걱정, 특히 방사능에 대한 공포를 호소하는 아이들이 많았고, 심지어 자폐 증세를 보이는 아이들도 있었다고 한다. 참사에 그대로 노출된 아이들은 많은 시간이 흐른 지금도 "집이 흔들려요"라고 수시로 비명을 지른다. 매일 밤 악몽에 시달리며 잠을 제대로 자지 못하는가 하면, 어떤 아이는 부모를 제외한 다른 사람과는 한마디도 나누지 않으려고 한다.

아이는 성인보다 환경 대응 능력이 더 약하다. 따라서 아이 입장에서는 난생처음 경험한 자연재해인 쓰나미를 속수무책 당할 수밖에 없는 엄청난 천재지변으로 받아들인다. 물론 성인도 쓰나미 앞에 속수무책이고 쓰나미에서 살아남았다 하더라도 그 트라우마trauma에서 오랫동안 벗어나지 못할지 모른다. 하지만 성인은 살아온 경험으로 쓰나미가 흔히 일어나는 것이 아닌 데다 앞으로 동일한 일을 겪을 확률이 극히 낮다는 사실을 알고 있으므로 그 트라우마에서 서서히 벗어날 수 있다. 그러나 아이는 쓰나미가 드문 재해라는 사실을 이해하지 못하고, 자신에게 닥친 대응할 수 없는 그 엄청난 일이 앞으로도 계속 일어날 것이라 생각하는 경우가 많아 성인보다 훨씬 상처가 깊고 치유 기간도 길다. 어쩌면 일부는 평생 트라우마를 안고 살아갈지도 모른다. 만성 무기력에 빠지는 것이다. 이 배경에는 '내 힘으로 그 일을 어떻게 할 수 없었다'는 자각이 깔려 있다. 이를 심리학에서는 '통제 불가능에 의해 발생한 무기력'이라고 정의한다.

# 사는 것과
# 살아내는 것

'사는 것'과 '살아내는 것'은 비슷한 단어처럼 보이지만 의미는 극과 극이다. 우리는 매일 오늘 하루를 보낼 방법을 선택할 수 있다. 살 것인가, 살아낼 것인가? 어떤 방법을 택하느냐에 따라 완전히 다른 하루를 보내게 된다. 이 둘은 전혀 다른 정신 레벨에서 비롯된 결과이기 때문이다.

'살아내는 하루'는 아프고 슬프다. 두려움과 절망 속에서 그가 하루만큼의 시간을 견뎌냈다는 의미이다. 다른 이가 시키는 일을 수동적으로 해내는 노예의 삶이다. 직장을 당장 그만두고 싶지만 그러지 못하고 어쩔 수 없이 출근해 그날그날 지시받은 일을 마지못해 대충 처리하는 직장인, 이혼이 두렵고 경제적 능력이 없어 자신을 학대하는 남편에게서 벗어나지 못한 채 식구들을 위해 밥하고 청소하며 푸념하는 주부. 무기력에 빠져 있을 때의 심리 상태가 여기에 해당한다. 무기력한 상태에서는 사는 것이 아

문제는 무기력이다

니고 살아내며 그냥 하루하루를 버티는 것이다.

독일의 철학자 니체Nietzsche, Friedrich Wilhelm는 인간의 정신을 낙타, 사자, 어린아이의 세 단계로 설명했다. 살아낸다는 것은 니체가 인간 정신의 세 단계 중 '낙타'로 표현한 단계, 주인의 명령에 복종해 등에 짐을 잔뜩 싣고 사막을 횡단하다가 죽어가는 낙타의 삶과 같다. 당신이 만약 버틸 수 있는 최대한의 짐을 싣고 사막을 건너는 늙은 낙타라면 어떤 느낌이 들겠는가? 정말 힘들고 억울하지 않을까? 그러다 힘이 떨어져 쓰러지면 그 짐은 젊은 낙타에게 옮겨 실을 것이고, 일어나지 못하는 낙타를 버려두고 대상 행렬은 계속 사막을 횡단할 것이다. 많은 직장인이 이런 인생을 살고 있다. 하루의 품삯을 위해 낙타처럼 견디며 간신히 '살아내고' 있는 것이다. 그러다 어느 날 더 이상 일할 수 없는 순간이 올지 모른다.

이에 반해 '하루를 산다'는 것은 포효하는 사자처럼 사는 방식을 말한다. 하루를 사는 사람은 사자같이 주도적이고 스스로가 고용주가 된다. 사자는 자신이 원할 때 사냥하고 먹는다. 그러고는 초원에서 며칠씩 휴식을 취한다. 초원에서 사자에게 간섭할 다른 동물은 없다. 사자는 자신이 스스로의 주인이다. 그래서 그들은 자유롭다.

사자와 같은 모습으로 살아가는 사람은 남의 인생이 아닌 자기 인생을 살아간다. 또 모든 것을 스스로 결정하고 자신이 책임지며 자신이 기울인 노력의 대가를 모두 취한다. 이는 '자발성'에서 나온다. 자발성이란 누군가 시켜서가 아니라 자기 스스로 결정해 자신의 힘으로 하는 것을 말한다. 심리학에서는 무기력이 자발성이 사라진 상태라고 설명한다. 그러므로 무기력에서 헤어 나오려면 자발성을 회복해야 한다. 사자처럼 자신이 주인이 되는 인생을 되찾고, 그런 삶을 계속 살아나가는 것을 꿈꿔야 한다.

당연히 우리는 낙타가 아니라 사자의 삶을 살고 싶어 한다. 그러나 불행히도 그것은 쉽지 않다. 특히 무기력하게 낙타처럼 사는 사람들이 하루아침에 사자가 될 수는 없다. 그러나 불가능한 일도 아니다. 인간의 정신이란 노력 여하에 따라 진화가 가능하기 때문이다. 하지만 그 과정은 절망의 연속일 만큼 혹독하다.

그러나 더러운 진흙에서 연꽃이 피어나듯 무기력의 절망은 '새로운 배움'을 남긴다. 개인차가 있겠지만 무기력의 절망 속에서 깨닫게 되는 가치가 분명히 있다. 인생에서 보장된 것은 별로 없고 삶은 결코 만만치 않으며, 할 수 있는 일이 있고 하지 못하는 일이 있음을 확실히 배우게 된다. 그런 깨달음을 얻으면 사막에서 낙타가 죽는 그 자리에서 사자가 태어나 포효할지 모른다. 사자가 지니고 있는 자발성을 회복하는 것이 첫 번째 정신진화의 목표이다.

낙타가 죽을 때 놀라운 변화가 시작된다. 자발성을 회복하려고 애쓰는 순간, 자신처럼 살아내려고 있는 힘을 다해 노력하는 이웃에게 관심을 갖는 것이다. 그는 절망 속에 허우적댄 일이 있기 때문에 그 이웃과 함께 아파할 수 있다. 다른 이의 아픔에 공명할 수 있다면 남을 도우려는 마음을 품게 된다. 그리스 작가 니코스 카잔차키스<sup>Nikos Kazantzakis</sup>는 소설 『그리스인 조르바』에서 "자신을 구하는 유일한 길은 남을 구하고자 애쓰는 것이다"라고 했다. 다른 사람의 아픔에 공감하고 남을 돌보다 보면 자신을 구할 길도 찾을 수 있다.

문제는 무기력이다

다른 이를 도우려는 마음이 생기면 자신이 갖고 있는 것에 눈을 뜬다. 남에게 주기 위해서는 자신이 무엇을 갖고 있는지 살펴보아야 하기 때문이다. 이때부터 다른 이에게 주는 것을 즐기며 공헌을 즐기고 인생을 관조하기 시작한다. 비로소 니체가 말한 세 번째 단계인 '어린아이의 정신'을 갖게 되는 것이다.

어린아이는 천진함과 솔직함, 창조의 상징이다. 아이는 수천 번 실패해도 포기하지 않는다. 수없이 옹알이를 하다가 말을 배우고 넘어지길 반복하며 걸음마를 배운다. 천진하고 호기심이 강해 어떤 상황에서든 창조하고 변화를 추구한다. 아이는 계산 없이 사랑을 주고 아플 때 울고, 기쁠 때 마음껏 웃는다. 천진난만함이 아이의 특징이라 생각할 때 정신의 가장 자유로운 단계는 천진난만함이라 할 수 있다. 그 때문에 우리가 어린아이의 눈으로 세상을 바라보면 아무런 한계도, 억압도 없이 어떤 일이든 새롭게 시작할 수 있다.

그래서 아이는 사자도 하지 못하는 일을 할 수 있다. 이런 놀라운 기적은 두 번째 정신 진화로 이어진다. 아픈 만큼 성장한다는 자연의 법칙에 따라 무기력의 고통이 그들을 새로운 사람으로 거듭나게 할 것이다.

# 의식의
# 단계

## 호킨스의
## 의식 혁명

한 가지 기억해야 할 점은 무기력은 방치한다고 해서 없어지는 것이 아니라는 사실이다. 일반적으로 무기력한 사람들은 무기력을 이겨내고자 부지런히 운동을 하고 소일거리를 찾는다. 하지만 무기력은 무턱대고 바쁘게 살고 몸을 고단하게 한다고 해결되는 문제가 아니다. 정작 필요한 것은 정신을 단련하는 일이다. 정신 수준을 무기력보다 높은 단계로 끌어올려야 한다.

이제 정신에 대해 냉정하게 생각해보자. 노벨상 수상자의 정신과 알코올 의존증 환자의 정신이 같지 않으리라는 점에는 모두 동의할 것이다. 대법원의 판사가 생각하는 것과 소매치기로 하루하루 살아가는 남자의 사고

문제는 무기력이다

도 분명히 다를 것이다. 이렇듯 모든 사람의 의식 수준이 다른데, 이를 개념화해 수치화할 수 있다는 것이 데이비드 호킨스<sup>David Hawkins</sup> 박사의 이론이다.

미국의 정신 진화 전문가 데이비드 호킨스는 인간의 의식 수준을 1에서 1000까지의 수치로 설명하며, 각자의 정신을 어떤 단계의 값으로 표현할 수 있다고 주장했다. 정신을 레벨로 나누고 수치화한다는 점에서 비판도 많이 받았지만, 많은 사람들에게 통찰의 기회도 주었다. 그 결과 수많은 추종자가 생겼으며 세계적인 관심을 받게 되었다. 그는 예수와 부처의 의식 레벨은 1000, 간디는 700, 아인슈타인과 뉴턴, 프로이트는 499라고 했다. 여기서 수치는 대수의 의미이므로 의식 수준 50과 55는 5만큼의 차가 나는 것이 아니고, 지수 값만큼 차이가 난다. 그 수치의 절대값이 진실인지 아닌지는 여기서 논하지 않겠다. 그러나 그가 단계별로 정리한 의식 지도는 현재까지 정신을 연구한 철학자·의학자·심리학자가 이미 발표했거나, 우리가 막연하게 알고 있던 것을 체계적으로 정리한 것으로 볼 수 있다. 따라서 그의 지도에 나타난 '무기력'의 위치를 통해 객관적인 '무기력'의 상태와 의식 레벨 전체에서 무기력이 다른 정신 레벨과 어떤 관계를 가지는지 엿볼 수 있다.

호킨스 박사는 인간 정신의 가장 높은 레벨을 깨달음으로 설정했다. 깨달음 아래 평화·기쁨·사랑·이성·포용·자발성·중용·용기·자존심·분노·욕망·두려움·슬픔·무기력·죄의식·수치심의 정신 단계를 차례로 분포시켰다. 아래의 표에서 보듯 그는 무기력을 죄의식, 수치심과 함께 인간 의식의 아주 낮은 레벨에 두고 있다.

데이비드 호킨스의 의식 지도

| 대수의 수치 | 의식 수준 | 감정 | 상태 | 발생 과정 |
|---|---|---|---|---|
| 700~1000 | 깨달음 | 언어 이전 | 존재 | 순수 의식 |
| 600 | 평화 | 축복 | 완전한 | 지각 |
| 540 | 기쁨 | 고요함 | 전부 갖춘 | 거룩함 |
| 500 | 사랑 | 존경 | 자비로운 | 계시 |
| 400 | 이성 | 이해 | 의미 있는 | 추상 |
| 350 | 수용 | 용서 | 화목한 | 초월 |
| 310 | 자발성 | 낙관 | 희망에 찬 | 의향 |
| 250 | 중용 | 신뢰 | 만족한 | 해방 |
| 200 | 용기 | 긍정 | 가능한 | 힘을 주는 |
| 175 | 자존심 | 경멸 | 요구가 많은 | 과장 |
| 150 | 분노 | 미움 | 적대의 | 공격 |
| 125 | 욕망 | 갈망 | 실망하는 | 구속 |
| 100 | 두려움 | 근심 | 무서운 | 물러남 |
| 75 | 슬픔 | 후회 | 비극의 | 낙담 |
| 50 | 무기력 | 절망 | 절망의 | 포기 |
| 30 | 죄의식 | 비난 | 사악한 | 파괴 |
| 20 | 수치심 | 굴욕 | 비참한 | 제거 |

　그는 의식을 수치화하며 200 이하의 수준에 기본적으로 깔려 있는 삶의 태도가 '살아남기'라고 했다. 앞에서 언급한 '살아내기'와 유사한 개념이라 할 수 있다. 특히 50 '무기력' 이하의 단계에서는 가난과 결핍에서 비롯된 절망과 우울이 정신을 지배하고, 그 윗단계인 125 '욕망'과 150 '분노'

문제는 무기력이다

단계인 사람은 자신이 생존하기 위해 자기 위주의 충동적인 행동을 하며 175인 '자존심'의 수준에 이르면, 다른 사람에게도 역시 살아남으려는 본능이 중요하다는 사실을 이해하기 시작한다고 한다. 예를 들어 호킨스 박사는 미국 해병대를 이끌어가는 힘이 바로 이 '자존심'이라고 했다.

표에 따르면 200대 이하에서는 겨우 생존을 유지하는 삶을 영위하지만, 긍정과 부정이 갈리는 1차 분기점인 200 '용기'에 이르면 다른 사람의 안녕을 중요하게 느낀다. 200대 중 낮은 수준에서 미숙련 노동자가 나타나고 200대 중간 수준에서 조금 숙련된 노동자가 나타나며, 높은 수준에서는 숙련된 노동자·상인·소매업자가 나타난다. 그리고 300에는 기술자·숙련공·경영인·소박한 사업가, 300대 중간 레벨에는 전문 경영인·기능공·교육자가 해당되는데, 가족이나 이웃을 초월해 국가와 국가의 복지를 생각할 줄 아는 세계관이 형성되는 단계라고 할 수 있다. 400대 수준에서는 지성이 중요해진다. 식자층과 전문가·과학자·고급 행정 관리 등이 이 레벨에 해당하는 사람들로, 이들은 사회현상에 대한 이해가 깊고 예술과 문화를 사랑하며 정치가·발명가·산업계 지도자 등의 직업으로 사회에 기여한다. 400대의 높은 수준에는 각 분야의 지도자가 나타나며 노벨상 수상자도 여기에 해당된다. 아인슈타인과 뉴턴, 프로이트가 500대로 도약하지 못한 이유를 두고 호킨스는 그들 이론이 사랑에 기반한 '통합'을 이루지 못하고 편협성에서 벗어나지 못했기 때문이라고 평가했다.

2차 분기 지점인 500 '사랑'의 단계에 이르면, 다른 사람의 행복을 고려하게 되어, 그것이 그 사람을 움직이는 필수적인 요소로 자리 잡는다고 한다. 이들은 지도자가 되기를 원하지는 않지만 다른 사람들의 지지로 지도

자가 되며 음악·미술·건축 등에서 걸작을 남겨 많은 사람이 이들과 함께 있는 것만으로도 의기가 고양된다.

500대의 높은 단계는 수많은 사람들에게 귀감이 되는 영적 지도자가 속한 레벨로, 자신의 분야에서 새로운 관점과 이해를 창조해 인류 전체에 기여한다. 그리고 600대에 가까워지면, 자신뿐만 아니라 다른 사람들의 영적인 눈뜸에 관심을 갖게 되고, 인간의 선과 깨달음을 추구하는 것을 삶의 기본적인 목표로 삼는다. 700에서 1000에 이른 사람은 모든 인간의 구원을 추구하는데 부처·예수·크리슈나와 같은 종교 지도자가 이 단계에 해당한다고 그는 말한다.

그러면 호킨스 박사가 설명하는 무기력은 어떤 상태일까? 그의 첫 번째 저서 『의식 혁명 Power vs. Force』에서 밝힌 무기력의 증상은 다음과 같다.

> 무기력은 빈곤, 절망, 자포자기와 연관이 깊다. 현재와 미래가 황폐해 보이고, 비애가 인생의 주제로 보인다. 무기력은 아무 희망이 없는 상태로, 여기에 속해 있는 사람들은 모든 면에서 도움이 필요하다. 그러나 그 도움조차도 그들에게는 쓸모없게 느껴진다. 삶에 대한 의욕 없이 허공을 응시하고 자극에 무감각하며, 시선이 더 이상 어떤 사물을 좇지 않고 주어진 음식조차 삼킬 에너지가 없는 상태에 이른다.

그렇다면 무기력한 사람은 어떻게 해야 할 것인가? 호킨스 박사는 의식의 단계를 상승시키는 것이 어려운 일이긴 하지만, 노력을 기울이면 가능하다고 한다. 그것은 심리학자들이 끝없이 탐구하는 인간 정신의 진화 과

문제는 무기력이다

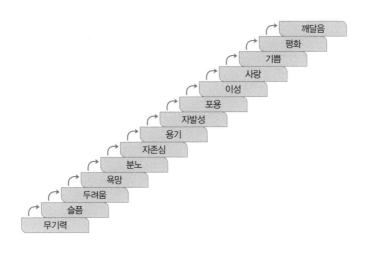

데이비드 호킨스의 의식 향상 과정

정과 비슷하다. 무기력은 자발성을 상실한 상태이므로 자발성을 회복하는 단계까지 올라가면 무기력은 극복되었다고 볼 수 있다. 물론 자발성 이상의 레벨까지 계속 상승할 수 있다면 점점 성장, 진화하고 정신의 자유를 누리며 인류와 역사에 큰 영향을 미칠 수 있을 것이다. 이 책에서는 무기력에서 벗어나 본래 자신이 가진 에너지인 자발성을 회복하고 유지하는 방법에 대해서 다룰 것이다. 4부와 5부에서 제시하는 방법을 잘 적용한다면 자발성 단계까지 충분히 상승할 수 있다.

## 모든 고통은
## 위장된 축복이다

앞서 언급했듯 한 사람의 의식 수준은 그 사람이 태어날 때

물려받은 유전자와 살아온 환경·교육·사회·생활수준·지적 능력·그 사람의 심리적 힘 등이 결합되어 나타나는 결과다.

호킨스 박사의 말에 따르면 현재 인류의 평균치가 200 '용기'를 넘어선 207 정도라고 한다. 그렇다고 대부분의 사람이 평균치에 도달했다는 의미는 아니며, 현재 전 세계 인구의 78%가량은 200 이하로 측정된다. 그럼에도 평균치가 207인 이유는 의식이 강력한 한 사람이 수십만 명의 수치를 상쇄해 평균치를 높이기 때문이다.

얼마 전 쪽방촌에서 열심히 봉사 활동을 하는 동생과 형에 대한 기사를 읽은 적이 있다. 그 형제는 핏줄로 맺어진 관계가 아니라 놀랍게도 형사와 범죄자로 만나 의형제를 맺은 사이였다. 어려운 형편을 견디다 못해 폭행과 절도를 일삼던 A씨가 당시 담당 경찰 B씨에게 자신의 상황을 하소연했고, 그것을 못 본 척할 수 없었던 B씨가 결국 포장마차를 차려준 것이 인연이 되었다. 아무 조건 없는 도움에 감동한 A씨는 그 길로 형이라고 부르며 B씨가 하는 쪽방촌 봉사 활동을 돕기 시작했다. 그래서 A씨는 B씨의 든든한 조력자가 되었으며, 누구보다 성실히 일해 어엿한 자기 가게까지 차리게 되었다.

자신의 일을 열심히 하고 남까지 돕는 그의 인생은 과거와는 확연히 다르다. 뜻하지 않게 받은 사랑이 그를 성장시킨 것이다. B씨의 높은 의식 수준이 A씨의 의식 수준을 끌어올린 것이라 할 수 있다.

또 다른 예를 들어보자. 한 천주교인이 고<sup>故</sup> 김수환 추기경을 떠올릴 때 그분과 만난 잠깐의 시간 동안 자신의 고통을 잊고 너무나 평온했다는 고백을 하는 인터뷰에서도 우리는 중요한 메시지를 읽을 수 있다. 추기경을 만난 순간, 그 사람은 김수환 추기경의 높은 의식 에너지에 동화되어 그와 같은 좋은 영향을 받았을 것이다. 삼투압의 원리처럼 강한 의식은 약한 의식을 끌어올린다. 그 신자 역시 자신의 의식 수준을 넘어 추기경의 강한 에너지를 받아들여 그 순간 평화라는 감정을 느끼게 된 것인지 모른다.

데이비드 호킨스 박사의 이론이 완전하다고 할 수도 없고 전부 다 동의할 수도 없지만 그가 체계를 세운 레벨 순서만큼은 참고할 만하다. 심리학이나 문학·과학·철학·의학이 말하는 정신 단계와 흡사하기 때문이다. 그런데 그는 한 사람의 의식 수준이 거의 정해져 있고 그 수준을 뛰어넘어 상승하는 것은 다소 어렵다고 했다. 사람이 좀처럼 변하지 않는 존재라는 점을 생각하면 맞는 이론인 듯하다. 그러나 한 사람의 생애가 전설이라 부를 정도로 상당히 높은 수준으로 상승하는 예도 있다고 한다.

어떻게 하면 그처럼 성장할 수 있을까? 나는 그 성장의 인자를 '마음의 고통'에서 찾을 수 있다고 믿는다. 마음의 고통이란 마음이 해결하지 못하는 자기 한계를 벗어난 문제에 봉착했을 때 느끼는 부정적 에너지다. 그러므로 고통을 이겨낸다는 것은 한계를 벗어나 성장한다는 의미다. 만약 무기력해서, 자기 인생을 마음대로 하지 못해서 고통을 느낀다면 그 고통을 이겨낸 뒤에는 반드시 의식 수준이 원래 레벨보다 상승할 것이다.

## PART 2

—

# 나는
# 왜
# 무기력한가?

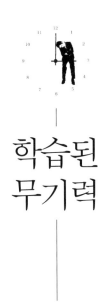

# 학습된
# 무기력

## 날지 않으려는
## 부엉이

2011년 9월, SBS 방송사가 방영하는 동물 관련 TV 프로그램에 아주 흥미로운 사례가 소개되었다.

한 농가의 창고에서 야생 수리부엉이 한 마리가 발견되었는데 상처를 입었는지 날아가지 못한 채 창고 구석에 숨어 있었다. 비록 날 수 없어 숨어 있으나 야생성이 남아 있어 사람이 다가가면 격렬히 공격했다. 집주인은 부엉이를 가엽게 여겨 꼬챙이에 고기를 끼워서 주었다. 원래 맹금류인 야생 수리부엉이는 사람이 주는 먹이를 먹지 않는다. 하지만 그 부엉이는 배가 고파서 그런지 꼬챙이에 끼운 고기를 잘 받아먹었다. 얼마 후 야생동물 보호소 직원이 와서 부엉이를 병원으로 데려가 치료를 했다.

시간이 흘러 부엉이가 완치되자, 수의사는 하늘로 날려 보내려고 했다. 그런데 부엉이는 날지 못하고 땅바닥에 떨어졌다. 다시 시도했지만 결과는 마찬가지였다. 몇 차례 더 시도하자 부엉이는 수의사에게 난폭하게 굴면서 날지 않고 그 품속에 남아 있으려고 했다. 그러자 수의사가 말했다.

"골절도 없고, 덫에 걸려 입은 상처도 다 치료되었는데……. 날지 못하는 게 이상하네요."

나는 그 장면에서 '학습된 무기력'의 전형적인 모습을 볼 수 있었다. 야생 부엉이에게 덫에 걸린 일은 그의 생에서 가장 큰 재앙이라고 할 수 있다. 부엉이는 덫에서 힘겹게 빠져나오긴 했지만 몸과 마음에 큰 상처와 충격을 받았을 것이다. 그 결과 깊은 트라우마가 생겼고, 날고자 하는 의지마저 상실한 것이다.

이 부엉이가 다시 날려면 상당히 오랫동안 훈련을 해야 할 것이고, 어쩌면 결국 날기를 포기하고 동물원에 가야 할지도 모른다. 물론 야생으로 돌아가지 않고 새장 속에서 살아도 되겠지만, 야생에서 날지 못하는 부엉이는 이미 예전의 부엉이가 아니다.


학습된 무기력은 인간에게 심각한 문제를 안겨준다. 내가 만난 한 주부는 결혼 후 줄곧 남편의 폭력에 시달리고 있었다. 그녀의 남편은 결혼 초부터 술만 먹으면 집요하게 의심하고 폭력을 휘둘렀다고 했다. 술을 먹고 귀가하는 날은 초인종 소리가 난 후 곧장 문을 열고 밥을 차려주지 않으면 야단이 나기 때문에, 늘 잠을 자지 못하고 식사를 준비한 채 현관문 앞에 앉아서 남편을 기다려야 했다고 고백했다. 술만 먹으면 반복되는 폭행을

문제는 무기력이다

30년 이상이나 어떻게 견뎌 왔는지 물어 봤으나 그녀는 "한 사람이 죽으면 끝나겠죠"라고만 답하고 웃었다. 그러고는 남편을 설득할 수도, 이길 수도, 벗어날 수도 없다고 한숨을 쉬었다.

왜 가혹한 일을 당하면서 대항 한번 제대로 못하는지 이해가 가지 않을 것이다. 이 역시 무기력이 학습된 모습을 보여주는 전형적인 사례다.

물론 폭력을 행사한 남편은 용서할 수 없지만 결혼 초반 최초로 폭행당했을 때 그녀가 대항했더라면 남편이 그렇게 상습적으로 폭력을 휘두르지는 못했을 거라는 안타까운 마음이 든다. 하지만 그녀의 입장에서 물리적으로 대항하기는 버거웠고, 또 술 취한 상태로는 말이 통하지 않는다는 생각에 남편을 그저 피하거나, "잘못했다"며 마음에 없는 말을 한 것일 수 있다. 그녀는 그 순간만 피하는 것이 상책이라고 생각했겠지만, 남편은 아내의 반응에 힘을 얻어 계속 폭력을 휘둘렀는지 모른다.

그녀는 한 번도 남편을 이겨본 적이 없으므로 자기로서는 통제 불가능하게만 느껴지는 남편에게 계속 시달리는 악순환의 고리 속에서 살아가는 것이다. 이와 같이 불합리한 상황과 폭력에 시달리는 아내들은 남편에게서 벗어나지 못한다는, 그리고 남편을 변화시키지도 못한다는 통제 불가능한 요인의 벽에 부딪혀 무기력을 학습한 것으로 볼 수 있다.

그런데 이러한 사례에서 더 불행한 것은 아버지의 폭력을 보고 자라나는 자녀들도 비슷한 양상을 보인다는 점이다. 폭력이 있는 가정의 아이들이 학교에서 친구들을 폭행하고 결혼 후에는 아버지와 같은 태도로 배우자를 대하는 경우를 우리는 흔히 만난다. 어떻게 해야 이 불행의 고리를 자를 수 있을까? 정말 그 어떤 경우에도 폭력은 있어서는 안 되는 일이다.

## 셀리그만의

### 개

　　　　　날지 못하는 수리부엉이나 가정 폭력에 시달리는 아내가 보여주는 반응이 무기력, 그것도 '학습된 무기력'이라고 말할 수 있는 근거는 마틴 셀리그만 교수의 연구에서 확인할 수 있다. 셀리그만은 무기력 연구를 최초로 시작해 무기력 이론에 가장 큰 공헌을 했다. 그의 저서『학습된 낙관주의』를 보면 그가 무기력을 연구하게 된 이유에 관해 자세히 알 수 있다.

　셀리그만의 아버지는 예일대학 법학대학원을 졸업한 유능한 청년이었다. 그러나 그가 예일대학을 졸업한 1939년은 미국에 대공황이 닥쳐온 시기였다. 공황으로 마땅한 일자리가 없어 그는 공무원이 됐지만 꿈을 실현할 수 없는 현실 때문에 갈등하고 좌절했다. 그러다 보니 자연히 부부 관계가 원만하지 못해 싸움이 잦았고, 셀리그만은 부모가 말다툼을 하는 날엔 친구 집에서 자야 했다고 회상했다.

　어느 날, 아버지는 또 부부 싸움을 하려고 했던지 셀리그만을 친구 집에 데려다 주려고 했는데, 운전을 하던 도중 거칠게 숨을 몰아쉬며 길가에 차를 세웠다.

　"잠깐이었지만 몸 왼쪽의 감각이 완전히 사라졌어."

　아버지의 말을 들은 어린 셀리그만은 불안에 떨었다.

　그날 이후 아버지는 심장 발작을 세 번 일으켰고 결국 신체가 마비되어 오랫동안 병원 신세를 졌다. 그리고 죽음에 이를 때까지 신체적, 정서적인 무기력 상태에 빠졌다. 셀리그만은 그 일을 계기로 무기력이 얼마나 큰 재앙을 가져오는지 뼈저리게 절감했다. 그때부터 그는 인간의 무기력에 대해 관심을 갖게 되었고, 훗날 놀라운 연구를 시작했다.

마틴 셀리그만은 심리학을 공부하기 위해 당대 학습 심리학의 거두인 펜실베이니아대학 솔로몬 교수의 제자로 들어갔다. 솔로몬은 파블로프의 학습 실험을 시행했다. 원래 파블로프의 학습 실험에서는 개에게 종소리를 들려주고 보상으로 고기를 주었다. 고기라는 보상을 통해 개에게 종소리를 학습하게 만드는 것이다. 그런데 솔로몬은 전통적인 학습 실험과는 달리 보상 대신 '처벌'을 주었다. 고기 대신 전기 충격을 주어 개가 도망가는 행동을 학습할 수 있는지 알아보려고 한 것이다.

연구 도중 셀리그만은 이상한 점을 발견했다. 피할 수 없는 충격을 여러 번 경험한 개는 다른 학습 상황에서도 아주 무기력한 모습을 보였다. 피할 수 있는 전기 충격도 피하려 하지 않았던 것이다. 그래서 셀리그만은 이 현상을 더 체계적으로 연구하기 위해 다른 실험을 시작했다.

먼저 개를 무기력하게 하기 위해 첫날에는 개를 묶어놓고 피할 수 없는 전기 충격을 수십 회 가했다. 이 충격은 약간 고통스럽긴 해도 신체에 손상을 남길 정도는 아니었다. 특별한 점은 이 충격이 아무 예고 없이 가해지고, 언제 또다시 재차 가해질지 모른다는 점이다.

다음 날 개를 실험 상자Shuttle Box, 왕복 상자 안에 넣었다. 이번에는 충격을 주기에 앞서 불빛이 어두워지는 신호를 주고 개가 충격을 피할 수 있도록 풀어두었다. 신호를 한 뒤 10초 안에 칸막이를 건너 반대편으로 뛰어 넘어가면 개는 전기 충격을 받지 않았다. 또 개가 반대편으로 가버리면 충격을 멈추도록 했다. 만약 칸막이를 뛰어넘지 않으면 60초 동안 전기 충격이 가해졌다.

셀리그만은 이 실험에서 개 150여 마리의 행동을 관찰했다. 그런데 이 가운데 약 3분의 2에 해당하는 개들은 말할 수 없이 무기력해졌다. 충격을 가한 순간 잠시 움직이긴 했지만 바로 포기하고 충격을 그대로 받아들였다. 정상 반응을 보인 나머지 3분의 1은 처음엔 전기 충격에 당황해 여러 가지 행동을 했다. 그러다가 우연히 칸막이를 뛰어넘고 전기 충격이 멈추는 경험을 하고 나서는 칸막이를 뛰어넘는 반응이 훨씬 빨라졌다. 50회 정도 시행하면 실험 상황에 익숙해져 처음부터 칸막이 옆에 서 있다가 신호가 오면 재빨리 반대편으로 옮겨 충격을 피하기도 했다.

셀리그만은 개들 중 3분의 2가 전기 충격을 피하는 반응을 보이지 않은 이유를 연구했다. 왜 전기 충격을 견디며 그냥 누워 있었을까? 왜 그들은 칸막이를 뛰어넘지 않았을까? 그 이유는 최초 실험에서 '자기가 아무리 도망가도 전기 충격을 피할 수 없다'는 경험을 했기 때문이다. 이것이 무기력을 학습하는 과정이다.

자기 힘으로 어쩌지 못한다는 사실을 학습하고 나면 다른 사건에서도 더 이상 노력하지 않는 심리적 부적응이 나타난다. 이들은 자기가 그 상황을 통제할 수 없다는 사실을 배웠기에 이후에 더 노력을 하지 않는 것이다. 심리학 용어로 이것을 통제 불가능uncontrollability, 비수반성 인지noncontingency 라고 하는데 이것이 학습된 무기력의 원인이다. 앞에서 예를 든 가정 폭력에 시달리는 아내의 경우도 자기 힘으로 도저히 이 상황을 벗어날 수 없다는 생각 때문에 20년이 넘도록 속수무책으로 폭행을 당했다.

셀리그만은 3분의 2의 개가 무기력해진 것이 수십 회 가한 전기 충격이라는 물리적인 쇼크 때문일 수도 있다고 생각했다. 그래서 실험 상황을 더 세밀하게 조정했다. 전기 충격을 받아도 무기력해지지 않을 수 있는 조건을 포함했다. 그는 새로운 실험에서 개를 세 집단으로 나누었다.

첫 번째 집단은 해먹 안에서 전기 충격을 받긴 하지만 코로 판자를 누르면 전기 충격이 멈추게 했다. 즉 전기 충격을 받긴 하지만 스스로 충격을 멈출 수 있게 했다. 둘째 집단은 첫째 집단과 똑같은 충격을 주지만 개 스스로 충격을 멈추게 할 수는 없도록 했다. 이 개들은 전기 충격을 피하지 못하고 고스란히 겪어내야만 하는 집단이다. 셋째 집단은 충격을 일절 받지 않은 집단으로 실험 조건의 효과를 알아보기 위한 집단이다. 이런 집단을 심리학에서는 통제 집단이라고 부른다.

실험을 하고 24시간이 지난 후, 개를 실험 상자에 넣고 칸막이를 뛰어넘어 충격을 피하는 실험을 다시 했다. 그 결과 개 스스로 충격을 멈추게 할 수 없는 둘째 집단만 전기 충격을 피하지 못한다는 사실을 발견했다. 첫째 집단, 즉 코로 판자를 눌러 전기 충격을 피할 수 있는 집단은 전혀 충격을 받지 않은 세 번째 집단과 비슷한 정상 반응을 보였다.

결국 두 번째 집단, 즉 자신의 어떤 노력으로도 전기 충격을 피할 수 없다고 판단한 개들만이 무기력을 학습했다. 이 발견을 통해 전기 충격 자체가 무기력을 일으킨 것은 아님을 입증했다.

셀리그만은 이런 일련의 실험을 정리해 무기력 학습을 다음 3단계로 설명했다.

| 1단계 | 전기 충격이나 재앙 앞에서 아무리 노력해도 결과가 달라지지 않음을 알게 되는 단계 |
|---|---|
| 2단계 | 재앙이 일어난 상황과 고통을 참아내며 앞으로도 계속 자신의 노력이 결과에 영향을 줄 수 없다고 판단하며 무기력을 학습하는 단계 |
| 3단계 | 다른 상황에 놓여도 학습한 무기력에 영향을 받아 어떠한 시도도 하지 않는 단계 |

여기서 주목할 점은 무기력을 처음 학습하거나 획득한 것과는 전혀 다른 상황에서도 이 현상이 일반적으로 나타난다는 사실이다. 앞의 실험에서처럼 해먹 안에서 받은 피할 수 없는 충격은 실험 상자 안에서 보인 행동에도 영향을 준다.

## 들쥐들의
## 급사

다음 이야기는 무기력이 죽음을 불러올 수도 있다는 것을 밝혀낸, '들쥐의 갑작스러운 죽음'에 관한 초기 연구이다. 이 실험 이후 무기력에 관련한 많은 동물 연구가 시행되었고, 확고한 실험 증거가 축적되었다.

심리학자 릭터 C. P. Richter가 한 것이 바로 이 들쥐 실험이다. 원래 들쥐는 사납고 경계심이 많아 사람이 잡으려고 하면 맹렬히 반항하고 끊임없이 주위를 살피며 도주하려고 한다. 릭터는 이런 들쥐를 잡아 따뜻한 물이 담긴 물통에 넣고 60시간 정도 수영하게 했다. 그중 몇몇 쥐는 금방 익사했는데, 조기 익사하는 쥐들에게서 공통점이 발견되었다고 한다.

릭터는 이 현상을 면밀히 관찰한 후, 들쥐들이 급사한 원인을 '무기력에 의한 절망감'이라고 보고했다. 이후 무기력 연구가 급속히 진행되기 시작했다. 릭터가 관찰한 것은 다음과 같다.

도망갈 길이 전혀 없는 큰 통에 따뜻한 물을 넣고 들쥐를 넣으면 그들은 평균 60시간 정도 헤엄치다 기진맥진해 하며 물에 빠져 죽었다. 그런데 어떤 쥐들은 단 몇 분만 헤엄치다가 갑자기 물통 바닥에 가라앉아 죽었다. 평균 60시간 동안 헤엄칠 수 있는 쥐들이 몇 분 안에 살기를 포기하고 익사한다는 것은 커다란 충격이었다. 게다가 일부 쥐는 물통에 넣기도 전에 손바닥 안에서 죽어버리기도 했다.

릭터는 갑작스러운 쥐의 죽음에 의문을 갖고 연구 절차 전체를 재검토했다. 그리고 갑자기 죽은 쥐들은 캐리어에서 물통으로 옮겨가는 중에 연구자가 손에 꽉 쥐고 있던 쥐임을 알아냈다.

그는 사람에게 꽉 잡혀 있던 쥐들이 도망칠 수 없는 혐오 상황, 자기로서는 어찌할 수 없는 통제 불가능을 경험하면서 무기력을 학습하고, 이 때문에 쉽게 생을 포기하게 되었다는 결론을 내렸다. 또 그는 쥐의 중요한 감각기관 역할을 하는 수염을 잘라버려도 금세 모두 죽어버렸다고 보고했다.

사람과 같은 약탈자predator의 손에 붙잡혀 도망치지 못하는 것, 수염이 강제로 잘리는 것, 도망갈 수 없도록 물통 속에 갇히는 것은 쥐에게는 극복하기 어려운 한계이고, 그것이 삶에 대한 무기력을 느끼게 했던 것이다.

# 사람과
# 무기력

한계 학습 현상을 설명해주는 벼룩과 물고기를 대상으로 한 재미있는 실험이 있다. 벼룩은 몸길이의 137배나 높이 뛸 수 있다고 한다. 하지만 그 벼룩을 병 속에 가두고 뚜껑을 덮어버리면 그 병 높이만큼만 뛰다가 이후 잔디밭에 꺼내놓아도 자신이 뛸 수 있는 능력을 잃은 채 병 속에서 뛰던 높이만큼만 뛴다.

다른 실험은 수족관의 물고기 실험이다. 물고기가 살고 있는 수족관 가운데 투명 유리판을 세워둔다. 일정 시간이 지나 물고기는 유리판 너머로 가려고 무심코 지나다가 그 유리벽에 부딪친다. 유리벽에 몇 번 부딪친 물고기는 유리판을 제거한 후에도 더 이상 반대편 쪽으로는 가려고 하지 않는다. 반대편에 먹이를 주어도 유리벽이 있다고 생각한 물고기는 더 이상 그 경계를 넘어가지 않는다. 제약이 이미 사라졌는데도 그 제약이 여전히 효력을 발휘한다고 인지하는 것이다.

이런 학습을 서커스단의 코끼리 훈련에 이용하는 것은 익히 알려진 사실이다. 서커스단의 코끼리는 자기 몸무게의 10분의 1에도 미치지 못하는 인간에게 조종당한다. 인도나 태국에서는 야생 코끼리를 길들이기 위해 어린 코끼리를 유인해 우리에 가둔 후 발에 굵은 쇠사슬을 채우고 나무 기둥에 묶어둔다. 그러면 코끼리는 쇠사슬에서 벗어나려고 발버둥을 치지만 자기 힘으로는 쇠사슬과 나무 기둥을 없앨 수 없음을 배운다. 그런 상태로 자라난 코끼리는 충분히 말뚝을 뽑을 수 있는 힘이 생겨도 여전히 그곳에 묶여 있다.

문제는 무기력이다

그러면 동물만 무기력을 배우는가? 인간의 무기력 학습 실험은 윤리적인 이유로 동물 실험만큼 많이 시행할 수 없었다. 그러나 일부 실험에서 인간도 무기력을 학습한다는 사실이 확연히 드러났고, 매년 발표되는 여러 기관의 통계 수치에서도 이를 짐작할 수 있다.

한 기관이 미국 대통령의 출생 배경을 조사한 적이 있는데 거의 대다수 대통령이 대도시가 아닌 시골 출신이라는 결과가 나왔다. 우리나라 대통령도 마찬가지다. 시골에서 자란 아이는 대자연을 가까이 접하면서 자연의 무한한 가능성과 생명의 끈질김을 배운다. 또 씨를 뿌리면 반드시 거둔다는 자연의 법칙과 변함없이 반복되는 사계절의 순환을 보면서 고난을 참아내는 인내심을 기른다. 그것이 의식 수준에 도움이 되지 않을 리 없다.

한편 도시 빈민층에서는 대통령이 나온 예가 없었다는 것도 주목해야 한다. 빈민층 아이들은 자라면서 도시의 화려함과 피폐함, 빈부의 격차와 같은 양면성을 보고 상대적 박탈감을 느낀다. 그리고 그 한계를 받아들여 더 이상 꿈을 꾸지 않는다. 정신적 성장이 멈춰버린 이들은 대통령은 고사하고 일반적으로 성공하는 사람이 되기도 힘들다. 유전자의 차이도 영향을 미치겠지만 성장 과정에서 학습된 것이 인간의 미래를 좌우한다는 사실을 부인할 수 없다.

이처럼 고등동물과 하등동물 모두 무기력을 배울 수 있다. 벼룩은 병뚜껑이 자신의 한계라고 여기고, 물고기는 눈에 보이지 않는 벽이 자기를 막는다고 생각하며, 코끼리는 어린 시절부터 묶여 있던 쇠사슬과 말뚝을 영원히 뽑을 수 없다고 생각하고 평생 동안 작은 말뚝에 묶여 살아간다. 이것들은 흥미를 유발하기 위해 설명한 다소 상징적인 예다.

하지만 셀리그만이 밝혀낸 개의 무기력 학습은 재현이 가능한 실험으로 얻은 결과다. 과학의 조건은 재현 가능성에 있다. 다른 사람이 다른 장소에서 그 실험을 해도 같은 실험 결과를 얻을 수 있느냐 하는 '재현성'은 과학의 중요한 조건이다. 셀리그만의 실험은 많은 동물과 사람에게 적용해 유사한 결과를 얻었다. 그리하여 '학습된 무기력'은 하나의 가설이 아닌 마음의 부적응 현상 중 하나로 인정받았다.

한계가 분명하고 모든 것이 통제된 상황에서 자유로울 유기체는 없다. 벼룩이나 물고기, 코끼리나 개도 자유롭지 못하다. 인간은 더욱 그러하다. 학습능력이 동물에 비해 뛰어나기 때문에 무기력도 더 잘 학습하는 것이다.

무기력은 한 사람의 인생을 황폐하게 만들어버린다. 따라서 무기력의 한계를 돌파하지 못하면 생의 마지막까지 아무런 희망 없이 하루하루를 마지못해 살아갈 수도 있다.

# 통제할 수 없고
# 예측할 수 없는 고통

## 통제할 수 없다는
## 절망

동물을 대상으로 무기력 연구가 한창 진행되던 때, 최초로 인간의 무기력을 실험한 것은 셀리그만의 제자이자 동료인 심리학자 히로토Hiroto였다. 히로토는 셀리그만과 함께 인간의 무기력 발생에 대해 연구해 통제 불가능성이 무기력을 야기한다는 연구 결과를 발표했다.

그들은 대학생에게 혐오스러운 소음을 들려준 후 반응을 조사해 무기력 학습 여부를 실험했다. 실험 대상자 중 '도피 가능 집단'이라고 명명한 그룹은 소음이 들릴 때 버튼을 누르면 그 소음이 꺼지도록 했다. 반면 '결합 집단'은 어떤 반응으로도 그 소음을 통제할 수 없게 설계했다. 이 실험 결과는 개 실험과 마찬가지로 소음을 통제할 수 없는 결합 집단만이 무기력을 학습하게 된다는 사실을 밝혀주었다.

그들은 실험 결과를 이렇게 요약했다.

"학습된 무기력은 반응이 결과를 통제할 수 없다는 인지 양식에서 비롯된다. 이렇게 반응과 결과 사이에 관련이 없다는 비수반성 인지가 형성되면 유기체의 행동은 느려지고 능력과 희망이 없다고 느끼게 된다. 그리하여 그들은 미래가 불투명하다고 생각해 욕구의 충족이나 고통에서 벗어나려는 통제 능력을 상실한다."

결국 사람이 무기력을 배우게 되는 것은 자극 자체가 아니라 그 자극을 스스로 통제할 수 없다는 생각 때문이다. 사회 심리학자인 로터Rotter도 "상황이나 문제를 스스로 통제할 수 있다고 믿는 사람은 쉽게 무기력에 빠지지 않는다. 그러나 스스로 통제할 수 없다고 믿으면 무기력에 빠진다"고 말하며 셀리그만의 주장과 일치하는 실험 결과를 발표했다.

더욱이 로터는 내적 통제 성향인 사람들, 즉 어떤 일의 결과가 자신의 노력 부족 탓이라고 믿는 사람은 쉽게 무기력에 빠지지 않지만, 어떤 일의 결과가 운명이나 주변 여건 탓이라고 생각하는 외적 통제 성향인 사람들은 무기력에 빠지기 쉽다고 보고했다.

어떤 일을 자기가 노력해 바꿀 수 있고, 결과를 통제할 수 있다고 생각하는 마음과 개인의 노력이 아닌 운이나 주변 환경에 따라 결과가 달라진다고 믿는, 자신의 노력이 아무런 영향도 미치지 못한다는 마음의 차이가 그렇게 만든다는 것이다.

문제는 무기력이다

# 통제 불가능의
## 요소

사실 우리 주변에는 무기력의 원인인 '통제 불가능의 요소'가 많다. 예를 들어 회사의 도산이나 편집증적인 상사 때문에 해고 위기에 처한 직장인에게 회사의 사정이나 상사는 자신의 힘으로 어찌할 수 없는 요소다. 마찬가지로 부모의 강압적인 태도와 열심히 공부해도 오르지 않는 성적에 막막해하는 수험생, 등록금과 생활비 부담이 과중해 아르바이트를 해도 대출금이 자꾸 느는 대학생, 불경기로 밤낮 열심히 공부해도 고배를 마시는 취업 재수생 등 많은 사람들이 자신의 노력과 행동이 영향을 미치지 못하는 상황에 좌절감을 맛본다.

가정 폭력 연구 학자 레오노레 워커Leonore Walker는 앞에서 예로 든 주부와 같이 매 맞는 여성이 무기력을 학습한다는 이론을 발표했다. 폭력이 지속적으로 이루어지면 아내는 어느 순간부터 남편이 휘두르는 폭력을 피하지 않는다. 폭력에 길들고 체념한 사람은 자연히 자존감도 낮아진다. 그래서 폭력을 피하기 위해 도움을 청하거나 폭력에서 벗어날 방법을 찾지 않는다. 심지어는 자신이 맞아도 될 만큼 커다란 잘못을 저질렀다고 생각하고 가해자를 두둔하기까지 한다. 결국 반복되는 폭력 앞에서 무기력해지고 속수무책 고통을 받아들이는 것이다. 이런 상태를 레오노레는 '매 맞는 여성 증후군BWS: Battered Woman Syndrome'이라고 했다.

마찬가지로 대학원생에게 지도 교수는 자신의 졸업 여부를 결정하는 권력자다. 거의 모든 대학원생들이 기본적으로 지도 교수의 눈 밖에 나면 졸업과 취업이 어려워진다는 생리를 알고 있다. 그래서 지도 교수의 한 마디

말은 거역할 수 없는 법으로 작용한다. 따라서 교수가 지시하는 어떠한 것도 거부하면 안 되고 대항할 수 없다고 판단한다.

말하자면 그에게 지도 교수란 존재는 통제 불가능한 사람이다. 그런 이유로 많은 대학원생들이 지도 교수 때문에 무기력을 느낀다. 교수의 개인적인 일로 밤을 새우며 시간과 에너지를 소진한 학생들은 정작 자신의 연구는 하지 못해 결과적으로 졸업이 늦어지고 취업이 어려워지는 일도 생긴다.

또 대통령 선거를 치를 때마다 패배한 후보 진영의 참모들 역시 무기력을 호소하는데, 선거 결과가 박빙이었을 때 더욱 심하게 나타난다. 승산이 있을 거라는 희망이 높을 수록 패배의 고통이 쓰라리기 때문이다. 그리고 예측할 수 없는 국민들의 지지가 자신들의 노력 여하를 떠난 것이라는 생각에 무기력마저 느끼는 것이다. 특히 대선에서 거둔 패배는 자신들의 가치관에 맞는 국가를 건설할 수 있을 거라는 희망이 꺾이는 일이다. 그 영향이 5년이라는 짧지 않은 기간 동안 지속된다는 점에서 그러하다.


## 노인을 위한
## 나라는 없다

심리학자 페라리N.A. Ferrari 박사는 생존에 대한 노인들의 태도 변화와 관련해 중요한 사실을 발견했다. 65세 이상인 55명의 여성(평균 연령 82세)이 미국 중서부 어느 양로원에 입원 신청서를 냈다. 페라리는 이들에게 양로원 입원 문제에 대해 그들 자신이 어느 정도 선택의 자유가 있었는지, 양로원에 들어가는 것 외의 다른 방도가 있었는지, 그들이 양로원에 입원하도록 가족이나 친지들이 어느 정도 압력을 가했는지 등에 대해 물어보았다. 양로원 입원 외에 다른 선택 여지가 없었다는 사람 17명 중 8명이 입원한 지 4주 후에 세상을 떠났다. 또 10주가 지날 때쯤 16명이 죽었다. 그런데 다른 선택 가능성이 있었던 38명 가운데에서는 첫 4주일 동안 사망자가 단 한 명뿐이었다.

다른 노인 집단에서는 양로원 입원 신청만 해놓고 기다리던 중 사망해 양로원에 들어가지 못하는 예가 발생했다. 40명의 노인 중 22명은 가족이 신청서를 냈고, 18명은 스스로 신청했다. 그런데 가족이 신청한 22명 중 19명이 신청한 후 한 달 내에 사망했다. 스스로 신청한 18명 중 한 달 이내에 사망한 사람은 한 명뿐이었다. 이 조사를 통해 페라리가 얻은 결론은 노인들이 겪은 통제 불가능한 상황이 사망에 이르는 데 직접적인 영향을 주었다는 것이다.

알렉산드로비츠D. R. Aleksandrowicz라는 의사가 한 노인 병원에서 일어난 화재 사건을 연구해 화재 사건이 노인들에게 심리적으로 치명적인 영향을 준다는 사실을 발견해 보고한 적이 있다.

노인 병원의 한 병동에서 일어난 화재로 죽거나 부상을 당한 환자는 없었다. 그런데 화재가 난 그 병동 건물이 많이 파괴되어 수리가 끝날 때까지 몇 주간 거기 환자들을 다른 병동으로 옮겨야 했다. 그런데 화재가 난 그 달에 이동한 환자 40명 가운데 5명이 사망했고, 다음 달에 또 3명이 사망했다. 사망률이 20%인 셈인데, 이는 이전 석 달 동안의 사망률 7.5%에 비하면 매우 높은 것이었다. 심리학자와 의사들은 이러한 죽음을 '예기치 않은 죽음Sudden Death'이라고 불렀다.

그런데 마틴 셀리그만은 이런 죽음이 예기치 못한 죽음이 아니라 '충분히 예상 가능한 죽음'이라고 주장했다. 그의 말을 들어보자.

사망자 중 한 명을 좀 더 세밀하게 조사해보았다. 그는 76세 노인으로 '척수로성 진행 마비' 증세로 입원한 환자였는데 젊은 시절에는 모험가 기질이 있는 상인이었다. 입원 후 치료를 받으면서 그의 신체적 상태는 호전되어갔지만 만성적인 비뇨기과 전염병만은 치료해도 별 효과가 없어 항상 의자나 휠체어에 앉아 있었다. 다소 까다로운 성미와 불평하는 태도, 끊임없이 무엇인가를 요구하거나 다른 환자들과 경쟁하고 화나게 한다든지, 간교한 꾀를 내 병원 직원을 골탕 먹이는 등 병동에서 골칫거리인 노인이었다. 그러나 그와 팀을 이룬 몇몇 환자는 그 노인을 매우 좋아했다. 그는 강인했고, 약간 양면적인 데가 있기는 하지만 간호사와 의사에게 매우 애착을 갖고 친근히 대하려 했다고 한다. 따라서 그를 잘 다루려면 특권과 통제 가능성의 체계를 병원 측이 잘 조율해 그를 꼼짝 못하게 하는 방법뿐이라는 결론을 내렸다. 그에 따라 그에게 다른 환자를 통제할 권한을 주었다. 화재가 나기 전, 그는 매일 일정한 시간에 다른 환자들에게 우유 배급을 하는 통제권을 누렸다. 그런데 비극적인 화재가 일어난 후에 그는 이러한 통제력을 누릴 수 없는 다른 병동으로 옮겨 가야만 했다. 그는 매우 낙심하고 슬퍼하는 것처럼 보였지만 이를 전혀 표현하지 않았고, 남이 말을 걸어야만 겨우 대답을 할 뿐 먼저 말도 하지 않았다. 그러다 화재가 난 지 2주일 후 어느 날 그는 숨을 거두었다. 사인은 심근경색이었으나 검시를 하지 않았다.

문제는 무기력이다

의사들은 이 환자가 영양부족인 데다 쇠약한 상태였지만 그 어떤 치명적인 징후도 보이지 않았기 때문에 그의 죽음에 매우 놀랐다고 한다. 그래서 이 죽음을 예기치 않은 죽음으로 분류했다. 그런데 마틴 셀리그만은 이 죽음을 예기치 않은 일로만 여겨서는 안 된다고 했다. 이미 신체적으로 쇠약해진 사람에게 자기 환경을 통제하는 권한까지 박탈해버리면 그는 죽음에 이르게 될지도 모른다는 것을 예상했어야 한다는 것이다. 통제력 상실은 통제 불가능을 의미하며 이는 무기력을 야기하는 요소다. 따라서 그 노인의 진짜 사인은 '통제 불가능'이라는 절망으로 볼 수 있다.

인간이나 동물이 영양실조나 질병으로 신체가 극도로 약해지면 '환경에 대한 자신의 통제력'이 삶과 죽음을 가르는 요소가 된다는 보고가 있다. 인간의 신체적 조건을 허약하게 만드는 불변의 복병은 '노화'이다. 그래서 노인은 사회에서 가장 통제력을 상실하기 쉬운 집단이다. 그 어떤 집단도 노인만큼 무기력한 상태에 빠지기 쉬운 집단은 없다. 셀리그만은 다른 선진 국가들과 비교해 미국인들의 평균수명이 짧은 것은 의료 혜택이 부족해서가 아니라 노인들을 심리적으로 대하는 방법에 문제가 있기 때문이라고 했다.

1980년 이전 미국에서 시행한 강제 정년 퇴직 제도는 65세 이상 노인을 강제로 일선에서 물러나게 해 양로원으로 내몰았고, 젊은이들은 조부모와 부모를 부양하는 것에 대해 별로 관심을 가지지 않을 뿐 아니라 소외시키는 일이 많았다. 그 때문에 우울증을 앓는 노인들이 많다는 것이다. 셀리그만은 국가가 노인들의 생활에서 가장 의미 있는 요소들을 스스로 통제

하는 능력을 빼앗고 있으며 미국의 젊은이들이 노인들을 죽이고 있다고 비판했다. 그런데 이러한 현상은 비단 미국에서뿐만 아니라 핵가족과 개인주의가 만연한 한국 사회에서도 나타나고 있다.

2012년 보건복지부가 한국인의 노후 대비 상황을 조사했는데, 결과는 100점 만점에 평균 59점이었다. '여가'가 46점으로 가장 낮았고 '재무'도 47점, '대인관계'는 61점, '건강'은 75점이었다. 또 3,070명 중에 27%만이 노후 준비를 잘하고 있다고 답했고, 10명 중 7명은 노후 준비가 보통 이하 수준이었다. 이 상태로 가면 상당수 한국인들은 돈이 부족하고, 즐길 취미도 없는 노년을 맞게 된다. 당연히 경제적 부자유는 통제 불가능을 가져오고 즐길 취미가 없다는 것은 스트레스를 해소하지 못하게 할 것이므로 불행한 노년으로 갈 가능성이 커지는 것이다.


## 예측 불허의
## 위험

무기력을 부르는 또 다른 요소는 예측이 불가능한 상황이다. 예측 불가능이 무기력을 야기한다는 사실은 행동 신경 과학자 브레디Joseph V. Brady의 유명한 〈중역 원숭이 연구Executive Monkey〉를 통해 밝혀진 바 있다.

브레디는 원숭이 8마리에게 전기 충격을 가했다. 그리고 막대기를 눌러 충격을 피하는 것을 학습시켰다.

그중 가장 빨리 학습한 4마리는 다른 원숭이를 다스릴 수 있는 '중역 원숭이'가 되게 했다. 나머지 4마리 원숭이는 스스로 충격을 통제할 수 없고 중역 원숭이가 도와주어야만 전기 충격에서 벗어날 수 있도록 실험을 설계했다. 즉, 이 원숭이 4마리는 중역 원숭이가 적절히 조치해주지 않으면 속수무책으로 전기 충격을 당했다.

중역 원숭이들은 동료의 운명까지 짊어지게 된 것이다. 이 실험에서 브레디는 중역 원숭이 4마리에게는 '전기 충격을 예측하지 못한다'는 스트레스를 주고, 나머지 4마리는 '전기 충격을 통제할 수 없다'는 스트레스를 주었다. 즉, 4마리는 통제 불가능을, 나머지 4마리는 예측 불가능을 경험하게 한 것이다.

그런데 실험 결과, 전기 충격을 통제할 수 있었지만 예측은 할 수 없는 중역 원숭이 4마리가 위궤양으로 죽고 말았다. 중역 원숭이들은 예측 불가능의 불안 때문에 스트레스를 받아 위궤양에 걸린 것이다. 그러나 스스로 충격을 통제할 수 없는 원숭이들은 위궤양에 걸리지 않았다.

이 실험에서 우리는 통제 불가능도 위험하지만 더 위험한 것은 예측 불가능이라는 사실을 알 수 있다.


뉴욕 타임스 지면상에서 다음과 같은 논쟁이 벌어진 일이 있었다.

로스앤젤레스에서 뉴욕으로 가던 보잉 747 비행기가 로키 산맥을 넘을 때 갑자기 '운행상의 이유'로 시카고에 임시 착륙하겠다는 기내 방송을 했다. 그리고 잠시 후 기장이 다음과 같이 덧붙였다.

"승객 여러분 중 운행상의 이유라는 것이 실제 무엇을 의미하는지 아시는 분이 있을 것 같아 사실대로 말씀드립니다. 사실 엔진 한 개가 고장 났습니다. 그래서 여러분의 안전을 위해 중간에 기착해야 합니다. 물론 나머지 한 개의 엔진으로도 목적지까지 갈 수 있습니다."

일부 승객은 기장이 엔진 한 개가 고장 났다는 사실을 왜 굳이 말해 마음을 불편하게 하는지 모르겠다고 투덜댔고, 그것을 시작으로 논쟁이 벌어졌다. 결국 대다수의 토론자는 기장이 말하지 않는 것보다 사실을 말해 줘서 알고 있는 것이 더 낫다고 답했다.

셀리그만은 사소한 문제처럼 보일지 모르는 이 논쟁에 매우 중요한 사실이 내포되어 있다고 지적했다. 불운한 사태라 할지라도 예상할 수 있을 때 사람들은 심리적으로 불안을 덜 느낀다는 것이다.

이는 국립암센터에서 11개 대학병원에서 치료 중인 18세 이상 말기 암 환자 481명을 대상으로 '환자에게 말기 암이라는 사실을 알려야 하는가?'라고 질문했을 때 환자의 78.6%가 '그렇다'라고 대답했다는 사실만 보아도 알 수 있다. 더군다나 자신이 말기 암이라는 사실을 알고 있는 환자는 그렇지 않은 환자에 비해 훨씬 삶에 긍정적인 태도를 보였다고 한다. 이 연구를 주도한 박사는 죽음을 미리 알고 맞이할 때 그 과정을 더 긍정적으로 받아들이는 데 도움이 된다는 사실을 확인했다고 했다.

위험 요소를 예측하지 못했을 때 느끼는 불안은 마음을 병들게 하고 삶의 장악력을 잃게 한다. 삶의 장악력을 잃은 사람은 무기력하게 인생을 그저 흘려 보낼 수밖에 없다.


통제 불가능과 예측 불가능이 결합되면 무기력을 부를 확률은 배가된다. 브레디의 실험 결과는 조직의 관리직이 얼마나 큰 스트레스를 받는지 이야기할 때 곧잘 인용되곤 한다. 사실 위험이 닥칠 것을 미리 알고 대비할 때보다 언제 위험이 닥칠지 모르는 상황일 때가 더 두렵다. 이는 우리가 공포 영화를 볼 때나 어두운 곳에 들어갈 때 겪는 심리적 체험과 같다.

기업을 운영하는 CEO가 느끼는 불안감과 회사 직원의 불안감은 그 수준이 다르다. CEO는 회사를 운영하기 위해 직원을 통제하고 관리하므로 직원 입장에서는 두렵고 어려울 게 없으리라고 생각할 수 있다. 그러나 CEO 입장에서는 회사의 사활이 자신은 물론 전 직원의 생계와 직결되므로 이익을 남기기 위해 전전긍긍해야 한다. 뿐만 아니라 사회의 변화와 경쟁 업체의 약진 등 예측할 수 없는 변수가 많기 때문에 늘 긴장 상태를 유지할 수밖에 없다. 경영인 중 스트레스를 이기지 못하고 자살하는 사람이 종종 있는 것은 이 때문이다.

예측 불가능은 통제 불가능 이상으로 스트레스를 가져올 수 있으므로 우리는 예측이 불가능한 상황도 경계해야 한다. 그렇게 본다면 무기력에서 자유로운 위치는 없는 듯하다. 현재 힘이 없는 사람은 통제 불가능이 야기하는 고통을, 힘 있는 사람은 예측 불가능에서 비롯된 고통을 호소할 것이기 때문이다. 그리고 언제, 어떻게 입장이 뒤바뀔지도 알 수 없다. 분명한 것은 예측 불가능이나 통제 불가능이나 양쪽 모두 불행을 준다는 사실이다. 어느 쪽이든 아프고 고통스럽긴 마찬가지다.

# 어린 시절에 배운
# 무기력

아이들은 원래 불가능을 모른다. 겁 없이 걷다가 넘어지고 물불 가리지 않고 어디에나 뛰어든다. 아직 세상과 자신에 대해 모르는 아이의 천진함은 무기력하고는 거리가 멀다. 우리는 모두 과거에는 어린아이였다. 그렇다면 어릴 때는 무기력을 겪지 않다가 어른이 되는 과정에서 무기력을 학습한다고 봐야 한다.

그런데 특별히 무기력을 빨리 배우면서 성장하는 사람이 있다는 연구 결과가 있다. 즉, 양육 방식에 따라 무기력을 잘 느끼는 사람과 그렇지 않은 사람으로 나뉜다는 것이다. 무기력을 배우기 쉬운 양육 유형은 학대와 방치다. 아이를 학대하고 방치하려고 의도해서가 아니라, 본의 아니게 그런 상황이 벌어지기도 하는데 그 과정에서 무기력이 학습된다.

어린 시절에 느낀 무기력이 성인이 된 후에도 무의식적인 무기력으로 남아 있을지 모른다. 갓난아기 때 애정 결핍으로 애착이 형성되지 않은 아이는 성장 발달에 상당한 문제를 겪는다는 사실은 많은 발달 심리학자들의 연구로 밝혀진 바 있다. 어린 시절의 기억과 부모와의 관계가 우리에게 좋은 선물을 남기기도 하지만 나쁜 침전물을 남길 수 있다는 사실을 명심해야 한다.

미국 정신신경의학회 전문의인 미실다인W. Hugh Missildine 박사는 『몸에 밴 어린 시절Your Inner Child of the Past』라는 저서에서 '내재 과거아Inner Child'라는 용어를 사용하며 이렇게 주장했다.

"어릴 때 형성된 심리적 아이가 성인의 마음속에 내재하면서 그 사람의 마음과 행동에 지대한 영향을 미친다."

미실다인은 강압적인 부모가 자녀에게 무기력을 심어준다고 말한다. 강압적으로 자녀를 대하면 아이는 이를 심리적인 학대로 받아들이고, 이것은 피할 수 없는 전기 충격과 같이 아이의 마음에 상처를 남긴다. 이 과정에서 자녀는 자신이 환경을 통제하는 것이 불가능하다고 느끼고 무기력을 야기할 만한 심리적 장애를 겪는 것이다.

강압적인 부모는 엄격하게 지시하고 독촉하며 자녀를 자기 방식대로 키우려는 경향이 강하다. 그런데 어린아이가 매번 부모의 지시에 맞춰 행동하기는 무척 어렵다. 강압적인 부모는 자녀가 힘들다고 호소해도 의사를 굽히지 않는다. 이때 아이는 부모를 '자기 힘으로는 어쩔 수 없는 존재'

즉, '통제 불가능한 존재'라고 느낀다. 통제 불가능이 무기력을 가져온다는 것은 앞에서 설명한 바와 같다.

그런데 아이에게도 스스로 행동하려는 자율성이 있다. 이 자율성이 아이의 성격과 습관을 조금 다른 방향으로 향하게 만든다. 사실 아이들은 자기가 하고 싶은 것만 하고 부모가 시키는 일은 거부하고 싶어 한다. 하지만 적극적으로 거부하지는 못한다. 만약 부모의 지시를 거부한다면 처벌이 따르기 때문이다. 그래서 겉으로는 부모님의 말씀에 순응하는 체하면서, 실제로는 흥미를 끄는 다른 일에 매달린다. 결과적으로 이 아이들은 부모가 지시한 것은 하지 않고 시간을 질질 끌거나 못 들은 척하거나 핑계를 댄다.

"몸이 아파서 못하겠어요."

"다음에 할게요. 지금은 숙제를 하고 있어요."

이렇게 소극적이지만 자신의 심리적 욕구를 충족하려는 태도로 부모에게 대응한다. 그런데 이렇게 소극적으로 반항하면서 성장한 아이는 성인이 되어도 소극적일 가능성이 크다. 그리고 자기 자신에게조차 소극적으로 반항한다. 자기 자신에게 소극적으로 반항하는 과정은 다음과 같다.

성인이 된 이들은 해야 할 일을 잔뜩 적은 리스트를 만든다. 그러고는 그 일을 하지 않고 미루거나 다른 일에 시간을 쓴다. 즉 스스로에게 하라고 지시한 일에 반항하는 것이다. 그러면서도 자신이 그 일을 하지 않는 이유를 모른다. 단지 게을러서 그렇다고 생각할지 모른다. 하지만 사실 이들은 소극적인 반항을 하고 있는 것이다. 어릴 때 부모에게 소극적으로 반항했듯이, 마땅히 해야 할 일을 미루고 피하면서 소극적으로 대항하는 심리 패턴을 성인이 된 후에도 지속하는 것이다. 이런 소극적 반항은 무의식적인

문제는 무기력이다

무기력으로 얼굴을 바꾸어 일의 생산성을 떨어뜨린다.

부모나 직장 상사처럼 권력 우위에 있는 사람이 강압적으로 아이나 조직원을 대하면 당사자들은 이처럼 소극적으로 반항하며 무기력에 빠질 수 있다. 이에 대해 미실다인은 이렇게 말했다.

"만약 당신이 어떤 일을 곧장 착수하지 못하고 우물쭈물하는 태도를 버릴 수 없다면 강압적인 부모에게 소극적으로 반항하던 어린 시절의 영향을 받고 있다고 볼 수 있습니다. 또 해야 할 일을 빠짐없이 적고 있으면서도 그 일들을 할 수 없다면, 마찬가지 이유 때문입니다."

분명히 좋아하는 일인데도 지겹게 느껴지고 성공을 원하지만 실천하지 못한 채 백일몽만 꾸고 있지는 않은가? 또 만성적인 피로를 느끼면서 목표를 달성하지 못해 자신을 무능력하다고 느끼고 불만을 품지는 않는가? 그렇다면 당신의 내재 과거아가 부모의 강압적인 지시를 거스르던 소극적인 반항을 지금까지도 지속하고 있을 가능성이 있다.

내재 과거아는 공상을 하느라 시간을 낭비하고, 뚜렷한 이유가 없는데도 목표를 달성할 수 없다. 그래서 이러한 기분을 지워버리려고 자기 자신에게 화를 내고 꾸짖으면서 내일은 반드시 그 일을 하겠다고 다짐한다. 다음 날 해야 할 일을 잔뜩 적어놓지만 다음 날이 되어도 역시나 할 수 없다.

이렇게 주저하다가 결국 궁지에 내몰린다. 그래서 목적했던 것과는 거리가 먼 다른 일에 손을 댄다. 결과적으로 이들은 한 가지 일을 끝까지 밀고 나가지 못한 채 '해야 할 일' 리스트만 작성한다. 그리고 그 리스트는 달성할 수 없는 일만 적어놓은 '실현 불가능한 일' 리스트가 되어버린다. 이들은 리스트를 보면서 스스로를 다시금 무능력하고 무기력하다고 생각한다.

미실다인은 자기 사고 체계에 의존하는 사람에게서 이런 반항이 많이 나타난다고 했다. 자신이 스스로를 평가하는 직업에 종사하는 사람, 즉 세일즈맨·작곡가·경영자·과학자·사업가·행정가·예술가·작가 중 이런 소극적인 반항을 하는 사람이 많다는 것이다.

자기 사고 체계에 의존하는 사람에게는 일의 성취가 매우 중요하다. 일의 성취를 가장 중요하게 여기는 사람은 당연히 자기가 해야 할 일이 세상에서 가장 중요하다고 생각한다. 그러나 아이러니하게도 가장 중요한 일이기 때문에 그 일이 스트레스가 된다. 그래서 그 스트레스에서 도피하고자 하는 마음의 반발이 부수적인 일에 몰두하게 하거나 그 일을 계속 미루게 만든다. 그만큼 그 일이 부담스럽고 시작할 엄두가 나지 않기 때문이다. 그렇다고 과감하게 일을 중단하거나 거부할 수 있는 것도 아니다. 자신의 커리어나 영향력을 생각하면 일을 해야만 한다. 그래서 그만두지도 못한 채 계속 미루는 소극적인 반항으로 시간을 보낸다.

미루다가 더 이상 미루지 못할 때가 되어서야 시작해 빨리 해치우는 패턴을 보이는 사람들, 즉 벼락치기식 패턴에 익숙한 사람들도 이런 심리적 함정에 빠져 있을 가능성이 크다. 그러면서 곧장 일에 착수하지 못하고 우물쭈물하는 자신이 무기력하다고 느낀다. 스스로 할 수 없으므로 누군가가 명령하고 조종해주기를 기대한다. 그래서 더 이상 시간이 없다는 사실이 그에게 명령하는 형국이 되어야 일을 하는 것이다. 즉, 이들은 '일을 하라는 압력이 극도로 위험한 수준'에 이르기 전까지는 좀처럼 움직이려고

문제는 무기력이다

하지 않는다. 이들은 작업에 쏟아야 하는 자신의 시간이 최소로 줄어들기 직전까지 스스로에게 반항을 하는 셈이다. 이런 자세로 만들어내는 결과물이 어떨지 상상해보라. 그런 습관이 굳어지면 주어진 일을 뛰어난 수준으로 완성해내지 못하고 늘 적절한 수준에서 그럭저럭 끝내며 현상 유지에 급급한 인생을 살아갈 수밖에 없다.

당신은 어떠한가? 당신도 혹시 이런 소극적인 반항에 의한 벼락치기를 반복하고 있지는 않은가? 이렇게 일을 미루고 다른 일에 몰두하다 보면, 실패와 포기의 경험이 쌓여 무기력한 사람이 될 수도 있다. 혹시 할 일을 하지 못한 채 하루를 멍하니 보내버린 후 상당히 피로하다고 느낀 적은 없는가? 중요한 일이 있는데도 주말 내내 그 일은 하지 않고 텔레비전 앞에서 시간을 보내다가 일요일 밤이 되어 다음 날 등교하는 것이나 출근하는 것이 죽기보다 싫다고 느낀 적은 없는가? 그렇다면 당신은 자신에게 소극적으로 반항하고 있는 것이다.

사실 해야 할 일을 재빨리 끝내면 성취감과 함께 심리적 안정을 맛볼 수 있다. 그러나 할 일을 하지 않고 있으면 해야 한다는 마음과 하기 싫어서 피하고 싶은 마음이 전쟁을 벌인다. 전쟁을 하다가 지쳐서 주말 저녁이 되면 마음은 이미 초주검이 되어 있을지도 모른다. 따라서 이런 경험이 있는 사람은 스스로에게 소극적으로 대항하는 패턴에서 벗어나야만 한다.

이런 반항을 중지하려면 어떻게 해야 할까? 먼저 마음가짐을 달리 해야 한다. 일을 해치우는 게 중요한 것이 아니라 그 일을 잘하는 것이 중요하다는 마음을 가져야 한다. 대개 일을 빨리 해치우려는 사람은 시간이 귀한 줄 모른다. 시간 안에 결과물을 내면 그만이기 때문이다. 하지만 일을 잘하겠다고 마음먹은 사람은 일에 투자한 시간이 결과물의 질과 비례한다는 사실을 안다. 그래서 일분일초를 허투루 쓰지 않고 일에 투자한다. 그 노력을 지속하면 마음속에서 조금씩 유능감이 생기기 시작할 것이다.

유능감이란 무기력의 반대 개념이다. 심리학자들은 '무기력에서 벗어나려면 유능감을 획득하라'고 하는데 유능감이란 단기간에 얻을 수 있는 것이 아니다. 오랜 시간 노력해 어떤 일에서 전문가가 되었을 때 비로소 얻을 수 있다. 유능감을 얻기 위해선 오랜 헌신과 자발적인 노력이 필요하다.

그런데 스스로에게 반항하면서 일을 미루고, 기껏 한다고 해도 후딱 해치우려는 사람이 과연 유능감을 느낄 수 있을까? 이런 사람은 일시적으로 성공할 수는 있을지 모르지만 세월을 두고 자신의 세계를 구축해나가는 전문가가 되기는 어렵다.

일을 아주 잘해야겠다고 마음먹을 때 자기 한계를 넘어 그 일에 집중할 에너지를 만들어낼 수 있고, 내재아의 소극적인 반항도 이겨낼 수 있다. 주어진 일을 잘해야겠다는 마음을 가지는 것은 파트 4에서 말할 '동기'를 찾는 일이다. 물론 동기만으로 무기력에서 벗어날 수는 없지만 우선 동기가 있어야 무엇이든 시작할 수 있다.

부모가 아무리 잔소리를 해도 공부에 집중하지 않던 아들이 우등생 여자 친구가 같은 대학에 가자는 말에 자극받아 성적이 향상되는 일이 심심찮게 일어나는 것도 동기의 자극이 주는 결과다.

## 소외와
## 방치

앞에서 잠깐 이야기했듯 어린 시절 무기력을 학습하게 되는 또 다른 이유는 '소외와 방치' 때문이다. 생물학적 이유나 유전적인 영향만으로 소극적인 사람이 되는 것은 아니라는 사실은 강압적인 부모가 소극적으로 반항하는 아이를 만든다는 미실다인의 주장에서도 알 수 있다. 그렇다면 소외와 방치는 어떻게 무기력을 유발시키는지 알아보자.

일반적으로 고아원 같은 시설에서 양육한 아동이 일반 가정에서 자란 아이에 비해 의욕이 떨어진다는 연구 결과가 많다. 이런 현상을 호스피탈리즘hospitalism, 모라스무스morasmus, 또는 의존성anaclitic 우울이라고 부른다. 이 현상은 모성애 결핍에서 생겨난 것이다. 일손이 부족한 고아원에서는 보모가 모든 아이의 요구를 들어줄 수 없다. 고아원에서 양육된 아이는 아무리 울어도 보모가 자신을 돌보지 않는 체험을 하면서 '내가 아무리 크게 울더라도 불쾌한 환경을 바꾸는 데 영향을 미칠 수 없다'는 통제 불가능을 학습하게 된다.

자연히 아이다운 호기심이나 관심을 표현하는 일이 줄어든다. 방 한쪽에서 단조로운 행동을 되풀이하며 양육자에게 느리게 반응한다. 이런 현상은 고아원 아동에게서만 나타나는 것은 아니고 병원의 장기 요양자나 노인 요양원에 입원한 노인들에게서도 나타난다.

호스피탈리즘 현상에 대해 심리학자 스피츠R. Spitz가 보고한 다음 사례를 살펴보자.

생후 7~12개월에 엄마와 떨어져 지낸 아이 중 몇 명이 이전의 밝은 모습과는 대조적으로 떼를 쓰는 행동을 보이기 시작했다. 그 후 떼를 쓰는 행동은 대인 관계에서 움츠러드는 모습으로 변해갔다. 그 아이들은 주변 활동에 참여하지 않으려 하고 얼굴을 돌린 채 침대에 누워 있으려고만 했다. 우리가 다가가도 본 척도 하지 않았다. 대부분 체중이 감소했고 불면증으로 고생했으며 감기와 습진에도 자주 걸렸다.

이런 행동이 석 달 정도 지속되더니 이후에는 징징대는 행동은 줄어들었다. 대신 울음을 터뜨리게 하려면 매우 강한 자극이 필요했다. 또 주변에서 무슨 일이 일어나고 있는지 분명히 지각하지 못한 채 멍하고 무표정하게 눈만 뜨고 있거나 굳은 얼굴로 앉아 있곤 했다. 이 단계에 도달한 아이들은 점점 다루기 어려워졌고 마침내 접촉할 수 없게 되었으며 기껏해야 소리를 지르거나 비명을 지르게 할 수 있을 따름이었다.

스피츠는 이 증상이 애착 관계에 있던 어머니가 사라졌을 때 보이는 전형적인 반응, 호스피탈리즘이라고 설명했다. 이 같은 의존성 우울 증세를 보인 91명의 영아원 아이 중 34명이 생후 3년 내에 사망했고, 살아남은 아이 중 많은 수가 무감각한 우울증과 백치 상태를 보였다고 스피츠는 보고했다.

또 다른 연구에 의하면 시설에서 성장한 아동과 가정에서 엄마가 양육한 아동, 이 두 집단의 어린이들은 신체 성숙 속도에는 거의 차이가 없었지만 자기 능력을 발휘하고자 하는 의욕에서는 많은 차이를 보였다.

이 아이들은 비슷한 시기에 침대 위에 선다. 그러나 시설에서 자란 아이는 '서고 싶다' 혹은 '걷고 싶다'는 의욕을 전혀 보이지 않는다. 가정에서 자란 아이는 넘어져 울면 바로 엄마가 달려온다. 하지만 시설에서 자란 아이는 울고 있어도 불쾌감을 없애줄 대상이 없다. 울어도 자신을 달래주는 사람이 없음을 안 아이들은 의욕을 상실하는 것이다.

방치나 소외로 촉발된 무기력이 아동기에만 나타나는 것은 아니다. 학교에서 따돌림을 받거나 성인이 된 후 직장이나 소속 집단에서 받는 따돌림과 소외가 성인에게도 무기력을 불러올 수 있다. 물론 가정 내에서 발생하는 무관심과 방치, 나아가 정신적인 폭력도 유사한 결과를 초래한다.

혹시 당신이 의욕이 없는 것이 사람들과의 관계 때문이 아닌지 한번 살펴보길 바란다. 그렇다면 당신이 주체적으로 그들에게 먼저 다가가보면 어떨까?

얼마 전 장수하는 사람의 특징을 조사한 통계를 보았다. 일반적으로 담배나 술을 하는지 여부, 운동을 정기적으로 하는지 여부, 직업에 따른 스트레스가 수명에 영향을 줄 것이라 생각하기 쉽다. 그러나 그 통계는 의외의 결과를 보여주었다. 술과 담배를 하지 않고 운동을 꾸준히 하여 스트레스가 적은 사람보다 친구가 많은 사람이 오래 산다는 것이다. 결국은 대인관계가 좋은 사람이 다른 부정적인 인자가 주는 영향을 극복하고 건강할 수 있다.

그러므로 타인을 위해서가 아니라 당신을 위해 타인에게 다가가라. 당신을 위해 용서하고 당신을 사랑하기 위해 타인을 사랑하라. 처음에는 어려울지 모르지만 그들과의 관계가 호전되면 그것은 작은 성공을 경험한 사례가 된다. 그것을 단초로 성취감과 유능감을 느낄 수 있을 것이다. 또 유능감이 마음을 관대하게 만들어 당신은 점차 좋은 동료, 좋은 이웃이 될 수 있다.

무기력한 사람이 다른 사람에게 관대하지 못한 것은 자신의 문제가 너무 커 그것을 해결하는 데 에너지를 다 쏟기 때문이다. 하지만 무기력함 없이 자기 일에 몰입하는 사람은 긍정적인 시각의 소유자일 가능성이 크다. 그러므로 당연히 사람들과의 관계도 개선될 수 있다. 아동기에는 받기만 할 수도 있었지만 성인이라면 주체가 되어야 한다. 줄 수 없는 사람에겐 점차 줄 것조차 사라진다는 것을 기억해야 한다.

# 무기력 권하는
# 사회

## 50억 가진
## 노숙자

2011년 9월, 인터넷을 달군 흥미로운 사건이 있었다. 은행 잔고가 자그마치 50억, 매월 은행 이자만 1500만 원을 받는 사람이 노숙을 한다는 사연이다. 51세의 노숙자 A씨는 술을 먹고 공원에서 자다가 자신의 가방을 잃어버렸다고 경찰에 신고했다. 절도범 B씨가 곧 잡혔고, B씨는 경찰 조사에서 "아침에 집 근처 공원에 운동하러 갔다가 잠자고 있던 A씨 근처에서 뒹굴던 가방을 발견하고 가져갔다"고 진술했다.

경찰은 이 절도 사건을 조사하던 중 놀라운 사실을 알게 됐다. 노숙자 A씨가 잃어버렸던 가방에서 1000만 원짜리 현금 뭉치와 금시계가 나온 것이다. 경찰은 노숙자인 A씨가 그 돈과 시계를 훔쳤으리라 추측하고 A씨를 집중 추궁했다. A씨는 어쩔 수 없이 경찰에 사실을 털어놨다.

"저는 부모님에게 수십억 원의 재산을 물려받은 자산가입니다."

그 말을 믿지 못한 경찰이 곧 A씨의 계좌를 조회했는데 A씨의 계좌에는 50억 원가량이 예치돼 있었다.

A씨는 젊은 시절 부모님의 재산을 물려받은 후 사업을 했지만 실패했다. 현재는 직업이 없는 상태이며, 결혼을 하지 않아 가족도 없다고 했다. 그런 이유 때문이었는지 A씨는 세상살이에 흥미를 느끼지 못해 모든 재산을 처분해 은행에 맡기고 노숙자 생활을 했다.

A씨는 자신의 사연이 공개된 후 노숙 생활이 힘들어졌다며 경찰에 항의했지만, 이후에도 노숙 생활을 그만두지 않았다. 경찰의 권유에 따라 현금 대신 현금카드를 들고 다니면서 이변이 없는 한 노숙 생활을 계속할 것이라고 밝혔다.

우리가 생각하기에 A씨는 이해하기 어려운 사람이다. 그렇게 큰돈을 가진 사람이 왜 굳이 노숙을 할까? 실제로 A씨의 사연이 알려지고 나서 그 돈으로 차라리 어려운 사람이나 도우라며 비난하는 목소리도 있었다. 그러나 누가 그를 탓할 수 있을까? 아무도 그의 심리 상태를 알지 못하므로 함부로 말할 권리는 없다. 다만 그가 인생에 심각한 무기력증을 느끼고 있는 것은 분명한 듯 보였다.

그를 무기력하게 만든 계기가 무엇인지는 모른다. 섣불리 결론 내릴 수 없지만 복잡하고 부조리한 현대사회가 그를 무기력한 상태로 내몰지 않았을까. 사회가 무기력을 조장하고 개개인을 무기력에 빠뜨리고 있는 것이다. 그래서 큰돈을 가진 사람이 노숙자가 되고, 탄탄한 직장에 다니는

문제는 무기력이다

사람들이 정신적인 노숙자가 되는 건 아닐까? 이 의문의 실마리는 현대사회의 특수성에서 찾아야 한다.


## 소외와 고립을 조장하는
## 현대사회

사회가 고도로 발달하고 전문화되면서 개인의 사회적 고립이 가속화되고 있다. 사회적 고립Social Isolation이란 '동료에게 관심을 끌지 못하거나 그룹 활동에 참여하지 못하는 것'을 의미하는 말이다. 1972년에 실증주의 사회학자 멜빈 시먼Melvin Seeman이 처음 사용한 이후 '사회의 공통적인 신념과 목표에 의미를 찾지 못하는 상황'에 주로 사용된다.

사회적 고립은 소수의 약자들에게 나타나는 경우가 많지만, 직장과 조직의 방향에 동의하지 않는 냉소적인 사람에게서도 나타난다. 이들은 점점 자신을 고립시키는 위험에 빠지기 쉽다. 그리고 이는 곧 소외로 이어지고, 앞에서도 말했듯이 무기력을 불러일으킨다.

사회적 고립 외에도 문제가 되는 것은 자기 유리 현상이다. 자기 유리Self Estrangement 현상이란 주체적이고 자율적으로 행동하지 못하고 자기주장과 의사 표현을 확실하게 하지 못하는 것을 뜻한다. 의사 표현을 하지 못하는 사람은 개성을 발휘할 기회를 잃어 정의·윤리·자비·감동이 사라진 무개성, 무채색의 사람이 된다.

주로 다른 사람의 기분을 맞추려고 하는 의존적인 사람들에게 이러한 현상이 나타난다. 직장인이라면 '좋아하지는 않지만 그렇다고 그만둘 처지도 아니다'라는 태도를 보이며 직장에 다니는 사람이 많은데, 이런 생활이 길어지면 판단 기능까지 상실한다. 예를 들면 상사에게 자기 의견을 말하지 않고 시키는 일만 하는 것이다.

그런데 이런 자기 유리 현상이 강해지면 아노미anomie와 규범 상실normlessness이 따라온다. 아노미는 프랑스의 사회학자 에밀 뒤르켐Émile Durkheim이 주장한 사회 병리 현상 중 하나다. 이는 공통적인 가치관이 붕괴되고 목적 의식과 이상이 상실될 때 나타나는 혼돈 상태로 신경증·비행·범죄·자살 등의 현상이 나타나며 사회에 적응하지 못하는 상태를 일컫는 말이다. 따라서 아노미를 겪는 사람과 사회는 마음과 행동에 기준이 없어 규칙이 사라진 규범 상실 상태를 보인다.

쉬운 예로 한국 사회는 지금 여러 가지 사회 문제를 겪고 있다. 급격한 산업화로 생활양식이 달라져 과거 정신적 기반이 되었던 가치관을 유지할 수 없게 되었다. 그 결과 독거노인과 자살률 증가, 왕따와 학교 폭력 등 과거에는 존재하지 않던 심각한 사회문제가 새롭게 등장했다. 그러나 우리는 아직 이렇다 할 대처 방법을 찾지 못하고 있다.

학교 폭력은 지금도 논쟁이 뜨겁다. 가해자를 잘못 키운 부모의 탓이 크다고 보는 사람과, 아이들 사이에 폭력이 난무하도록 방치한 학교의 잘못, 혹은 가해자를 처벌할 기준을 마련하지 못한 국가의 잘못으로 보는 사람들 간의 의견이 분분하다. 미성년자인 가해 학생들의 처벌 수위 또한 도마 위에 올랐고, 처벌도 필요하지만 처벌 이후 교육과 폭력 방지를 위한 예방 교육도 함께 마련해야 한다는 목소리도 있다.

새롭게 등장한 사회문제 앞에서 많은 사람들이 우왕좌왕하며 혼란을 겪

문제는 무기력이다

고 있는 것이다. 이러한 현상이 오래 지속되면 사람들은 일관된 행동을 취하거나 확고한 신념을 갖지 못한다. 그 때문에 순간의 기분과 상황에 따라 반응하며, 계획이나 준비 없이 충동적이고 즉흥적인 행동을 하거나 모든 것을 운에 맡겨버리는 일도 벌어진다.


## 오직 결과만이
## 중요하다

무한 경쟁 체제로 돌입한 현대의 조직은 경쟁에서 살아남아야 한다는 미명 아래 오직 결과만 중요시한다. 알파도 결과물, 오메가도 결과물이다. 그래서 결과만 좋으면 거의 모든 것이 용납되고 비도덕적인 행위조차 묵인되는 부조리가 발생한다.

승자가 모든 것을 갖는 승자의 법칙Winner Takes It All은 경쟁이 있는 곳에서 포괄적으로 나타나며 무조건 최고가 되라고 조직원을 벼랑 끝으로 내모는 구실이 된다. 기업 못지 않게 대학이나 연구소에서도 이러한 분위기는 만연해 있다.

내가 KAIST에 있을 때 MIT에서 능력을 인정받던 한국인 총장이 부임했다. 그는 부임 후 교수와 학생들에게 무한 경쟁을 요구했다. 그가 발표하는 연설문이나 변경된 학칙 등의 기조는 능력으로 모든 것을 평가하겠다는 것이었다. 열심히 하라는 총장의 독려에 처음엔 모두들 동의했다. 그러나 시간이 지날수록 그의 기준은 높아졌고, 교수와 학생들의 불만이 폭발해 급기야 교수들 사이에 총장 퇴진 운동이 일어났다. 적지 않은 학생들이 자살을 선택하고, 학교를 그만두는 일이 지속적으로 발생했기 때문이다.

내가 몸담았던 또 다른 기관의 연구소 소장 역시 미국에서 오랫동안 교수직을 수행한 세계적인 석학으로, 결과주의자였다. 그는 정년퇴임이 몇 년 남지 않았지만 열심히 연구했다. 일에 한해서는 모범이 되었고 나는 그를 통해 최고가 되는 방법을 배웠다. 처음 얼마간 연구소는 발전하는 듯 보였다.

하지만 조직원들은 불행했다. 모든 것은 결과로 평가됐고 연구원의 시간과 능력은 시스템하에 철저하게 관리, 통제됐다. 경쟁에서 살아남아야 했으므로 결과가 좋으면 소소한 부도덕 같은 것은 그냥 넘어가기도 했다. 그러자 연구원 중 일부는 성과를 내기 위해 온라인 웹사이트를 통해 다른 연구자, 다른 연구소의 연구 결과 중 비슷한 것을 카피하기에 이르렀다. 그뿐 아니라 그 행위를 조금 더 빨리 은밀하게 해내는 사람이 능력 있는 사람으로 평가받는 웃지 못할 일이 일어났다.

하지만 그런 부정행위가 징계를 받지 않고 오히려 성과로 인정받아 인센티브까지 받게 되자 정직한 연구원들은 냉소적으로 변해갔다. 그 결과 점차 전체 생산성은 떨어졌고 연구소를 떠나는 사람들이 생겨났다.

나 역시 일 년 정도 근무했을 때 떠나고 싶었다. 하지만 나는 이동 대신 견디는 쪽을 택했다. 이미 다른 기관에서 비슷한 현상을 보았으므로 이직해도 비슷하리라 판단했기 때문이다. 나는 그때부터 지독한 무기력과 싸우며 두 번째 인생을 준비했다. 2년간 준비한 뒤에 다시는 내가 주인이 아닌 인생은 살지 않겠다는 결단을 내리고 사직했다.

문제는 무기력이다

두 사례의 공통점은 두 사람 모두 미국 명문 대학에서 오랫동안 교수로 일한 미국 국적의 성과주의자라는 점이다. 그들은 한국인이지만 미국식 사고로 움직였다. 미국을 세계 최고로 만들어낸 '하면 된다'는 사고는 우리에게 희망을 줄 수 있다. 그러나 반대로 '하면 된다'는 '해도 안 되더라'라는 무기력을 양산하기 쉽다는 점도 기억해야 한다.

그런 이유로 이제는 '아메리칸 드림American Dream'이 아니라 '유러피언 드림European Dream'에 이끌리는지도 모른다. 유러피언 드림은 성과보다 사람을 우선하는 것을 말한다. 또 결과보다는 관계를 중요시한다. 사회 사상가이자 미래학자인 제러미 리프킨Jeremy Rifkin은『유러피언 드림』에서 "미국인들은 무제한적 경제 성장을 중시하며 강한 자에게 혜택을 주고 약한 자에게 불리함을 준다"며 이제는 삶의 질, 환경과 조화를 이룬 개발, 평화와 조화에 초점을 맞추지 않으면 안 되므로 아메리칸 드림이 아닌 유러피언 드림을 따라야 한다고 주장한다.

제러미 리프킨이 말하는 유러피언 드림은 개인의 자유보다 공동체 내의 관계를, 동화보다는 문화적 다양성을, 부의 축적보다 삶의 질을, 무제한적 발전보다 환경 보존을 염두에 둔 지속 가능한 개발을, 무자비한 노력보다 온전함을 느낄 수 있는 심오한 놀이deep play, 완전한 몰입을 통해 삶의 의미를 깨닫고 희열을 느낄 수 있는 활동를, 재산권보다 보편적 인권과 자연의 권리를, 일방적 무력 행사보다 다원적 협력을 강조한다.

하지만 아직도 경쟁 체제 아래 돌아가는 우리 사회는 점점 비정규직이 넘쳐나고 이직률이 높아진다. 일하고 싶어도 일할 곳을 찾지 못하는 젊은 이를 어찌할 것인가? 치솟는 등록금과 떨어지기만 하는 비정규직의 임금은 청년들을 무기력에 빠질 수밖에 없게 한다.

사직과 해고도 이제 특별한 일이 아니다. 하지만 직원을 뽑아 지칠 때까지 일하게 하고, 그가 지치면 다른 직원을 채용해 그 새로운 피로 수혈해 연명하는 시스템하에서 어떻게 창의적인 결과물이 나올 수 있을까?

우리는 품삯을 받기 위해 일하는 노예가 아니고 꿈과 욕망을 따라 움직이는 유기체다. 그래서 낙타를 벗고 사자가 되려는 직장인이 점차 늘어나고 있다. 하지만 사자가 되는 방법을 잘 모른다는 데 또 다른 문제가 있다.

일반적으로 신입 사원이 숙련되기까지 2년 정도의 시간이 걸린다고 한다. 따라서 생산성을 높이기 위해선 경쟁을 부추기는 것은 지양해야 한다. 당장 성과를 내지 못한다고 해고할 것이 아니라 그들이 인성과 능력을 발휘할 만한 업무에 적절한 시간 동안 배치해 기회를 줄 필요가 있다.

이러한 면에서 보면 미국보다 일본의 조직에서 배울 점이 많다. 일본의 발달 심리학자 히타노 기요오 교수는 "미국보다 생산성이 높은 일본 기업은, 정해진 시간 외에는 일을 하지 않게 하고 근무 시간과 휴식 시간을 엄격하게 지킨다"고 말했다. 미국의 심리학자 프랭크 역시 근무 환경의 차이 때문에 무력감에 빠진 미국보다 일본의 생산성이 훨씬 우수하다고 주장했다.

우리나라의 교육 시스템도 무기력을 낳는 데 한몫한다. 결과만 중요시하는 입시 제도가 특히 그렇다. 학생들은 입시 중심의 교육 환경에서 성공보다 실패의 경험을 더 많이 한다. 실패는 학생에게 자신의 반응과 성취 결과가 무관하다는 생각을 하게 만드는 계기가 된다.

한 조사에 따르면 한국 고등학생의 31.5%가 정신 건강에 심각한 문제가 있는 것으로 나타났고, 문제의 경계선에 있는 학생도 전체 23%나 된다고 한다. 또 15세에서 24세 청소년 자살이 총 자살 건수의 30%에 해당한다고 하니 경악할 노릇이다. 이 연령층의 자살률은 점점 증가하는 추세인데, 자살의 가장 큰 이유가 학업 성취 등으로 사회의 기대에 부응하지 못했다는 좌절감과 절망감이라고 한다. 학교가 '실패와 좌절의 공장'이 되고 있는 안타까운 현실이다.

또 한 조사는 현 입시 제도에 적응하지 못하는 학생들의 형태를 다섯 가지로 나누고 있다. 학교교육에 의존하는 입시 집착형인 동조형 학생, 학교교육 수단은 거부하고 사교육에 의존하는 혁신형 학생, 학습 기피형인 의례형 학생, 사회에서 도피하고 사이버 커뮤니티에 몰두하는 도피 반항적 학습 거부형인 도피형 학생, 대안 학교나 가족 학교와 같은 새로운 학습 체제를 구축하는 대항형 학생이다.

이들 모두 자율성을 기반으로 한 건강한 학생의 모습은 아니다. 이 중 학습 기피형 학생은 성인이 되어서도 기피 반응을 보일 수 있으므로 특히 주의해야 한다. 아이들이 반복적인 실패를 학습하게 내버려둔다면, 스스로를 사회의 패배자라 여길 것이다. 게다가 실패를 극복할 수 없다는 부정적인 미래관을 가질 가능성도 있다.

## 우울한
## 일요일

직장인들은 과도한 경쟁과 조직의 부조리를 겪으면서 점점 일을 쌓아두거나 대충대충 하거나 동료에게 미룬다. 내가 대학에 전임 교수로 있을 때는 이직이나 사직을 희망하는 이가 드물었다. 65세 정년이 보장되므로 이직하려는 교수가 거의 없었다. 그들은 대개 무기력하고는 거리가 먼 사람들이었다.

그러나 내가 비정규직 연구 교수로 근무한 곳에서는 이직뿐만 아니라 전직까지 고려하는 사람이 많았다. 계약 기간에 대한 불안과 초조, 해고 위험이 그들을 다른 직업으로 전향하게 했다. 개인 사업을 하려는 KAIST 박사, 카메라 제조업을 하겠다는 박사, 신학 공부를 하겠다고 결심한 일본 학위 보유자인 전직 교수 등 많은 연구 교수들이 비정규직의 폐해와 조직의 부조리에 지쳐 새로운 길을 모색했다.

지금 하고 있는 일이 당신에게 기쁨을 준다면 당신은 축복받은 사람이다. 그러나 이렇게 축복받은 사람이 얼마나 될까? 2011년 잡코리아가 직장인 526명을 대상으로 업무에 대한 의욕을 잃거나 회의를 느끼는 '직장 생활 무기력 증후군'에 대해 조사했다. 그 결과 설문에 참여한 직장인 중 90.3%가 무기력 증후군에 시달린 경험이 있다고 답변했다.

이들을 대상으로 무기력 증상에 대해 상세히 조사했다. '일에 대한 의욕이 떨어져 만사가 귀찮다(34.0%)'는 대답이 1위였고, '업무상 스트레스 등 회사 관련 일로 출근을 기피하는 현상(27.6%)'이 2위를 차지했다. 그 외에 모든 일에 예민하게 반응하는 신경과민(15.8%)과 적성에 맞지 않는 업무로 이직 또는 창업 고려(12.9%), 삶에 대한 회의감(7.8%) 등의 의견이 있었다고 한다.

잡코리아 측에서는 이들을 무기력하게 하는 이유가 낮은 연봉과 열악한

복리 후생이라고 밝혔다. 이어 과도한 업무량(38.3%)과 회사 내 미비한 존재감(25.5%), 성과에 대한 불만족(21.3%), 적성에 맞지 않는 업무(20.6%), 그 밖에 만성 피로 등 체력적인 한계, 상사의 질책과 비하, 잦은 야근, 원만하지 않은 대인 관계 등으로 나타났다고 한다.

왜 이토록 많은 사람이 직장에서 무기력을 느끼고, 조직은 기대만큼 큰 성과를 내지 못하는가? 이 질문은 경영의 구루로 불리는 게리 해멀<sup>Gary Hamel</sup>이 『경영의 미래』에서 한 말에서 해답을 찾을 수 있다.

"인간은 회복력과 창의성이 다른 동물에 비해 탁월한데 조직을 위해서는 인간답게 일하고 있지 않다. 인간의 회복력과 창의성을 고갈시키는 조직에 문제가 있다. 정확성과 원칙·절약·합리성·서열·결과물 등을 강조하는 경영 프로세스는 예술성·독창성·대담성·비약성에는 가치를 두지 않는다. 대부분의 회사는 직원의 특성과 능력 일부분만 활용한다. 수많은 사람들이 매일 직장에 출근하지만 그들 대부분은 몽유병 환자나 다름없다. 그들의 잠재력을 체계적으로 활용하지 못한 조직이 낳은 결과이다."

심리학자 블래너<sup>Blanner R.</sup>도 직장인의 무기력에 대해 "피고용인은 개인을 무시하는 제도에 의해 생산수단과 완제품에 대한 의미를 알지 못하고, 전체적인 경영 방침에 대해 영향력을 행사할 수 없으며, 고용 조건에 대해서도, 작업 공정에 대해서도 통제력이 없기 때문에 그들은 무기력을 느낀다"고 했다.

즉, 자신이 직장과 일에 대해 영향력을 직접 행사할 수 없다는 점 때문에 무기력에 빠진다는 것이다. 통제 불가능은 곧 극심한 스트레스로 이어지고, 이는 다시 무기력으로 이어진다. 심리학자 프랭크가 '점심시간에 외출해 돌아오지 않고 퇴사한 근로자'에 대해 보고한 바 있는데 나도 유사한 사례를 직접 목격했다. 직장인들을 견딜 수 없게 만드는 무기력, 우리는 어떻게 무기력을 이겨낼 수 있을까?

당신은 일요일 밤, 다음 날이 기다려지는가? 프랭크는 만약 월요일이 다가올 때마다 우울해진다면 무기력으로 가는 길목에 서 있는 증거라고 했다. 나 역시 일요일 밤이면 우울해지고 월요일 아침에 출근하기 싫어 괴로워한 적이 많았다. 정규직 교수였을 때보다 비정규직 연구 교수로 지시에 따라야 했을 때 그런 생각을 더욱 자주 했다.

지금 생각해보면 이유는 분명하다. 내 마음대로 할 수 있는 일이 많지 않아 창의력을 발휘할 기회가 적고, 마치 부품처럼 움직여야 한다는 사실이 나를 힘들게 했던 것이다. 낙타로 살아가던 시절의 나는 의미 없는 하루하루에 끌려 다녔다. 하지만 사자가 되고 난 후에는 같은 직장에 다니는데도 무기력 증상이 사라졌다. 사자가 된 나는 내가 하루를 끌고 나갔다. 연구소를 사직하고 새 일을 시작하고 난 뒤부터는 더욱 확연하게 달라졌다.

## 일중독과
## 탈진 증후군

이처럼 많은 직장인이 능력을 발휘할 수가 없다는 이유 때문에 무기력해지기도 하지만, 반대로 일을 너무 열심히 한 나머지 무기력해지는 사람도 있다. 일이 자신의 사명인 듯 일에 매몰된 사람, 일중독자들 이야기이다. '일벌레workaholics'는 일과 알코올의존증의 합성어로 일을 열심히 하는 정도가 아니라 병적으로 일로 도피하는 일중독자를 일컫는 말이다. 일벌레나 일중독자는 주 60~70시간 이상 일하는 관리자에게서 찾아볼 수 있다. 당연히 그들은 조직에서 높은 위치까지 올라갔거나 사회적으로 성공했다.

이들은 일사불란하게 일하며 경쟁심이 강하다. 가장 늦게까지 일하고 헌신적으로 일해 가장 빨리 성공하려고 하는 사람들이다. 시간 낭비에 냉혹하며 휴가도 즐기지 못하고, 자신의 가치를 느끼기 위해 일에 집착한다. 하지만 일중독 때문에 건강에 적신호가 오고 대인 관계나 결혼생활에도 소홀해진다.

일중독자가 아니라 자신이 하는 일을 정말로 좋아해 직업에 일체감을 느끼고 열심히 사는 사람도 적지 않다. 이런 사람들은 일하는 가운데 즐거움을 찾고 자신감에 찬 생활을 한다. 하지만 이들도 자기가 한 일이 제대로 평가받지 못하든지, 승진을 기대했는데 이루어지지 않았을 때는 일시적으로 무기력해질 수 있다.

탈진은 이런 상태에서 자주 나타난다. 탈진이란 '피할 수 없는 압박을 느낌과 동시에 만족감을 찾을 수 없을 때 개인이 경험하게 되는 상태'를 말하는 용어다. 탈진 증후군은 타인의 기대 때문에 부담감을 느끼는 전문가들이 자주 겪는 현상이다. 하지만 전문가가 아니더라도 열심히 일한 뒤 이에 대해 인정받지 못하면 탈진 상태가 될 수 있다. 탈진 증후군을 경험하면 이전처럼 의욕적으로 업무를 수행하지 못하고 자기가 좋아하던 일에도 흥미를 잃는다.

## 스트레스,
## 무기력의 씨앗

　　　　당연한 말이지만 스트레스 역시 무기력을 야기한다. 우리는 어떨 때 스트레스를 받을까? 다음 표는 홈스-라헤가 만든 스트레스 테스트Hohmes-Rahe Stress Test로 상황에 따라 스트레스를 계산할 수 있다. 이 표를 보고 각자 지난 일 년간 겪은 사건과 그에 따른 스트레스 정도를 측정해보자. 합산이 총 200을 넘으면 과도한 스트레스 상태라고 한다.

　2011년 헤럴드경제가 조사한 바에 따르면 직장인 10명 중 7명은 직장을 잃는 것이 두려워 지나치게 일에 몰두하는 '슈퍼 직장인 증후군'을 겪고 있는 것으로 조사됐다. 또 취업 정보 제공 업체 커리어가 직장인 588명을 대상으로 한 설문 조사에서 전체 응답자 중 68%가 슈퍼 직장인 증후군을 겪고 있다고 했다.

　슈퍼 직장인 증후군을 겪고 있다고 생각하는 이유로는 '회사 일 때문에 사생활의 일부를 포기한다'가 71.5%로 가장 많았고, '퇴근 후에도 업무에 대해 걱정한다'가 63.8%, '휴가나 월차를 내고 싶어도 업무에 대한 걱정 때문에 내지 못한다'가 54.3%, '회사에서 끝내지 못한 일은 집에서라도 마쳐야 한다'가 36.5%, '야근을 하지 않으면 불안하다'는 응답이 24.8%, '업무와 연관된 모든 사람은 자신의 경쟁자'라고 생각하는 의견도 17%였다.

　슈퍼 직장인 증후군을 겪는 사람들 중에는 능력을 인정받고 단기간에 승진해 연봉이 올랐으며 다른 회사에서 스카우트 제의를 받았다고 대답한 사람도 있었다. 하지만 많은 수의 응답자가 회사 일 외에 하고 싶은 일이나 취미 생활을 하지 못하고 건강이 나빠졌으며 친구나 가족과 서먹해

문제는 무기력이다

〈표〉홈스-라헤 스트레스 테스트(Hohmes-Rahe Stress Test)

| 스트레스 요인 | 충격 정도 | 스트레스 요인 | 충격 정도 |
| --- | --- | --- | --- |
| 배우자의 사망 | 100 | 자녀의 출가 | 29 |
| 이혼 | 73 | 고부간의 갈등 | 29 |
| 별거 | 65 | 개인적인 성취 | 28 |
| 교도소 수감 | 63 | 취업이나 퇴직 | 26 |
| 가족의 사망 | 63 | 입학과 졸업 | 26 |
| 부상이나 질병 | 53 | 생활 여건의 변화 | 26 |
| 결혼 | 50 | 개인적인 습관의 교정 | 24 |
| 해고 | 47 | 상사와의 갈등 | 20 |
| 부부간의 중재 노력 | 45 | 업무 시간, 환경의 변화 | 20 |
| 퇴직 | 45 | 거주지의 변화 | 20 |
| 가족의 건강 문제 | 44 | 전학 | 19 |
| 임신 | 40 | 여가 활동의 변화 | 19 |
| 성생활 문제 | 39 | 교회 활동의 변화 | 19 |
| 새로운 가족의 출현 | 39 | 사회 활동의 변화 | 18 |
| 사업의 재개 | 39 | 1000만 원 미만의 부채 | 17 |
| 재정 규모의 변화 | 38 | 수면 습관의 변화 | 16 |
| 친한 친구의 죽음 | 37 | 종친회 구성원의 변화 | 15 |
| 업무 변화 | 36 | 식습관의 변화 | 15 |
| 배우자와의 말다툼 | 35 | 휴가 | 13 |
| 1000만 원 이상의 부채 | 31 | 크리스마스 | 12 |
| 저당물의 유질 처분 | 30 | 사소한 법규 위반 | 11 |

졌다고 답했다.

일에 대한 지나친 노력은 오히려 스트레스를 야기하고 그 스트레스가 쌓이면 무기력이 따라온다. 프랭크 박사는 봉사와 관련된 전문직, 의사·간호사·목사·사회사업가·물리치료사가 다른 직업에 종사하는 사람들보다 무기력해지기 쉽다고 했다. 심지어 내담자 중 직업을 바꾸는 이들도 있었는데, 심리학자가 직업을 버리고 유전油田에서 일을 하거나 사회사업가가 도자기 전문점을 내고 교사가 학교를 그만두고 판매직에 종사하는 등 많은 사람들이 스트레스로 인한 무기력 때문에 직업을 바꾸었다고 보고했다.

현재 본인의 직장에서 무기력을 느낀다면 그 직업을 고수하는 것이 옳은 것일지 심각하게 고민해봐야 한다. 무기력으로 낭비하는 시간은 인생을 퇴보하게 하기 때문이다.

중독 전문가인 심리학자 브렌다Brenda M. Schaeffer는 "삶에는 오직 진화와 퇴보라는 두 가지 방향만 있다. 사람들이 생각하는 것과는 달리 어떤 사람도 제자리에 서 있지 않다. 그들은 지위가 상승되든지 퇴보하든지 하는 나선형의 선상에 서 있다"라고 했다.

창밖의 구름이 멈추어 있는 듯해도 끊임없이 이동하고 형태를 변화시키듯 우리의 평범한 일상도 성장이나 퇴보, 둘 중 하나로 진행된다. 그 누구도 퇴보하는 인생을 원하지 않는다. 무기력에 빠진 기간은 퇴보하고 있는 시기라는 점을 기억해야 한다.

그러므로 행복을 느끼는 새로운 직장이 있다면 이직을 감행해야 한다.

문제는 무기력이다

하지만 무기력 때문에 도망치듯 직장을 옮기는 실수를 범해서는 안 된다. 새 환경이라는 스트레스가 더해져 더 큰 어려움을 겪을 수 있다.

따라서 절실하게 준비하고 정말 때가 되었을 때 떠나야 한다. 그래야만 실패가 아닌 승리의 경험을 쌓을 수 있다. 무기력 때문에 직장을 옮기고 싶다면 먼저 자기 극복을 통해 무기력에서 빠져나와야 한다. 그런 다음에 이직을 준비하고 실행에 옮겨도 늦지 않다.

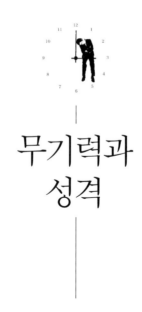

# 무기력과
# 성격

## 의존성 성격과

## 강박성 성격

　　　똑같은 상황에서도 쉽게 무기력을 느끼는 사람이 있고 전혀 느끼지 못하는 사람이 있다. 또 매우 어려운 상황에서도 무기력을 모르는 사람이 있는가 하면, 작은 일에도 쉽게 무기력을 호소하는 사람이 있다. 이는 여러 가지 상황 탓일 수도 있지만, 성격상 무기력에 취약하기 때문일 수도 있다. 무기력에 약한 성격에 대해 알아보기 전에 다음의 예를 살펴보자.

　　당신은 지금 부산에서 제주로 가는 페리호를 타고 있다. 오랜만에 휴가를 얻어 친구들과 여행을 떠나기로 했다. 여행 기간은 총 2박 3일이다. 선착장에 도착하니 친구들이 당신을 기다리고 있다. 인사를 나누고 친구들의 차림을 살펴보니 작은 손가방 하나만 들고 온 친구 A가 눈에 띈다. 당신이 친구 A에게 묻는다.

"2박 3일 여행인데 짐이 그것뿐이야?"

A는 뭐가 잘못됐냐는 표정으로 그렇다고 대답한다. 애초에 당신과 친구들은 게스트 하우스에서 묵으며 요리를 해 먹기로 했다. A는 소금과 후추 같은 양념과 파, 마늘 등을 가져오기로 했다. 약속한 양념과 채소를 챙겼느냐고 묻자 그는 이렇게 대답한다.

"제주도에서도 팔겠지. 조금씩 사면 되지 않을까? 없으면 다른 사람들한테 빌리거나."

A는 언제나 이런 식이다. 예전부터 친구들과 여행을 가도 칫솔만 달랑 들고 올 뿐이고 비누나 치약, 샴푸를 챙긴 적이 없다. 언제나 다른 친구들에게 빌려 쓰고 심지어는 여분의 양말도 없어 친구들에게 빌리곤 했다.

그런데 이번에는 B가 캐리어를 끌고 나타났다. 유럽 배낭여행을 떠나도 될 만한 커다란 캐리어도 모자라 한쪽 속에는 커다란 손가방까지 들려 있다.

"그게 다 네 짐이야?"

깜짝 놀란 친구들이 묻자 B도 A처럼 당당하게 대답한다.

"나는 내 물건 아니면 영 불편하고 찜찜해서 싫어. 2박 3일인데 웬만한 건 다 챙겨야지."

B는 간식거리를 맡았는데 과할 정도로 많은 양의 간식을 꼼꼼하게 챙겨 왔다.

"누가 뭘 좋아하는지 알 수 없으니까 종류별로 다 챙겼어."

B는 배에 타고서도 자기 짐을 지키느라 바깥 구경도 하지 못한다. 급기야 잠을 자면서도 캐리어와 가방을 도둑맞지 않을까 경계를 풀지 못한다.

친구들과 여행을 떠나면 꼭 A나 B 같은 친구가 하나씩은 있기 마련이다. 무엇이든 남에게 빌려 쓰고 기대려 하는 A는 혼자 남겨지기라도 하면

무기력을 잘 일으키는 두 가지 성격의 신념과 전략

| | 의존성 성격 | 강박성 성격 |
|---|---|---|
| 자신에 대한 핵심 신념 | 나는 무기력해. | 나의 인생은 통제 불능이 될 수 있어.<br>나는 실수하면 안 돼. |
| 자기관 | 보잘것없는, 약한, 무력한, 무능한 | 책임감 있는, 책임을 지는, 세심한, 유능한 |
| 타인에 대한 신념 | 다른 사람들이 나를 돌보아주어야만 해. | 다른 사람들은 책임을 져주지 않아. |
| 타인관 | 돌봐주는, 지지적인, 유능한 | 무책임한, 조심성 없는, 무능한, 스스로에게 관대한 |
| 가정 | 만일 내가 내 자신을 의지한다면 실패하고 말 거야. 만일 내가 다른 사람들을 의지한다면 살아갈 수 있을 거야. | 만일 내가 완벽하게 책임을 지지 않는다면 내 인생은 실패로 끝나고 말 거야.<br>만일 내가 엄격한 규칙과 틀을 만들어놓으면 괜찮을 거야. |
| 주요 믿음 | 내가 살아남으려면, 그리고 행복해지려면 다른 사람의 도움이 필요하다. 나에게는 다른 사람의 꾸준한 지지와 격려가 필요하다. | 나는 무엇이 최상인지 잘 알고 있다. 세부 사항이 매우 중요하다.<br>사람이라면 더 잘해야 하고 더 열심히 해야 한다. |
| 행동 전략 | 의존적인 관계 형성 | 다른 사람들을 엄격하게 통제한다.<br>규칙 적용하기, 완벽주의, 평가하기, 통제하기<br>의무 부과하기, 비난하기, 처벌하기 |

문제는 무기력이다

아무것도 하지 못하고 두려움에 떤다. 반대로 B는 모든 것을 자신이 결정해야 하기 때문에 제대로 여행을 즐길 수가 없고 계획된 대로 되지 않을 때는 극심한 스트레스를 받는다.

쉽게 알 수 있듯이 A는 의존적인 사람, B는 강박적인 사람의 예시다. 여기서 재미있는 것은 A든 B든 어려운 일이 생기면 쉽게 지쳐 다시는 함께 여행을 떠나려 하지 않을 가능성이 많다는 것이다.

우선, 의존적인 사람들의 성향부터 살펴보자. 한 유기체가 다른 개체에게 의존하고 애착을 가지는 것은 모든 포유류에게서 공통적으로 나타나는 현상이다. 포유류에 속하는 우리 인간에게도 의존과 애착은 매우 보편적으로 나타난다. 그런데 극단적으로 타인에게 의존하는 사람들이 있다. 이런 극단적 의존에 대해 미국 정신의학회의 DSM_IV-TR American Psychiatric Association, 2000 진단은 의존성 성격 장애라고 분류한다.

의존성 성격 장애는 보살핌을 받으려는 과도한 욕구 때문에, 복종하고 매달리는 행동을 보이며 분리에 대한 두려움이 나타난다. 다음은 의존성에 대한 DSM_IV-TR 진단 기준인데 다음을 읽고 해당되는 것이 있는지 체크해보기 바란다.

DSM_IV-TR 진단에서는 8개 문항 중 5개 이상에 해당되면 의존성 성격 장애로 분류한다. 그러나 5개 이하라 하더라도 우리 모두 약간의 의존성은 가지고 있으므로 의존성이 유발하는 무기력에서 자유로울 수는 없다.

표에서 보듯 의존적인 사람은 타인에게 지지받고 보살핌을 받는 것이 생존 방법이라고 생각한다. 그러므로 그만큼 타인과 떨어져 있을 상황에 직면했을 때 쉽게 무기력과 우울증에 빠진다.

**의존성 장애 진단법**

1  다른 사람의 조언이나 확인 없이는 작은 결정도 내리기 어렵다. ☐

2  내 인생의 매우 중요한 영역까지도 대신 책임져줄 수 있는 타인이 필요하다. ☐

3  지지와 보살핌을 잃을까 봐 두려워서 타인의 의견에 반대하지 못한다. ☐

4  스스로 어떤 일을 시작하거나 수행하기가 어렵다. ☐

5  타인의 보살핌과 지지를 얻기 위해서라면 불쾌한 일도 자청해서 한다. ☐

6  스스로 잘해나갈 수 없다는 과도한 두려움으로 혼자 있으면 불편하거나 무력하다. ☐

7  어떤 친밀한 관계가 끝났을 때 곧바로 다른 관계를 찾는다. ☐

8  스스로 자신을 돌봐야 하는 상황에 처할지도 모른다는 두려움에 타인에게 비현실적으로 집착한다. ☐

자신을 무력한 존재로 지각하기 때문에 자신의 생존과 행복을 위해 필요한 자원을 제공해줄 수 있을 것 같은 강한 사람에게 매달리고 의존한다.

의존성과 반대 성향인 강박성은 과거 서구 사회 사람들, 그중에서도 남성에게 많이 나타났는데 여성의 사회적 진출이 많은 요즘은 여성에게서도 흔히 나타난다.

강박주의자가 겪는 가장 큰 어려움은 불안이다. 따라서 이들은 자신이 제대로 수행했는지 혹시 잘못하지는 않았는지 계속 반추하고, 이 때문에 우유부단한 모습을 보이며 꾸물거리다가 실수가 두려워 결국 시도 자체를 미루곤 한다. 이런 면이 오히려 이들을 무능력하게 보이게 한다. 인지치료의 대가 아론 벡은 이런 강박증이 외부 압력에 의해 갈등을 경험하면

문제는 무기력이다

만성 불안을 겪다가 공황 장애로 발전할 수 있다고 경고한다.

다음은 강박성 성격 장애에 대한 미국 정신의학회의 DSM_IV-TR 진단 기준이다.

---

### 강박성 장애 진단법

1 사소한 세부 규칙·목록·순서·시간 계획이나 형식에 집착해 일의 큰 흐름을 잃고 만다. ☐

2 완벽주의 때문에 일을 완수하는 데 방해를 받는다. 즉 자신의 엄격한 기준에 맞지 않기 때문에 계획을 완수하지 못한다. ☐

3 여가 활동과 우정을 나눌 시간을 배제하면서 일과 생산성에 몰두한다(일에 대한 몰두가 경제적 필요성으로만 설명되지 않는다). ☐

4 도덕, 윤리, 또는 가치 문제에서 지나치게 양심적이고 고지식하며 융통성이 없다(문화적 종교적 배경만으로 설명되지 않는다). ☐

5 낡거나 가치 없는 물건을 버리지 못한다. ☐

6 자신의 방식을 그대로 따르지 않는 타인에게 일을 맡기거나 같이 일하기를 꺼린다. ☐

7 자신과 타인 모두에게 돈을 쓰는 데 인색하다. 돈은 미래에 있을지도 모르는 재난에 대비해서 축척해야 하는 것으로 생각한다. ☐

8 사고가 경직되어 있고 완고하다.

---

DSM_IV-TR 진단에서는 8개 문항 중 4개 이상에 해당되면 강박성 장애라고 본다. 그러나 강박성도 의존성과 마찬가지로 질이 아니라 양의 차이가 있으므로 모든 사람에게는 강박적인 특성이 약간씩 있다고 볼 수 있다.

강박적인 사람들은 자신은 물론 타인 전부를 책임져야 한다고 생각하며 스스로의 힘으로 일을 헤쳐 나가는 양심적인 사람이다. 반면, 의무에 이끌려 행동하며 자신이 서투르거나 무력해지는 것을 지나치게 걱정하기도 한다. 이들은 작은 결함과 실수에도 큰 혼란을 느끼며 그 일을 통제할 수 없고 제대로 할 수 없다는 자괴감에 빠지기도 한다.

일반적으로 완벽주의자가 강박증의 특징을 지니고 있어 무기력에 잘 빠진다. 완벽주의자는 흠이 없는 완성품만 보려는 경향이 있어서 이들에게 하지 않은 일은 실수이자 결점이 된다. 완벽주의자는 100%를 추구하므로 5%가 부족한 95%는 하지 않은 일이 된다. 그래서 완벽주의자는 5% 한 것과 5% 하지 않은 것을 별로 다르게 여기지 않는다. 어차피 그들에게는 둘 다 완전하지 못한 것이기 때문이다.

열심히 결과물을 내기 위해 노력하므로 그들은 다른 사람에 비해 성취한 것이 많다. 그래서 그들이 무기력하다고 하면 다른 사람들은 그 말을 이해하지 못한다. 오히려 욕심이 많거나 겸손하다고 생각한다. 하지만 완벽주의자들은 때때로 정말 자신이 무능력하고 무기력하다고 느낀다.


## 탄력성
### 높은 성격

어떤 사람들은 고난을 겪은 후 무기력에 빠지는 게 아니라 더 높은 의식 수준으로 올라가기도 한다. 심리학에서는 이렇게 어려움을 딛고 일어서서 성장하는 현상을 'resilience'라고 한다. 이 단어는 '탄력성', '심리적 건강성', '절대 회복력', '회복 탄력성' 등으로 번역하는데, 다시 튀어 오르거나 원래 상태로 되돌아온다는 뜻이 있다. 그래서 주로 '정신적 저항력'을 의미하는 말로 쓰인다.

따라서 탄력성을 갖추면 무기력에서 벗어나는 것은 물론 더 높은 위치로 상승하고, 다시 무기력으로 추락하지 않을 수 있다. 어떻게 하면 탄력성을 갖출 수 있을까? 그에 앞서 어떤 사람이 탄력성 있는 사람일까?

『해리 포터』의 저자 조앤 롤링Joanne K. Rowling은 탄력성이 무엇인지 보여주는 산증인이라고 할 수 있다. 그녀는 포르투갈에서 영어 강사로 일하다가 현지 남자와 결혼했으나 3년이 안 되어 이혼하고 생후 4개월 된 딸과 단둘이 영국으로 돌아왔다. 하지만 일자리가 없어 3년여 동안 주당 한화로 1만 5000원 정도의 생활 보조금을 받아 근근이 살아갔다. 그 어려운 시절 딸에게 읽어줄 동화책 살 돈이 없어서 동화를 직접 쓰기 시작했는데 그것이 바로 『해리 포터』 시리즈라는 것은 잘 알려진 이야기다.

결국 『해리 포터』 시리즈로 큰 부자가 되어 2004년 《포브스》지가 선정한 '세계 최고의 부자' 리스트에 올랐다. 그녀는 이혼과 무일푼, 싱글맘이라는 삼중고를 어떻게 이겨냈을까? 그렇게 어려운 상황에서 어떻게 무기력해지지 않고 글을 쓸 수 있었을까? 에든버러대학에서 한 연설에서 가난한 시절에는 우울증으로 자살도 생각했다고 밝힌 바와 같이 그녀도 한때 극심한 무기력을 경험한 듯하다.

하지만 그녀는 딸의 존재에 힘입어 몇 개월에 걸쳐 우울증을 완치했다. 살아야 할 분명한 이유를 느끼고 삼중고를 극복한 것이다. 니체가 말한 대로 살아갈 이유를 아는 사람은 어떠한 상황에서도 견딜 수 있다. 처음 책을 쓸 때는 소득이 없어, 냉난방이 되는 카페에서 집필하곤 했다고 한다.

변변한 작업실도 없었지만 대단한 작품을 탄생시킨 것이다. 롤링은 결과적으로 무기력과 우울증에 인생을 저당 잡히지 않고 오히려 역경을 발판 삼아 판타지 소설 분야의 역사를 바꿀 책을 써냈다. 이런 특징이 바로 탄력성이다.

## 관계성의
## 힘

하와이제도에 2800만 년 전 최초의 화산활동으로 생성된 카우아이라는 섬이 있다. 이 섬은 수려한 계곡과 하천, 폭포가 장관을 이루는 신비로운 섬이다. 약 600만 년 전에 화산활동이 멈추면서 오랜 비바람의 풍화작용으로 다듬어져 보석같이 아름다운 곳이다. 해발 1598m의 거대한 카와이키니 산이 중앙에 위치하고, 이곳에서 흘러내리는 빗물이 섬을 흐르는 7개의 강에 골고루 충분히 물을 공급하여 섬 전체에 수목이 잘 가꾸어져 있다. 그래서 예로부터 정원의 섬으로도 알려져 있다.

이 카우아이 섬에서 탄력성 연구를 진행했다는 사실은 그다지 알려져 있지 않지만, 심리학 연구사에 매우 중요한 업적 중 하나로 평가된다. 1954년 심리학자·의사·사회복지사 등 다양한 분야의 학자들이 이 섬에서 종단 연구를 시작했다. 종단 연구란 긴 세월 동안 같은 연구 대상자를 추적 조사하는 연구 방식이다. 같은 대상을 오랫동안 추적해야 하므로 쉽지 않은 연구 방식이다.

학자들이 종단 연구를 위해 카우아이를 택한 것은 이곳이 지리적, 사회적으로 고립되어 있다는 사실 때문이었다. 그 섬에서 태어난 사람들은 대부분 성인이 되어도 그 섬에서 살았으므로 인구 이동이 적어 다른 지역보다 추적 연구가 쉬우리라고 예측했다. 또 사회 경제적 여건이 열악해 섬에서 태어난 아이들은 불우한 환경에서 양육되는 사례가 많았으므로 환경과 성장의 인과관계를 연구하기에 적합했다.

연구자들은 1954년부터 다음해 출산할 산모들을 미리 조사해 1955년에 그 섬에서 태어난 모든 신생아 833명을 대상으로 연구를 시작했다. 연구자 중 에미 워너Emmy Werner는 이 신생아들을 통해 어린 시절에 겪은 어려움이 훗날 어떤 문제를 일으킬 가능성이 있는지, 그 구체적인 인과관계를 찾는 연구를 했다. 워너는 833명 중 가장 열악한 환경에서 자란 201명을 추려냈다. 이들은 모두 극빈층이었고, 가정불화가 심했거나 부모가 별거나 이혼을 했고, 양친 중 한 명 이상이 알코올의존증 혹은 정신 질환을 앓은 불우한 환경에서 생활하는 아이들이었다. 워너는 이들을 '고위험군'이라 불렀다.

워너가 이 아이들의 성장 과정에 대한 자료를 분석한 결과, 이들은 학교생활에 적응하기 힘들어했다. 학습 장애를 겪고 교우 관계에서 갈등을 일으켰으며, 10대에 소년원에 들락거리는 아이도 많았다. 물론 정신 질환을 앓거나 미혼모가 된 사례도 있었다. 확실히 이들 201명은 나머지 아이들에 비해 훨씬 높은 비율로 사회 부적응자가 되어 갔다.

그러나 워너는 이 아이들이 보이는 문제 행동과 이들이 겪은 시련 사이에 확실한 인과관계를 찾아내지는 못했다. 다만 부적응 문제를 일으킨 아이가 201명 중 3분의 2 정도에 그친다는 사실을 알아냈다. 나머지 3분의

1은 거의 문제를 일으키지 않았다. 이 결과는 셀리그만이 개에게 전기 충격을 주어 무기력을 학습시켰을 때 무기력해지는 개가 전체 3분의 2이고, 전혀 무기력해지지 않는 개가 3분의 1이었다는 것과 거의 일치한다.

워너는 이 3분의 1에 해당하는 72명에게 역경을 이겨낼 수 있는 속성이 있음을 알았다. 그리고 삶의 어떠한 역경에도 굴하지 않는 강인한 힘의 원동력이 되는 이 속성을 'resilience'라고 불렀다. 그때부터 워너는 '무엇이 역경을 이기게 하고 정상적인 삶을 유지시켜주느냐'에 대한 연구를 시작했다.

마침내 그는 어려운 환경 속에서도 꿋꿋이 제대로 성장해나간 아이들에게는 한 가지 공통점이 있다는 사실을 발견했다. 그것은 성장 과정에서 그 아이의 입장을 무조건 이해해주고 받아주는 어른이 적어도 한 명 이상 있었다는 것이다. 누군가가 베푼 무조건적인 사랑이 그 아이의 인생을 바꿔놓은 셈이다. 이 결과는 앞서 셀리그만이 무기력에 빠지지 않은 개의 특성이 아마 그 개를 양육한 방식에 있는 듯하다고 잠정적인 결론을 내린 것을 떠올리게 한다. 결국 에미 워너 교수가 40여 년에 걸친 연구를 정리하면서 내린 탄력성의 핵심적인 요인은 '인간관계'다. 즉, 관계성이 높은 사람이 탄력성이 높고, 무기력에 빠지지 않고 살아갈 수 있다.

자신을 전폭적으로 지지하는 어른이 돌봐준 아이는 그 사람 덕분에 막강한 심리적 위로와 힘을 얻고, 자신의 삶을 지키며 긍정적으로 세상을 살아갈 수 있었다. 그런 연유로 이들은 힘든 고비 때마다 다시 이겨낼 힘을 찾는 탄력성을 얻게 되는 것이다. 하지만 워너가 말한 관계성만이 탄력성을 높이는 요소는 아닐지 모른다. 지지해주는 어른이 없어도 강인하게 성장하는 사례가 얼마든지 있는 것을 보면 하나의 인자로 생각해볼 수 있겠다.

그 외에도 성격과 습관, 의지와 삶의 목표 등 마음을 움직이는 많은 인자들이 그를 탄력성 있는 사람 혹은 무기력한 사람으로 만드는 요인이 될 것이다.

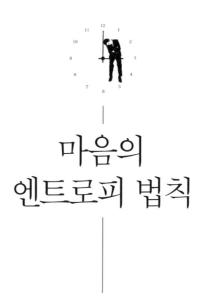

# 마음의
# 엔트로피 법칙

통제 불가능한 상황이나 아무리 원해도 그것을 얻을 수 없다는 절망, 자신의 능력에 대한 신뢰와 미래의 희망이 사라질 때 우리는 무기력해진다. 그런데 마음이란 가만히 내버려두면 게으름과 무기력, 나태와 절망 같은 부정적인 방향으로 흘러가는 경향이 있다. 따라서 마음을 지키려는 노력을 기울여야 한다.

화로 속에서 뜨겁게 달구어진 부지깽이도 공기 속에 꺼내두면 식어버린다. 인간의 열정도 그냥 내버려두면 아무것도 하지 않으려는 상태인 게으름과 무기력으로 흘러갈 수 있다. 이 현상에 대한 하나의 근거를 엔트로피 법칙에서 찾아 보자.

엔트로피entropy란 어떤 시스템 내에 존재하는 무용한 에너지의 총량을 말한다. 따라서 엔트로피가 증가한다는 말은 유용한 에너지, 즉 쓸 수 있

문제는 무기력이다

는 에너지가 줄어든다는 것을 의미한다. 원래 엔트로피라는 단어를 만든 사람은 독일의 루돌프 클라우지우스Rudolf Clausius지만 엔트로피와 관련된 법칙을 처음 발견한 사람은 프랑스 육군 장교 사디 카르노Sadi Carnot이다.

엔트로피는 열역학 제1법칙과 제2법칙에서 유래했다. 열역학 제1법칙은 '우주의 에너지 총량은 일정하다'이며, 열역학 제2법칙은 '엔트로피의 총량은 지속적으로 증가한다'라고 정리할 수 있다. 또 엔트로피 법칙은 '물질과 에너지는 반드시 한 방향으로만 변하는데 유용한 상태에서 무용한 상태, 획득 가능한 상태에서 획득 불가능한 상태, 질서가 있는 상태에서 무질서한 상태로 변한다'는 것이다.

심리학에서는 마음도 열역학 법칙에서 벗어날 수 없다고 보고 열역학 법칙을 마음에 적용했다. 인류 역사상 최초로 인간의 마음에 열역학 제1법칙을 적용한 사람이 지그문트 프로이트Sigmund Freud다. 프로이트는 에너지의 총량이 일정하다는 열역학 제1법칙을 마음에 적용해 정신 역동론psychodynamics을 주장했다.

그는 우리 마음 내부의 에너지는 반드시 근원이 있고, 그 에너지 총량은 절대로 변하지 않는다고 보았다. 그러니까 어느 한 부분에서 억압된 에너지만큼 다른 곳에서 에너지를 발산한다는 것이다.

그렇다면 무용한 에너지인 엔트로피가 점점 증대된다는 열역학 2법칙도 마음에 적용되지 않을까? 이 법칙 때문에 우리 마음이 아무것도 하지 않을 때 점점 나태해지고 무기력해져가는 것은 아닐까? 인간의 마음이 엔트로피 법칙의 적용을 받는다면 마음도 시간이 경과되면서 엔트로피가 상승하는 방향, 즉 무용한 상태와 무기력한 방향으로 흘러갈 수밖에 없다.

그래서 우리는 교육을 받고, 훈련을 하며 자신의 마음을 성장 발달시키고자 한다. 그런데 성장은 엔트로피의 법칙을 역행하는 행위이므로 결코 쉽지 않다. 그 때문에 많은 사람들이 그 길에 들어섰다가도 포기하거나, 애초에 시작할 엄두조차 내지 못한다.

또 이 과정을 완전히 수행하려면 자신의 인지 방식을 전면적으로 부정하고 변혁하는, 개인으로서는 '혁명'에 해당하는 노력을 기울여야 한다. 이러한 혁명을 위해서는 가장 강력한 무기인 '마음의 힘'을 이용해야 한다. 아무것도 하지 않으려는 마음을 설득해 자신을 성장시키는 데 활용해야 한다.

무기력의 사막은 가도 가도 끝이 보이지 않는다. 그곳에는 지독한 갈증이 우리를 기다리고 있다. 우리는 제일 먼저 마음을 변화시키는 작업, 쉬우면서도 가장 어려운 변화에 자신을 맡길 각오를 해야 한다. 그래야만 무기력의 사막에서 벗어날 수 있다.


다음 그림에서 보듯이 무기력을 발생시키는 원인은 어린 시절 양육된 방식, 누군가에 의해 억압된 무기력 학습, 유전적으로 무기력에 약한 체력이나 성격적 특성이 의존적이거나 강박적인 탓에 남들보다 강하게 무기력을 겪는 데서 비롯된 것인지 모른다. 또 자신이 자기를 바라보고 평가하는 방식에 문제가 있는 인지 부조화 때문에 발생하는 결과일지 모른다.

이 모든 이유 중 가장 치명적인 것은 학습된 무기력으로 누군가와 무엇에 의해 자신의 의지와 상관없이 배워버리는 무기력이다. 이런 무기력은 우리 마음에 동기와 정서, 인지에 장애를 일으키고 그 세 가지가 종합적으

문제는 무기력이다

로 행동을 방해해 꿈이 있음에도 노력하지 못하게 되는 것이다. 그러므로 꿈을 이루지 못하게 만드는 이 무기력을 반드시 잘라내야만 한다.

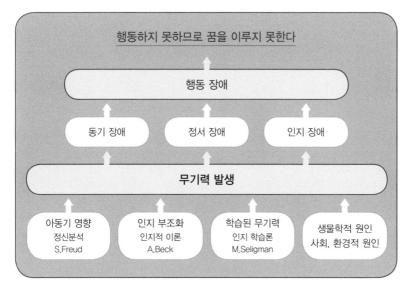

무기력 발생 원인과 증상

# 아무것도 할 수 없었던 그때

나는 지금 아무런 의욕이 없다. 내 힘으로 이 상황에서 도저히 어쩔 수가 없다. 사는 게 재미없다. 웃음은 오래전에 사라졌고 흥미가 없다. 무슨 일이든 시작하기가 정말 힘들다. 하지만 겨우 애써서 어렵게 시작했다 하더라도 조금 하다가 그만두어버린다. 또 포기다. 포기는 이제 내 특기가 된 것 같다.

한곳에 집중하지 못하고 머리가 잘 돌아가지 않는다. 기억력이 떨어져 자꾸 잊어버린다. 두통이 생겨 늘 머리가 무겁고 눈에 초점이 없다. 잠을 자도 잔 것 같지 않지만 억지로 출근한다. 계속 졸리고 눕고만 싶다. 그러나 정작 누우면 잠이 오지 않는다. 눈을 감고 있어도 걱정이 떠나지 않고 계속 불안하고 초조하다.

며칠째 가슴이 답답하고 한숨이 계속 나온다. 내 육체 속에 영혼이 사라지고 없는 것 같다. 마치 껍데기만 있는 것 같다. 쓸 말이 많을 것 같아 노트를 꺼내지만 막상 쓰려고 하면 한 줄도 쓸 수가 없다. 책 한 페이지 읽기도 어렵고 문장 한 줄 만들기도 어렵다.

내 미래는 아무 희망이 없고, 예전의 좋았던 시절로 돌아가고 싶다는 생각만 든다. 왜 나는 그때 그랬을까? 후회가 되고 그때가 절실히 그리워진다. 앞으로 나아질 것이라는 생각은 들지 않고 보내버린 세월에 대한 죄책감과 후회가 엄습한다. 죄의식을 느끼면 우울해지고 그러면 나를 무기력하게 만든 것들과 내게 제공된 환경에 대해 심한 분노가 치민다. 그러면서도 그러고 있는 자신을 또 용서할 수가 없어 다시 의욕을 내보려고 하지만 그때뿐이다.

이런 생활을 나는 몇 달째 계속하고 있다. 아니, 몇 년 동안 나는 이런 상태였던 것 같다. 인생에서 가장 활발하게 일할 나이인 40대에 나는 이렇게 맥을 놓고 있다. 탈출구가 전혀 없어 보인다는 사실에 또 우울해진다. 그냥 모든 것을 놓고 싶다. 딸아이가 아니면 그냥…… 끝내고 싶다.

이젠 체력마저도 완전히 바닥난 듯하다. 건강하던 몸 여기저기에서 아프다는 신호가 온다. 소화가 안 되는 듯 속이 더부룩하고, 어깨도 아프고 허리도 뻐근한데 이제 무릎까지 아프다. 체중이 계속 늘어나 의사의 경고를 받았다. 의사는 고지혈증과 당뇨병 위험군에 속한다고 하지만 식이 조절이 어렵다.

저녁이 되면 스트레스로 폭식하고 딸아이의 과자 한 봉지를 한순간 다 먹어 치우고 있는 나를 볼 수 있다. 정말 내가 싫다. 그래도 어쩔 수 없다. 내가 정말 쓸모없는 사람이라 생각되어 차라리 죽어버릴까 하는 마음이 강해진다. 또 깊은 한숨이 나온다. 언제 죽을지 모르는 포로수용소의 희망 없는 수용자들처럼 마치 시체같이, 불 꺼진 거실을 왔다 갔다 한다. 내일이 무섭다.

이 글은 내가 무기력증을 심하게 앓던 어느 날 써둔 일기의 일부분이다. 일기의 내용처럼 무기력이 가져온 절망과 우울은 나를 극도로 괴롭혔다. 나는 왜 그렇게 무기력했을까? 내가 중년에 그런 극심한 무기력증과 우울증에 빠진 이유는 무엇일까?

2000년 2월 나는 박사 학위를 받고 한 달 후에 결혼을 했다. 직장인 혜전대학교는 충청남도 홍성에 있었고, 결혼 후 내가 살던 집은 경기도 일산이었다. 결혼 후 승용차로 편도 168km쯤 되는 거리를 매일 출퇴근했다. 임신한 후에도 한 학기 동안은 계속 출퇴근을 했고 만삭 때는 캠퍼스 내 교수 아파트에 살며 주말에만 집에 갔다.

나는 고령 초산, 직장일과 장거리 출퇴근, 가사 노동으로 힘겨워하다가 급기야 임신중독증을 앓았다. 조산으로 아이는 인큐베이터에 들어갔고 나는 죽음의 문턱까지 갔다가 살아났다. 출산 후 한 학기 동안 육아휴직을 하고 육아와 가사, 내 건강을 돌보는 데 시간을 보냈다. 결과적으로 나는 박사 학위를 취득한 후 새로운 연구도, 논문을 정리해서 저널에 발표하는 일도 전혀 하지 못했다.

복직한 후 나는 아이를 놀이방에 맡기고 매일 서해대교를 지나는, 왕복 6시간 이상 소요되는 출퇴근을 계속하면서 점점 연구에서 멀어져 갔다. 육아와 가사까지 완전히 내 몫이었기 때문에 나는 지방 대학 교수직과 주부, 엄마 역할을 고스란히 감내해내야만 했다. 남편은 아이 기저귀를 간 적도, 분유를 먹인 적도 단 한 번 없었고 설거지도 도와준 적이 없었지만 가사 도우미 조차 쓰지 못하게 하는 가부장적인 사람이었다.

그러나 나는 남편에게 권리를 요구하지 못하고 그냥 참는 쪽을 택했다.

그렇게 하는 게 가정의 평화를 지키는 길이라 생각했기 때문이다.

그러면서도 나는 계속 연구를 해야 한다는 강박증에 시달렸고, 꿈과 현실의 괴리 때문에 고민했다. 차라리 연구는 포기하고 교수직에 만족했더라면 그렇게 힘든 세월을 보내지 않았으리라. 하지만 나는 늘 좋은 연구를 하고 싶어 했다. 돌아보면 나는 현명하지 못했다. 의존성과 강박증이 서로 싸우도록 내버려두었다. 마음은 언제나 연구를 하고 싶어 하면서도 현실에 매여 직장과 가정을 오가길 5년 정도 계속했을 때 나는 완전히 지쳐버렸다.

마침 그때 KAIST 내 한 연구기관에서 내 박사 학위 논문의 세미나를 의뢰해왔다. 세미나는 성공적이었고, 나는 직장을 옮겼다. 65세 정년이 보장된 교수직을 버리는 데 전혀 미련이 없을 만큼 연구에 대한 열망이 컸다. 그리고 KAIST 초빙 교수직이 내 인생의 새로운 도전이자 기회가 되리라 생각하며 기쁘게 그곳으로 옮겨 갔다.

그러나 거기서 내가 느낀 것은 높고 높은 벽이었다. 연구가 힘들어서가 아니라, 이미 형성된 기득권층의 견고한 벽 앞에서 절망했다. 두드려도 열리지 않는 그 성벽 앞에서 나는 강력한 무기력에 지배당했다. 설상가상으로 퇴직금과 그동안 모아둔 금융 자산의 상당 부분을 투자한 주식형 펀드가 큰 손실을 입어, 펀드가 30~40% 정도밖에 남아 있지 않다는 것을 알게 되었다. 당시 미국발 글로벌 금융 위기로 주식시장이 완전히 붕괴됐던 것이다.

그때 얼마나 후회했는지 모른다. 돌아갈 학교도 없었다. 학령 인구가 감소해 학생 모집에 어려움을 겪던 대학들이 퇴출되어 많은 대학에서 신임 교원을 모집하지 않았다. 간혹 내 분야의 신임 교수를 모집하는 대학이 있어도 들어가기에는 내 이력이 부족했고, 나이도 걸림돌이 되었다. 게다가 남편마저 퇴직하면서 진퇴양난이나 다름없는 상황에 처했다.

후회와 죄책감, 원망과 분노가 일어나기 시작하더니 점점 우울증에 빠져들었다. 무기력 때문에 아무것도 할 수가 없었다. 내가 왜 이렇게 되었을까, 하는 자책에 건강마저 악화되어 온몸에 신호가 오기 시작했다. 스트레스로 체중이 급격히 늘었다. 밤마다 어깨 통증에 비명을 질러야 했다. 밝고 건강하던 내가 점점 사람을 기피했다. 사람 만나기가 싫어서 출근하지 않는 날은 집 안에만 틀어박혀 있었다.

그때 내가 죽지 않고 살아남은 것은 딸아이 때문이었다. 배우 최진실 씨가 자살한 2008년 가을 어느 날 밤, 나도 그녀와 똑같은 생각을 하고 있었다. 나의 어리석음과 무모함에 땅을 치고 후회했다. 하지만 되돌릴 수 없는 내 한 번뿐인 인생을 어찌하란 말인가? 왜 나는 그렇게 어리석었을까? 인생이란 만만한 게 아니고 언제나 돌다리 두드리듯 확인하고 건너야 했다는 것을 왜 몰랐을까? 돈데 보이, 이제 나는 어디로 갈 것인가? 딸아이는 어떻게 하나?

이 모든 것이 누구의 탓도 나의 잘못도 아니라는 생각을 한 것은 그로부터 아주 오랜 시간이 지난 후였다. 내가 가부장적이며 독선적인 남편을 만난 것도, 평생 직장을 그만둔 것도, 하필이면 내가 퇴직했을 때 펀드 열풍이 분 것도, 대학교수 채용이 줄어든 것도 모두 운명이었는지 모른다. 그 누구도 원망하지 말자. 나 자신도 미워하지 말고 죄책감도 갖지 말자. 그리고 가장 밑바닥에서 다시 한 번 시작해보자. 나를 넘어지게 한 그 땅을

짚고 다시 일어나보자. 그렇게 나는 다시 태양을 바라보기 시작했다.

카를 융이 80세가 넘은 나이에 자기 인생 전체를 돌아보면서 자신의 일생을 한마디로 규정하여 '나의 생애는 무의식의 자기 실현 역사다'라고 한 것처럼, 나 역시 나의 변화와 성장이 무의식이 의식화해 나를 끌고 가면서 만들어 낸 운명적인 결과로 받아들이게 되었다. 그리고 지금은 그때는 그럴 수밖에 없었다고 추억할 수 있게 되었다.

## 무기력해진 이유 분석

스스로의 상황을 분석해보고 아래 그림에 기록해보라. 왜 무기력하고 우울한지 객관적으로 알 수 있다. 문제를 기록하는 것만으로도 문제 해결에 상당히 가까워진다.

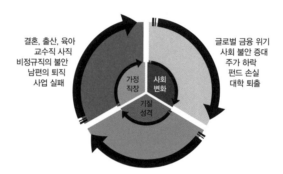

〈예시〉 내가 무기력해진 이유

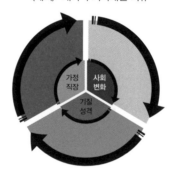

PART 3
—

무기력
사막
건너는 법

# 수용소에 갇힌 포로

    지금 무기력하다고 느끼는가? 그렇다면 우선 이 두 가지를 받아들이길 바란다. 하나는 자신이 '포로수용소에 갇혀 있는 포로 신세'라는 것이고 다른 하나는 '그곳에서 벗어나기 위해서는 사막 여행과 같은 지루한 여행을 해야 한다'는 것이다. 사막과 수용소는 뜨겁고도 차가운 곳이라는 공통점이 있다. 무기력에서 살아남기 위해선 사막의 열기보다 더 뜨거운 '삶의 의미'를 찾아내야 하고, 수용소의 교활한 간수를 넘어설 수 있는 차가운 '자기 극복'을 이루어내야만 한다.

    이 두 가지 메시지는 우리를 그곳에서 빠져나오게 할 수 있다. 그것이 우리를 진화시킬 것이다. 변화는 쉽지 않지만 다행인 것은 무기력에서 나오는 길이 '길을 잃게 하는 미로'가 아니라 '길을 찾을 수 있게 만드는 미궁'이기 때문에 반드시 벗어날 수 있다는 것이다.

스스로의 힘으로 빠져나갈 수 없는 수용소에 감금되어 있다고 생각해보자. 이전에 내가 어떤 사람이었는지, 얼마나 많은 재산을 가졌는지, 얼마나 유능했는지, 얼마나 공부를 많이 했는지 여부는 아무 소용도 없다. 단지 죄수 번호와 함께 목숨을 연명하기 위해선 시키는 대로 해야만 살아남을 수 있는 신세라는 점만 기억하자. 왜 이런 얘기를 하느냐 하면, 무기력한 사람은 수용소에 갇힌 포로와 같은 꼴이기 때문이다.

예를 들어서 살펴보자. 1942년 초겨울 오스트리아 당국은 수백 명의 유대 인을 체포했다. 당시 웰빙 이론Well being Theory을 새롭게 개발해 심리학 분야에서 각별하게 주목받던 빅터 프랭클Viktor Frankle이라는 심리학자 역시 나치의 마수에서 벗어날 수 없었다. 빅터 프랭클은 1942년부터 1945년까지 아우슈비츠Auschwitz와 다카우Dachau에서 119번과 104번으로 불리며 극한의 삶을 살았다. 그는 수용소에서 살아남은 극소수 중 한 사람이었다.

석방된 이후 빅터 프랭클은 수용소의 경험을 담은 『죽음의 수용소에서Man's Search for Meaning』라는 책을 발표했다. 이 책에서 그는 수용소 수감자의 심리적 반응을 크게 세 단계로 나누었다. 그런데 그가 묘사하는 수감자의 심리 상황과 무기력한 사람의 심리는 매우 유사하다.

첫 번째 단계의 심리 반응은 수용소에 들어온 직후부터 시작된다. 수용소에 들어온 사람들은 제일 먼저 자신의 모든 것을 박탈당했다는 사실이 주는 '충격'에 지배당한다. 전쟁 포로란 죽음과 삶이 동시에 공존하는 최악의 상황에 내몰린 사람들이다. 따라서 그들에게 찾아오는 첫 번째 감정은 '충격'이다. 이것은 전기 충격을 받은 개나 인생의 커다란 위기를 맞은 사람이 제일 먼저 느끼는 감정과 흡사하다. 그 이후에 포로에게는 '집행

유예 망상'이 일어난다고 프랭클은 말한다. 비록 포로지만 자신은 절대 죽지 않으리라 생각하고 앞으로 일이 잘될 것이라는 환상에 빠진다. 그러나 얼마 후 동료들이 가스실에서 죽어가는 것을 목격하면 '풀려날 것'이라는 믿음이 헛된 환상이라는 사실을 알게 되고, 환상이 무너지면서 더 큰 충격에 빠진다.

가까운 예를 통해서도 알 수 있다. 말기 암으로 진단받은 환자들은 처음에는 자신의 병을 부정한다. 검사 결과가 오진이라고 생각하고 다른 병원에 가서 정밀 검사를 받는다. 만약 다른 병원에서 똑같은 결과가 나와도 암 환자는 의사의 말을 믿지 않는다.

"나는 죽지 않을 거야. 만약 암이라도 나을 수 있어!"

그러다가 검사 결과가 오진이 아니고 자신이 정말 심각한 병에 걸렸음을 깨닫는다. 도저히 회복되기 어려운 데다 치료 과정도 굉장히 힘들다는 사실을 알면 다시 한 번 충격을 받는다.

두 번째 심리 단계에 들어서면 포로들은 틀에 박힌 수용소의 일과에 적응하기 시작한다. 수용소의 삶에 하루하루 적응하면서 점점 냉담해지고 삶과 죽음에 대해 무감각해진다. 이는 실직 상태나 불가항력적인 사건을 받아들인 후 각종 부정적인 정서에 시달리는 것과 비슷하다. 이때 그들은 혐오감·무감각·무의미·무기력·모멸감·분노와 같은 메마른 정서를 보인다. 빅터 프랭클에 의하면 이 무렵부터 자살하는 사람이 생겨난다고 한다.

사실 수용소에서 포로가 자살하는 예는 별로 없다. 동료들이 가스실에서 죽어 나가는 광경을 보면 자신도 언제 그렇게 될지 몰라 절망하고, 그 절망에 오히려 자살할 필요성을 느끼지 못하기 때문이다. 그런데 무감각의 단계에 이르면 포로 중 병사나 자연사하는 사례가 늘어나고 전기가 흐르는 철조망에 몸을 던져 자살하는 사람도 생긴다.

포로들은 스스로의 힘으로 수용소를 탈출할 수 없다. 그러므로 죽음을 받아들여야 하지만 억울함·분노·자기혐오 같은 감정을 제어할 수 없다. 그 결과 점점 더 깊은 무기력과 절망, 우울의 늪으로 빠져들다가 죽어간다.

세 번째 단계는 석방되어 자유를 얻은 후부터 시작된다. 수용소에 갇혀 있던 포로들 중에는 석방된 이후 사회에 복귀하지 못하고 사회보장 제도에 의지해 겨우 삶을 연명하는 예가 많다. 이전에 지속적으로 무기력에 지배당했던 사람들처럼 무기력할 수밖에 없는 상황에서 벗어나도 학습의 기억 속에서 살아간다.

이 세 가지가 수용소의 포로와 무기력에 지배당한 사람들에게서 나타나는 공통된 특징이다. 양쪽 다 스스로의 힘으로 상황을 바꾸지 못한다는 통제 불가능과 미래를 알 수 없는 예측 불가능의 지배를 받기 때문이다.


포로들 중에는 희망을 잃어 쉽게 죽어버린 사람도 많지만 끝까지 살아남은 강인한 사람도 있다. 석방된 후 사회 적응에 성공한 사람도 분명 있다. 무기력과 수용소에 갇힌 상황이 비슷하다면 이 포로들의 생존 전략에서 무기력을 극복할 방법을 배울 수도 있을 것이다. 살아남은 포로들에게는 어떤 특별한 점이 있었을까?

## 삶의 의미가
## 주는 힘

빅터 프랭클은 가혹한 상황에서 3년간이나 버텼다. 그의 힘은 어디에서 나온 것일까? 그의 증언을 들어보자.

기차 문이 열리고 승객들에게 플랫폼으로 나오라는 명령이 떨어졌다. 그들은 거칠고 상스러운 말로 남녀 따로, 두 줄로 서라고 소리쳤다. 포로들이 천천히 움직이며 훌륭한 제복을 차려입은 비밀 친위대원 앞을 지나갔다. 그들은 포로들을 힐끗 쳐다보고는 손가락으로 왼쪽, 오른쪽을 아무렇지도 않게 지정했다.

처음엔 아무도 그 의미를 몰랐다. 다만 줄이 짧아지면서 포로의 대부분이 왼쪽으로 간 것을 알 수 있었다. 빅터 프랭클의 차례가 되었을 때 친위대원은 그를 오랫동안 쳐다보았다. 그러더니 프랭클의 어깨에 손을 얹고 아주 천천히 그를 오른쪽으로 돌려놓았다. 그날 저녁 프랭클은 선배 포로에게 왼쪽으로 보내진 친구들은 어디로 갔냐고 물어보았다.

"저쪽에 가면 그를 볼 수 있을 거요."

선배 포로는 불꽃이 튀어 오르고 시커먼 연기를 내뿜는 높다란 굴뚝을 가리켰다. 그렇게 프랭클의 동료 중 90%인 1300여 명이 정오 전에 처형됐다. 나머지 포로들은 소지품·의복·보석·공책 등을 압수당했다.

프랭클은 첫 저서로 출간할 초고를 갖고 있었는데 모든 것을 잃더라도 그것만은 지키고 싶었다. 그동안 해온 모든 연구 결과가 그 원고 뭉치 속에 담겨 있었기 때문이다. 경찰들이 집으로 들이닥치기 전 프랭클의 아내 틸리가 그의 코트 안에 원고를 숨겨 넣고 실로 꿰맸고, 아우슈비츠에 끌려

갈 때 프랭클은 그 코트를 입었다. 그런데 그 원고가 든 코트를 압수당하게 된 것이다.

당황한 프랭클이 작은 소리로 한 늙은 동료 수감자에게 자신이 쓴 원고와 지금까지 해온 연구의 중요성에 대해 설명했다. 그 사람은 조롱 섞인 모욕적인 웃음을 지으며 "제기랄" 하고 욕을 했다. 빅터 프랭클은 그 순간을 이렇게 회상한다.

"바로 그 순간, 나는 지금까지의 생활 전체가 무너졌고 평범한 진리를 보았으며 심리적 전환점이 온 것을 깨달았습니다."

그 원고는 프랭클에게 영혼의 분신과도 같았다. 그것을 잃어버리는 비극 앞에서 그는 '삶이 의미가 있는가?'를 결정해야만 했다. 프랭클은 한 시간 내에 답을 얻었다. 간수가 입으라고 준 죽은 수감자의 옷 주머니 속에서 찢어진 히브리서 조각을 발견한 것이다. 그것은 셰마 이스라엘<sup>Shema Yisrael</sup>, '이스라엘아 들으라'라는 신명기 6장 5절의 다음과 같은 기도문이었다.

"진심으로 네 영혼과 힘을 다하여 너의 주를 사랑하라."

프랭클은 이 말을 종교적 의미와는 다르게 해석했다. 그는 이를 고통이나 심지어 죽음이 닥치더라도 삶을 긍정하라는 명령으로 받아들였다. '셰마 이스라엘'이라 적힌 그 종이가 잃어버린 원고 전체와 맞바꿀 만한 생의 의미를 찾아준 셈이다. 그 후 프랭클은 자신의 원고를 두 번 다시 보지 못했다.

하지만 삶의 의미를 이해하게 된 프랭클은 몰래 훔친 종잇조각에 속기로 원고를 다시 썼다. 이윽고 연합군이 포로들을 해방시킨 이듬해인 1946년 이 종잇조각 원고들이 20세기에 가장 큰 반향을 몰고 온 책 중 하나인 『죽음의 수용소에서』로 탄생했다.

여기서 프랭클의 이야기를 더 들어보자. 그는 우연히 발견한 종잇조각이 잃어버린 원고 전체보다도 귀중하다고 말했다. 그 기도문은 단순한 글자 이상이었고, 그것이 그에게 삶의 의미를 주었다. 그 종잇조각에 적혀 있던 문장은 죽음에 직면한 그에게 생의 가장 중요한 것을 알려주었다.

자신의 의지와는 무관하게 끌려와 죽어가는 많은 동료를 보고 자기 생애의 모든 연구 결과가 담긴 원고를 압수당하며 얻은 문장 하나는 프랭클에게 새로운 화두가 되었다. 그래서 그는 새 힘을 얻고 삶과 죽음이 공존하는 수용소에서 하루하루를 자신이 가장 잘할 수 있는 심리학 연구에 매진하기로 결정했을 것이다. 삶을 긍정하는 태도가 그런 힘을 만들어낸 것이다.

그래서 그는 수용소에서 계속 자신을 실험하며 연구를 했다. 죽음에 직면한 상황에서도 심리학자로서 연구를 포기하지 않고, 자기의 이론을 수용소라는 혹독한 실험실에서 검증해냈다. 우연히 다가온 글귀가 그에게는 두 번째 인생을 살게 한 '상징적 소명'이 된 것이다.

사실 프랭클 이론의 주요 개념은 프랭클이 아우슈비츠에 가기 전에 이미 등장한 것이었다. 그러나 아우슈비츠에서 겪은 생생한 경험으로 그 이론들이 현실에서 하나씩 증명되면서 생명력을 얻었다는 평가를 받았다. 프랭클에게 아우슈비츠가 없었다면 그의 학문적 성과는 지금보다 편협했을 것이다. 그 죽음과도 같은 순간이 그를 성장시킨 셈이다.

자신이 죽음 앞에서 건져낸 것은 삶의 의미였다고 그는 말한다. 프랭클은 아우슈비츠에서 말로 설명할 수 없는 고통과 가혹한 시련을 겪어냈다. 그의 누이를 제외한 가족 전부인 아버지·어머니·형제·아내가 학살당했고, 미래를 의식하지 않고 목표를 상실한 많은 동료들이 단 며칠 만에 죽어가는 것을 부지기수로 보았다. 하지만 그는 살아남았다. 프랭클은 저항할 수 없는 고통과 죽음의 문턱에서도 삶의 의미와 목적을 찾을 수 있다는 신념 덕분에 시련을 견뎌냈다. 미래에 대한 신념이 없다면 우리 영혼은 삶을 붙잡지 못한다. 몸과 마음이 급속히 부식해버리기 때문이다.

물론 삶의 의미를 찾은 사람들 중에도 죽는 사람들이 많았다. 하지만 그들의 죽음은 절망과 포기가 가져온 죽음이 아니었다. 삶의 의미를 굳건히 지켰던 사람들은 다른 사람 대신 가스실로 가거나, 야윈 동료를 위해 자신의 수프를 주고 굶어 죽는 성자 같은 행동을 했다고 프랭클은 증언했다.

그 어떤 곳에서든 의미를 찾을 수 있다. 인간은 혹독하고 절망적인 상황에서조차도 영적 자유와 마음의 독립성을 보존할 수 있다. 진정한 자유란 혹독한 운명에 대처할 방법을 선택하는 자유, 자신의 길을 선택할 수 있는 자유다. 말하자면 프랭클에게는 심적 자유가 있었던 셈이다.

"그때 대부분의 포로는 도랑과 굴을 파고 철로 놓는 일을 했다. 얇은 옷 한 벌을 입고 땅속까지 얼게 하는 추위를 견뎠다. 그때는 정말 목숨 외에는 잃을 것이 없었다."

프랭클은 그 혹독한 경험을 토대로 '로고 테라피 Logo Therapy, 의미 치료'라는 유산을 남겼다. 그리고 그가 남긴 '삶의 의미'는 많은 사람을 구원했다.

문제는 무기력이다

우리는 프랭클의 이야기에서 중요한 메시지를 얻을 수 있다. 당신이 있는 곳이 기름이 둥둥 떠다니는 오염된 바다 한가운데일지라도 그곳에서 나름대로 새로운 의미를 찾고 지난 일은 잊어야 한다는 것. 그래야 비로소 새 삶이 열리고, 그 새 인생은 무기력의 늪에서 당신을 건져낼 것이다.


## 낙관이라는
## 독

여기 수용소에서 살아남은 또 한 명의 영웅이 있다. 그는 짐 스톡데일Jim Stockdale 장군이다. 베트남 전쟁 당시 미군 최고위 장교였던 짐 스톡데일은 '하노이 힐턴' 포로수용소에 8년간 갇혀 있었다. 종전 후 석방되어 조종사 기장과 의회 명예훈장을 받고 미군 최초 3성 장군이 됐다.

장군은 포로수용소에서 겪은 일에 근거해 이론을 주창했는데, 이는 이후에 '스톡데일 패러독스Stockdale Paradox'라고 명명되었다. 그렇다면 왜 스톡데일 패러독스라는 이름을 붙였을까? 전쟁 후 짐 스톡데일을 인터뷰하던 기자가 의미심장한 질문을 던졌다.

"수용소 생활을 견뎌내지 못한 사람들은 어떤 사람들이었습니까?"

스톡데일은 망설이지 않고 대답했다.

"그들은 모두 대책 없는 낙관주의자였습니다."

대책 없는 낙관주의자들은 크리스마스 특사로 자신이 수용소에서 나갈 것이라고 믿었다. 그러다 크리스마스가 오고 크리스마스가 지나가면 다음번에는 특사로 선발되어 나갈 수 있을 것이라 믿으며 부활절까지는 나갈 것이라고 생각한다. 하지만 부활절이 와도 그들은 수용소를 나가지 못한다. 그러면 다시 추수감사절, 다시 크리스마스를 기다린다. 그렇게 계속 석방될 날만 기다리던 낙관적인 병사들은 수용소에서 나갈 수 없다는 사실에 크게 상심하며 죽어간다.

우리는 인생에 대해 희망을 가져야 한다. 하지만 현실을 냉정하게 바라보는 시선을 결코 거두어서는 안 된다. 석방되지 못할 수도 있다는 생각 역시 품고 살아야 하는 것이다. 하지만 대책 없는 낙관주의자들은 결국 성공할 거라는 믿음, 결단코 실패할 리 없다는 믿음만 생각할 뿐 눈앞에 닥친 현실을 제대로 인지하지 못한다.


무기력 연구의 대가 마틴 셀리그만은 어느 병사의 비극적인 최후를 자신의 저서에 인용했다. 셀리그만의 저서가 나온 시기와 스톡데일의 인터뷰 시기는 서로 다르다. 하지만 전쟁 포로가 보이는 공통된 심리 반응이 고스란히 담겨 있다.

미 육군 군의관 쿠시너F. Harold Kushner 소령은 1973년 월남전의 포로로 5년 반이나 억류되었다가 석방되었다. 소령은 미국으로 돌아와 셀리그만에게 미군 병사 로버트의 이야기를 들려주었고, 셀리그만은 그 이야기를 인용했다.

1967년 11월, 쿠시너 소령이 탄 헬리콥터가 월맹 상공에서 추락했다. 중상을 입은 그는 베트콩에게 생포되어 제1 포로수용소라 불리는 지옥 같은 곳에서 3년을 보냈다.

이 수용소에는 27명의 미군이 거쳐 갔는데, 수용소 환경은 말할 수 없이 열악했다. 대나무 막사 하나에 11명이 지내야 했고, 대나무 침대 위에서 8명이 얽힌 채로 잠을 잤다. 하루 치 식량은 빨갛게 부패되어 해충이 우글거리는 쌀 3컵이 전부였다. 대부분의 포로들은 입소한 지 일 년 이내에 체중이 반으로 줄고 쇠약해졌다.

쿠시너 소령이 처음 생포되었을 때 그는 월남전에 반대하는 주장을 하라고 강요당했다. 그때 그는 차라리 죽고 싶다고 반항했다. 그런데 그를 생포한 베트콩이 이렇게 말했다.

"죽기는 쉽다. 오히려 어려운 것은 사는 것이다."

쿠시너 소령은 억류되어 있는 동안 매일 이 말을 들었다.

쿠시너 소령이 제1 포로수용소에 도착했을 때 로버트라는 미군 병사가 있었다. 그는 2년간 거기에 억류되어 있었다. 로버트는 해병 특공대 출신으로 억세고 이지적이며 금욕적인 고통과 괴로움을 모르는 하사관이었다. 24세였던 그는 낙하산과 잠수 훈련을 받았고, 체력과 정신력이 남들보다 강했다. 물론 다른 포로들과 마찬가지로 체중이 90파운드(약 40kg)로 줄었고, 매일 자기 몸무게와 맞먹는 나무뿌리를 등에 짊어지고 맨발로 먼 길을 행군했다.

그러나 그는 결코 마음을 흐트러뜨리지 않고 '이를 갈고 허리를 졸라매라'고 스스로에게 되뇌었다. 그래서 심각한 영양실조와 피부병에 걸렸음에도 심신은 상당히 건강했다. 쿠시너 소령은 로버트에게 어떻게 이와 같은 상태를 유지할 수 있는지 물어보았다.

"소령님, 저는 곧 석방될 겁니다."

베트콩은 자신들에게 협조를 잘하고 품행이 바른 병사를 본보기로 석방했기 때문에 로버트는 자신에게도 희망이 있다고 믿었다.

수용소 소장도 다음에는 로버트가 석방될 것이며 6개월 이내에 그 사실을 발표할 것이라고 말했다. 그로부터 6개월이 지났고, 석방의 날이 다가왔다. 베트콩 고위 간부가 수용소에 나타나, 정치 학습에서 가장 우수한 성적을 낸 포로를 석방할 것이라고 했다. 로버트는 사상 재교육 반장으로 뽑혔고, 어떤 명령이든 시키는 대로 했다. 그 결과 그는 한 달 안에 석방시킬 것이라는 약속을 받았다.

그런데 약속한 한 달이 지나자, 로버트는 자신을 대하는 감시병의 태도가 달라졌음을 직감했다. 마침내 그는 자신이 속았다는 사실을 깨달았다. 베트콩이 시키는 대로 했지만 약속대로 석방해주지 않았다. 로버트는 그때부터 아무것도 하지 않았고 심각한 우울증에 빠졌다. 음식을 먹지 않을 뿐만 아니라 침대에 웅크리고 누워 손가락만 빨았다.

동료들이 그를 일으키려고 껴안고 달래며 경직된 몸을 풀어주려고 노력했다. 그러나 그는 움직이지 않았다. 심지어 대소변까지도 침상에서 보는 사태가 발생했다. 이렇게 몇 주일이 지난 후 쿠시너 소령은 로버트가 죽어간다는 사실을 알게 됐다. 비록 신체 상태는 다른 포로들보다 양호했지만 정신이 희미해지는 청색 신호cyanotic, zyanose, 치아노제 · 청색증 또는 사이아노시스라고 불리는 증상으로 혈액 속에 산소가 줄고 이산화탄소가 증가해 피부나 점막이 파랗게 보이는 현상가 나타나기 시작했다.

11월의 어느 날, 이른 아침 로버트는 쿠시너 소령의 품에 안겨 죽어갔다. 로버트는 갑자기 두 눈에 초점을 되찾더니 입을 열었다.

"군의관님, 텍사스 주 텍사카나 시 우체국 사서함 161. 어머니, 아버지

문제는 무기력이다

정말로 사랑합니다. 그리고 바바라, 당신을 용서하오."

말이 끝난 지 몇 초 안 되어 그는 숨을 거두고 말았다.

로버트의 죽음은 쿠시너 소령이 포로수용소에서 경험한 전형적인 죽음 중 하나였다고 한다. 포로수용소에서는 이런 죽음을 자주 볼 수 있었는데, 셀리그만은 그를 죽게 한 것이 의욕 상실이라고 주장한다. 살고자 하는 의지와 희망을 상실함으로써 오는 절망적인 결과가 그를 죽음으로 몰고 간 것이다. 석방되리라는 희망이 로버트의 생명을 지탱시켰지만 어느 순간 그는 그 희망을 포기했다. 자신이 아무리 노력해도 석방되지 않았으며, 앞으로도 노력해봤자 아무 소용 없을 것이라는 생각 때문에 죽고 만 것이다. 로버트는 냉혹한 현실을 알지 못하고 자신이 석방될 것이라고 너무 굳게 믿었다.

석방을 기다리다 죽어간 로버트의 죽음과 스톡데일 장군의 설명이 완전히 일치한다는 사실이 놀랍지 않은가? 석방을 쉽게 믿은 사람이 오히려 쉽게 죽었다는 스톡데일의 말은 낙관주의가 극한 상황에서는 오히려 독이 될 수 있음을 다시 한 번 확인시켜준다. 그동안 우리는 '하면 된다'라는 낙관주의가 모든 것의 해답이라는 문화에 젖어 있었다. 하지만 스톡데일은 전혀 반대로 말하고 있다.

포로수용소든 무기력의 감옥이든 쉽게 나갈 수 있다고 낙관했다간 오히려 죽음에 이를 수 있음을 명심할 필요가 있다. 냉혹한 현실 직시는 최후의 안전장치다. 그러므로 무기력한 상태로 수십 년을 보낼 수 있다는 것도 간과하지 말아야 한다. 사실 우리가 무기력의 사막에서 쉽게 빠져나오지 못하고 매번 좌절하는 이유가 그 사막에서 쉽게 빠져나올 수 있다고 낙관하기 때문일지 모른다. 그래서 예전 모습만 떠올리는 것이다. 달리지 못하는 육상 선수가 매번 새 경기에 참여하는 것은 그가 경기를 쉽게 생각하기 때문이다. 한 번, 두 번 실패했을 때 그는 자신이 뛰지 못하는 이유를 냉정히 인지하고 다시 초보자의 자세로 훈련을 받아야 한다. 그러나 그는 매일 경기에 참가했다. 매일 경기장에 나왔다는 것은 그가 훈련에는 별로 시간을 할애하지 않는다는 증거이다. 우승했던 과거의 기억에만 의지한 채, 자신의 현재 체력을 점검하지 않는 오류를 범했기 때문에 그는 매번 좌절할 수밖에 없었다. 이것이 바로 대책 없는 낙관주의다. 이런 낙관주의자들은 포로수용소에서 살아남을 수 없다.

미국의 경영 컨설턴트인 짐 콜린스Jim Collins가 가슴에 품고 다녔던 "우린 크리스마스에도 나가지 못할 겁니다. 그에 대비하세요"라는 말을 우리의 가슴에도 늘 새겨두어야 한다. 짐 콜린스는 그의 저서 『Good to Great』에서 좋은 기업에서 위대한 기업으로 진화하는 법칙을 이야기했는데 그중 하나가 스톡데일 패러독스이다.

짐 콜린스는 위대한 회사로 진화한 기업에 대해 다음과 같이 정의하고 있다.

> "한편으로는 냉혹한 현실을 냉정하게 받아들이면서 다른 한편으로는
> 승리에 대한 흔들림 없는 믿음, 냉혹한 현실을 이겨내고 위대한 회사로
> 우뚝 서고야 말리라는 맹세를 그들은 지켰다. 우리는 이 이중성을 스톡
> 데일 패러독스라고 부르기로 했다."

문제는 무기력이다

냉혹한 현실 직시와 굳은 믿음, 이 이중적인 개념을 동시에 지니고 있는 기업만이 좋은 기업good에서 위대한 기업great으로 진화했다는 것이 짐 콜린스가 말하는 스톡데일 패러독스다. 순진한 낙관주의자도, 매사를 비관하는 자도 위대해질 수 없다.

앞에서 빅터 프랭클은 수용소 생활을 견뎌내고 살아남을 수 있었던 것은 삶의 의미 덕분이었다고 하지만, 스톡데일은 그 의미가 결코 근거 없는 낙관주의에 기초해서는 안 된다는 사실을 알려준다. 석방될 것이라고 쉽게 믿어서도 안 되고, 그 어떤 상황에서도 의욕과 동기를 상실하고 비관해서도 안 된다. 희망을 가지되 현실을 계속 직시하며 매 순간 온 힘을 다해야 한다.

무기력에서 벗어나는 길도 이와 같다. 무기력에서 벗어나는 과정은 아주 길고 고될 수 있다. 하지만 반드시 살아남을 수 있고, 무기력에서 살아남은 후에는 더 이상 무기력에 빠지기 전과 같지 않다는 사실을 믿어야 한다. 하지만 그 길이 결코 만만하지 않다는 것을 가슴에 새기고 있어야 벗어날 수 있고 우리는 변할 수 있을 것이다. 그 변화는 우리를 good에서 great로 진화하도록 만들어줄지 모른다.

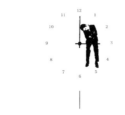

# 지금은 사막을
# 건너는 중

산행에는 분명한 목표가 있다. 어느 위치에서나 정상이 보이므로 정상 정복이라는 목표가 산악인을 인도한다. 삶의 많은 순간 우리는 이처럼 산을 타는 방식으로 살아왔고 그 방식은 유효했다. 입학과 졸업, 취업과 결혼 등등 성장 지향적인 삶은 산을 오르는 것과 흡사하다. 하지만 그 방법으로는 무기력에서 벗어날 수 없다.

무기력이 우리를 가두는 수용소와 같다면, 그곳을 벗어나는 길은 마치 사막과 같다. 아스팔트 길과 같은 탄탄대로도, 아름다운 꽃길도 아니다. 차를 타고 갈 수도 없고 소풍 길이 될 수도 없다. 홀로 갈증과 더위를 이기고 걸어서 나와야 하는 먼 길이다. 쉽게 벗어날 수 없는 매우 험난한 길이다. 사막에서는 '어디 어디까지 반나절 만에 도착해야지'라는 목표를 달성하지 못할 가능성이 크다.

문제는 무기력이다

산을 오르는 것만 배운 우리는 당황할 수밖에 없다. 왜 예전처럼 다시 노력 하고자 마음먹는데도 자신이 변하지 않는지, 왜 변하려고 해도 안 되는지 혼란스럽다. 걷다 보면 정상에 가까워지는 것을 확인할 수 있던 산악인에게 사막은 절망의 장소다. 끝이 보이지 않고, 길도 찾을 수 없고, 방향을 잃기 쉬우며 신기루를 만나기도 한다.

무기력에 빠진 사람은 자신이 아주 무능력한 사람이 아니기 때문에 목표한 바를 충분히 달성할 수 있다고 믿는 오류를 범하기 쉽다. 그래서 그동안의 부진을 만회하기 위해 거창한 목표를 세운다. 물론 그는 무능력하지 않지만 목표가 너무 높다 보니 자연히 능력을 발휘할 기회를 잡지 못하고 실패를 반복한다. 이런 일을 겪은 사람들에겐 그 반복된 실패가 치명적이다. 무기력에 한층 더 빠져드는 형국이 되고 마는 것이다. 따라서 무기력할 때는 목표 달성에 초점을 맞추어선 안 된다. 그 대신 '목적'을 가져야 한다.

그 목적이란 '무기력 탈출'이다. 우선 무기력에서 벗어나는 것을 목표로 삼아야 한다. 원하는 일의 성취가 아니라 무기력에서 벗어나는 것이 더 시급한 숙제다. 무기력에서 벗어나지 못한다면 그 어떤 일도 해낼 수 없고, 무기력한 상황에서는 어떤 목표도 이룰 수 없다. 다시 말하지만 그곳은 산악 지대가 아니라 사막이므로 산을 오르는 방식은 버려야 한다. 사막을 건너듯 그곳에서 나와야 한다.

그리고 무기력한 사람은 "내가 이 일만 완성하면 무기력에서 해방된다"라고도 말할 수 없다. 오늘 성공해도 내일 다시 추락할 수 있기 때문이다. 무기력의 주요 증상은 언제 끝날지 모른다는 데서 기인한다. 끝을 알지 못하므로 끝까지 가기 위한 인내가 제일 먼저 요구된다.

또 이것저것 손대는 것도 경계해야 한다. 무기력한 사람은 자기가 해야 할 중요한 일을 하지 못하므로 대신 뭔가 다른 일을 하려고 애쓴다. 이것은 사막을 여행하는 동안 방향 감각을 잃어버리는 것과 비슷하다. 자신이 갈 길을 망각하고 다른 곳에서 헤매는 것이다.

또 일 년 내내 무기력한 것은 아니라서 조울증 증세처럼 때로는 뭔가에 집착하고 그것에 남은 생을 다 바쳐도 될 것 같은 순간적인 의욕을 느끼기도 한다. 이것은 자신이 할 일을 하지 못함에 따른 '헛된 구원 찾기'다. 사막에서 신기루를 보고 달려가는 것과 흡사하다. 그러나 그것이 신기루임이 밝혀지면 그는 또다시 우울하고 차가운 사막의 밤을 맞을 것이다.


이제부터 사막 여행자의 가르침에 귀를 기울여보자. 사막을 여행해본 이들의 경험과 충고가 도움이 될 것이다. 세계 최대의 사막인 사하라를 종단한 스티브 도나휴 Steve Donahue는 사막 종단에서 죽음의 고비를 넘겼다. 그는 여행에서 체득한 기술을 『사막을 건너는 여섯 가지 방법』이라는 책에 담았다. 저자가 말하는 사막 횡단 기술 중 무기력에서 벗어나기 위해 반드시 적용해야 할 중요한 기술이 몇 가지가 있다.


지도가 아닌 나침반을 따라가라.
오아시스를 만날 때마다 쉬어 가라.
모래에 갇히면 타이어에 바람을 빼라.
혼자 혹은 함께 여행하는 법을 익혀라.

캠프파이어에서 한 걸음 떨어져라.

허상의 국경에서 멈추지 마라.


이것이 스티브 도나휴가 말한 여섯 가지 방법이다. 끊임없이 모양이 변하는 모래사막에서는 지도가 아니라 내면의 나침반을 따라가야 하며 쉬어 가지 않으면 금세 지칠 수 있으니 오아시스를 발견하면 쉬어야 한다. 더 많이 쉴수록 더 멀리 갈 수 있다는 것은 무기력한 사람에게 반드시 필요한 팁이다.

또 모래에 갇히는 정체 상태에 빠지면 자신만만한 자아에서 공기를 빼내어야 움직일 수 있다. 무기력한 사람은 대체적으로 자기가 알고 있는 방식으로 무리하게 일을 추진하려고 한다. 이는 구덩이에 갇힌 자동차가 RPM을 높여 그곳에서 빠져나오려고 애쓰는 것과 같다. 그 방법으로는 구덩이에서 나올 수 없고 오히려 바퀴가 더 깊이 빠질 확률이 높다. 이럴 때는 타이어에 바람을 빼고 서서히 나와야 한다. 자신이 알던 방식을 내려놓고 새로운 방식을 시도해야 구덩이에서 빠져나올 수 있다.

그리고 사막을 건널 때는 고독과 외로움을 가슴에 품으면서도 다른 사람들과 어울리는 것을 피해서는 안 된다. 무기력한 사람도 대인 관계로 정서 장애를 치유할 수 있다. 또 무기력에서 비롯된 인지 장애를 극복할 수 있는 것은 그 어떤 상황에서도 자신을 소중히 여기는 마음이기도 하다. 사막에서처럼 혼자서, 외로움을 이기면서 또는 다른 사람과 함께 걸을 때 무기력에서 벗어날 수 있다. 우리는 외로움과 친밀함 사이에서 춤을 추어야 한다.

마지막으로 스티브 도나휴는 안전하고 따뜻한 캠프파이어에서 나와 깜깜한 사막의 어둠 속으로 나아가되, 우리를 가로막는 존재하지 않는 국경선에서 멈추지 말라고 했다. 무기력에 빠졌을 때도 익숙한 것을 버리고 낯선 곳을 향하는 용기가 필요하다. 매 순간 우리는 안전지대를 벗어나면서 느끼는 불안과 두려움을 극복해야 하고, 또 있지도 않은 자신의 한계를 뛰어넘는 용기를 가져야 한다. 그 용기가 우리를 무기력의 사막에서 벗어나게 할 것이다.

　　우리가 서 있는 사막은 쉽게 빠져나올 수 있는 곳이 아니다. 사막은 끊임없이 변한다. 오늘 내가 발을 딛고 서 있는 곳도 바람 한번 불면 전혀 다른 모습으로 변한다. 그러나 우리는 이 사막에서 살아남아야 한다. 살아남을 수 있다는 믿음 하나는 절대로 잃지 말길 바란다. 지금은 보이지 않지만 어딘가에 있을 사막의 끝을 향해 한 발 한 발 걸어나간다면 결과는 아무도 예측할 수 없다. 그곳에서 우리는 번데기가 나비로 변하듯 전혀 다른 사람이 될 것이다.

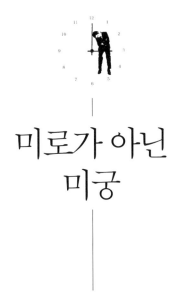

# 미로가 아닌
# 미궁

무기력에서 벗어나는 길은 사막을 횡단하는 일처럼 쉽지 않은 것이 사실이다. 하지만 영원히 빠져나올 수 없는 길도 아니다. 우리가 세 번째로 기억해야 할 것은 무기력은 반드시 벗어날 수 있다는 점이다. 무기력은 우리의 본성에서 비롯된 것이 아니기 때문에 우리가 본성을 되찾기만 하면 해결된다.

자신의 본성을 찾아가는 길은 미궁과 같다. 미로가 아니라 미궁이다. 미로와 미궁은 같은 개념으로 인식되지만 두드러진 차이가 있다. 미로는 길을 잃도록 만들어져 있다면 미궁은 길을 찾도록 만들어져 있다. 미궁迷宮은 라비린스labyrinth라고 하는, 4000년 전부터 전해 내려온 나선형 보행 코스를 말한다.

미로                          미궁

위 그림 왼쪽이 미로인데 미로에서는 입구와 출구가 다르다. 미로란 어지럽게 구획된 통로가 얽혀 있는 곳으로 출구를 찾을 수 없는 것이 대부분이다. 어릴 때 잡지에 실린 미로 찾기 게임에서 매번 출구를 찾지 못했던 기억이 난다. 하다가 안 될 때는 출구부터 역으로 그려 입구까지 길을 만들어보고 그 길을 따라 나가기도 했다. 이처럼 미로에서는 길을 찾지 못하는 일이 많다. 미로를 만들 때 길을 잃어버리기 쉽게 제작하기 때문이다. 그래서 미로에 들어선 사람들은 불안한 마음으로 길을 찾는다.

하지만 미궁은 미로와는 다르다. 미궁에서는 반드시 길을 찾을 수 있다. 미궁의 특징은 입구와 출구가 동일하다는 것이다. 미궁은 입구로 들어가 길을 따라 중심으로 이동한 뒤 중심에서 다시 되돌아 나오는 구조로 이루어진다. 그래서 들어가기만 하면 반드시 나올 수 있다. 미로는 길을 잃게 하려는 의도로 만든 것이므로 목표 지점에 도달하기 어렵지만 미궁은 목표 지점에 도달할 때까지 갈림길 없이 하나로 연결되어 길을 잃을 염려가 없다. 걷기만 한다면 반드시 길을 찾아 나올 수 있는 게 미궁이다.

문제는 무기력이다

무기력에서 빠져나오는 길은 이런 미궁과 유사하다. 걷기만 한다면 미궁에서 빠져나올 수 있다. 우리의 본성을 회복하기만 하면 되므로 애써 없는 것을 만들어낼 필요가 없다.

미궁에서는 편안한 마음으로 중심을 향해 걸어간 후, 중심에 도착하면 갔던 길의 반대 방향으로 걸어 나오면 된다. 마찬가지로 자신의 잠재력을 믿고 스스로의 힘으로 주어진 길을 걷듯 무기력에서 벗어나야 한다.


어느 병원 광장에 그려진 미궁을 따라 노인들이 보행 보조 장비에 의지해 걷고 있는 사진을 본 적이 있다. 그 노인들은 같은 입구를 통해 미궁 속으로 들어갔지만 자신의 보행 속도에 따라 걷고 있었다. 그 모습이 무기력의 사막에서 걸어 나오는 우리의 모습과 비슷해 보였다. 우리가 무기력의 길에서 빠져나올 때도 우리의 페이스에 의지해야 한다. 남의 보폭이 아닌 자신의 보폭으로 걸어야 한다. 친구나 스승이 일시적인 도움을 줄 순 있으나, 궁극적으로는 혼자의 힘으로 그곳을 나와야 한다.

성경 속 예수는 걷지 못하는 열두 살짜리 소녀에게 다가가 그의 손을 잡으며 이렇게 말한다.

"달리다굼, 소녀야 일어나라."

하지만 그녀를 일으켜주지는 않는다. 예수의 말을 듣고 일어나 걸은 것은 소녀 자신이다. 혼자 힘으로 일어나고 걸어야 앞으로 계속 나아갈 수 있다.

미궁에서는 급히 나오려고 서두를 필요도 없다. 서두르면 오히려 길이 아닌 곳으로 잘못 들어갈 위험이 있다. 무기력에서 빨리 벗어나겠다고 무리를 하면 더 무기력해진다. 오히려 자신의 무기력을 받아들이고 하나하나의 원칙에 따라 천천히 자기 수련에 임해야 한다.

앞에서도 말했지만, 무기력에서 벗어나기 위한 여행을 시작할 때 무엇보다 먼저 당신이 반드시 무기력에서 벗어날 수 있다고 믿어야 한다. 그런 다음 두 가지 질문에 답하며 성찰의 시간을 갖는다.

'내 삶의 의미는 무엇인가?'
'이 무기력이 내게 남기는 것은 무엇인가?'

성찰을 마쳤다면 천천히 걸어 나갈 준비를 하자.

그런데 이렇게 자기를 수련하면 무기력에서 벗어날 뿐만 아니라 우리가 기대하지 않은 지점까지 도달할 수 있다.《뉴욕 타임스》는 미국인들이 교회 설교를 통해 얻을 수 있는 것 이상의 영적 경험과 정신적 위안을 얻기 위해 미궁을 기도와 자기 성찰, 감정 치료의 수단으로 활용한다고 보도했다. 미궁이 치유 효과를 준다고 한《뉴욕 타임스》의 보도는 틀리지 않았다. 미국의 존스 홉킨스를 비롯한 여러 병원과 의료 시설에 4000개 이상의 미궁을 마련해두고 있다는 사실에서 이를 확인할 수 있다. 그 외에도 세계 곳곳에서 치유를 목적으로 한 미궁을 찾아볼 수 있고, 우리나라 몇몇 병원에서도 미궁을 만들었다는 소식을 들었다.

앨빈 토플러와 함께 세계적인 미래학자로 불리는 대니얼 핑크Daniel Pink는 자신의 저서 『새로운 미래가 온다』에서 '미궁이 만들어지는 것은 피할 수 없는 시대의 조류'라고 하며 그 이유는 정신적 위안을 얻고 삶의 의미를

문제는 무기력이다

찾으려는 시대가 도래했기 때문이라고 했다. 즉, 미궁을 혼자 걸어 나오는 행위 자체가 자신을 돌아보고 삶의 의미를 생각하게 하는 데 도움을 준다는 뜻이다. 또 그는 우리가 살고 있는 현대사회 자체가 미로가 아닌 미궁이라고 했다. 그는 이에 대해 이렇게 설명한다.

"미로가 분석을 통해 해결해야 하는 퍼즐이라면 미궁은 일종의 움직이는 명상 공간이다. 미로가 갈피를 못 잡게 하는 반면, 미궁은 중심으로 인도한다. 미로에서는 길을 잃을지 모르지만 미궁에서는 자기 자신을 잊을 수 있다. 미로는 좌뇌를 움직이게 하고 미궁은 우뇌를 자유롭게 만든다."

우뇌를 활발하게 움직이면 창의력을 깨울 수 있다. 창의적인 사람이 생존력이 높은 것은 두말할 필요도 없다. 최근 우뇌를 이용하며 자기 성찰을 하는 인재들, 즉 영혼이 자유로운 유목민형 인재가 많은 분야에서 두각을 나타내는 이유가 바로 그 때문일 것이다. 그러므로 미래 세대에 적합한 사람은 자기 성찰을 통해 삶의 의미를 추구하는 창의적인 사람이다. 그리고 이것은 무기력 이후에 우리에게 남겨질 자산이 될 것이다.

대니얼 핑크의 주장대로 단순히 병원 광장의 미궁을 걷는 것만으로도 정신적으로 성숙될 수 있다면, 인생의 미궁을 걷는 행위는 우리를 크게 변화시킬 것이다. 무기력에서 빠져나오기 위해 자기 마음의 길을 찾아가는 마음의 미궁, 인생의 길을 찾는 인생의 미궁을 걷는 데 많은 노력을 쏟아부을수록 당신은 더 위대해great질 것이다. 무기력에서 벗어나기 위해 자기를 찾아가는 노력을 한 만큼 우리는 성장할 것이다. 무기력의 사막, 그 미궁과도 같은 길을 걸어 나오는 동안 우리는 서서히 변화하고 적응력이 뛰어난 종으로 진화한다.

문제는 무기력이다

# 모든 변화는
# 쉽지 않다

변화의

3단계

     무기력에서 벗어나는 것은 단숨에 이룰 수 있는 일이 아니다. 무기력뿐만 아니라 모든 변화가 단번에 이루어지지는 않는다. 모든 변화는 3단계를 거쳐야 하기 때문이다. 미국 변화 전문가 윌리엄 브리지스William Bridges는 모든 변화가 끝냄·중립지대·새로운 시작이라는 3단계를 거쳐야 하기 때문에 변화가 어렵다고 주장했다. 모든 물리적인 변화에는 심리적인 변화가 동반되어야 하는데 이 심리적 변화는 저항이 커서 단숨에 변화가 일어나지 않는다는 것이다.

  윌리엄 브리지스는 변화change를 전환transition이라는 용어와 구분했다. 이사나 졸업 등 물리적인 현상이 바뀔 때 '변화'가 일어났다고 할 수 있다.

그러나 '전환'은 그 물리적 변화를 마음으로 받아들이는 심리적 과정을 거쳐야 한다. '전환'은 물리적인 '변화'를 자신의 삶 속에 받아들이기 위해 겪어야 하는 마음 내부의 수용 과정, 화학적 변화를 거친 후의 모습과 같다.

따라서 단순한 변화로는 무기력에서 벗어날 수 없다. 화학적 변화를 거치는 '심리적 전환'이 반드시 뒷받침되어야 한다. 그래서 전환은 일종의 진화다. 어제 달리지 못한 육상 선수는 오늘 다른 경기장에서도 뛰지 못한다. 그가 경기장을 옮긴 것은 물리적 변화에 불과하기 때문이다. 화학적 변화나 심리적 전환이 없기 때문에 다시 뛰지 못하는 것이다. 마음의 전환 없이는 무기력에서 벗어날 수 없다. 그래서 모든 변화가 어렵고 무기력에서 벗어나는 것도 어렵다.


대기업 중역으로 20년 정도 직장에 다니다 퇴직하고 개인 사업을 시작한 중년 남자가 있다. 그는 야심차게 사업을 시작했지만 창업할 때마다 실패했다. 결국 그는 마지막 희망이던 가게마저 처분하고 빚 독촉에 시달리다가 아이들을 데리고 변두리의 작은 전셋집으로 이사를 했다. 누구보다 성실하고 똑똑하던 그가 사업에 실패한 것은 무엇 때문일까?

가장 큰 문제는 그가 영업을 하지 못한다는 것이다. 사업의 성패는 영업 능력에 달렸다고 봐도 과언이 아니다. 구멍가게든 세계적인 기업이든 영업을 잘해야 살아남을 수 있다. 영업을 하지 않겠다는 것은 '우리는 오는 손님만 받고 손님이 오지 않으면 어쩔 수 없다'는 뜻이나 다름없다.

하지만 회계사 출신으로 기업의 회계 담당 부서에 몸담았던 그는 조용한 곳에서 수를 계산하는 데는 능력을 발휘했지만 영업은 적성에 맞지 않

문제는 무기력이다

았다.

"사람들을 만나는 일이 너무 부담스러웠습니다. 그럴듯한 말로 남을 설득하고 여러 사람들 하고 인맥을 쌓는 일을 해본 적이 없어요."

그는 사업을 하면서도 기업에 다닐 때 지닌 사고방식을 고수했다. 변화는 있지만 전환이 없었던 셈이다.

나는 이야기 속 남자와 비슷한 예를 많이 보았다. 남자는 과거의 방식이 더 이상 통하지 않으리라는 사실을 인식했어야 한다. 아니, 현명한 사람이라면 퇴직하기 전부터 개인 사업자의 마음으로 전환한 뒤 퇴직했을 것이다.

그러나 그는 마음을 바꾸지 않은 채 변해버린 생활을 유지하려고 했다. 자신의 일을 대신 해주는 사람이 아무도 없음을 알게 되었을 때쯤, 이미 너무 큰 손해를 봐서 더 이상 재기할 방안도 없었다. 그렇다면 왜 그는 생각을 전환하지 못했을까? 이를 통해 변화가 어려운 이유를 생각해보자.

## 끝냄의
## 어려움

앞에서 말했다시피 무기력에서 벗어나는 과정도 끝냄·중립지대·새로운 시작, 이 세 단계를 거쳐야 한다. 이 세 단계는 복합적으로 일어나기도 하고 단계별로 분리되어 발생하기도 한다. 여기서 쉽게 범하게 되는 오류가 있다. '새로운 시작'만 하면 변화하지 않을까, 라고 생각하기 쉽다는 점이다. 그런 생각 때문에 변화하고자 하는 계획이 매번 실패한다.

무기력한 자신의 현재는 돌아보지 않고 거창한 포부만 다지며 일을 벌이는 것이다.

무기력에서 벗어나기 위해서는 '새로운 시작' 전에 반드시 '끝냄'의 단계를 거쳐야 한다. '새로운 시작'만 하면 된다는 안일한 생각을 버리지 않으면 계속 실패만 경험한다. 버림과 끝냄이 먼저다. 먼저, 자신이 예전에 1등 주자였다는 기억을 버려야 한다. 잘나가는 스타였다는 것도, 좋은 성적으로 학교에 입학했다는 사실도 잊어야 한다. 과거를 모두 잊고 처음 달리는 사람처럼 새로운 마음, 새로운 방식으로 훈련해 실력을 쌓는 과정이 필요하다. 그렇지 않으면 경기에 참가해봤자 좋은 결과가 나오길 바랄 수 없다.

"왜 안 되는 거지? 오늘은 될 줄 알았는데 오늘도 안 되는구나. 이유가 뭐지?"

의지를 갖고 임했는데 아무리 시도해도 변하지 않는 자신을 보며, 우리는 왜 자신이 변하지 않을까 답답해한다. 이제는 '새로운 시작'에만 집중할 것이 아니라, 과거의 오래된 습관을 끝내는 단계를 밟기 위해 노력해야한다.

그렇다면 왜 우리는 버리지 못하는 것일까? 버리는 데는 생각보다 큰 용기가 필요하기 때문이다. 용기 없는 자는 아무것도 버리지 못한다. 『백범일지』를 보면 김구 선생님을 가르친 고능선 선생님이 백범에게 자주 하는 말이 나온다.

"得樹攀枝無足奇 懸崖撒手丈夫兒"

득수반지무족기 현애살수장부아

문제는 무기력이다

해석하면 '가지를 잡고 오르는 것은 누구나 할 수 있는 것이되 벼랑에서 잡은 가지마저 놓을 수 있는 사람이 가히 장부로다'라는 뜻이다. 버리는 것의 중요성에 대해 강조한 명언이다.

버리는 것, 끝내는 것은 자기를 부정하고 단절하는 것이다. 그래서 사람은 누구나 버리기를 두려워한다. 우리가 단숨에 무기력에서 벗어날 수 없는 이유는 바로 이 때문이다.

소설가이자 저널리스트인 체스터턴G. K. Chesterton은 '교육의 가장 중요한 목적은 지식을 습득하는 데 있는 것이 아니라 잘못된 지식을 버리는 데 있다'고 했다. 무기력한 자신을 버리고 새로운 삶에 적응하기 위해서는 이미 지나간 어제에 대해 '전면 부정' 할 수 있는 용기가 필요하다.


## 중립지대

변화의 중간에 중립지대가 있다. 변화가 어려운 두 번째 이유는 이 '중립지대' 때문이다. 우리는 과거의 것에서 새로운 세계로 들어가는 과정에 중립지대가 존재한다는 사실을 알지 못해 매번 변화에 실패한다.

《월스트리트 저널》이 선정한 미국에서 영향력 있는 컨설턴트 10인 중한 명이자 '변환 관리'의 창시자 윌리엄 브리지스는 한때 영문학 교수였다. 그러나 1970년대 중반, '변환 관리' 분야로 활동 영역을 옮겨 윌리엄 브리지스&어소시에이트William Bridges & Associates를 창립해 워크숍과 강연을 통해 개인과 조직에 전환기를 통과하는 방법을 알려주고 있다. 그는 이 중립지대를 림보limbo라고 했다. 이곳을 중립 또는 중간지대라고 부르는 것은 새로운 것과 오래된 것의 중간에 존재하기 때문이다.

중립지대란 무엇일까? 이렇게 생각해보자. 47세에 갑자기 직장을 그만둔 남자가 있다고 가정해보자. 그는 퇴직할 마음의 준비를 전혀 하지 않고 있다가 어느 날 퇴직자 명단에 자신이 포함되어 있음을 알게 되어 어쩔 수 없이 회사를 그만두었다. 이후 그는 이전과 유사한 직장을 알아보기 위해 노력했으나 번번이 실패했고, 사업을 하려고 해도 무엇을 해야 할지 몰라 막막했다. 계속 자신이 왜 해고 대상자에 끼어 있었는지 의문을 가지면서 회사에 청춘을 바친 것을 억울해했다. 그리고 더 좋은 직장에 들어가 복수해야겠다고 생각하다가도 이내 가족을 부양할 생각에 걱정이 앞섰다. 그러나 다음 날이 되어도 상황은 변하지 않고 그는 눈높이를 낮추지 않은 채 계속 떨어질 만한 회사에 지원했다. 회사 퇴직이라는 물리적인 변화를 경험했으나 심리적 변화는 아직 일어나지 않은 탓이다.

그는 자신이 퇴직자 명단에 낄 수밖에 없었던 이유를 파악하지 못하고 있다. 술을 너무 자주 마셔 오전 시간에 종종 피로에 찌들어 있던 것을 기억하지 못하고, 최근 2년간 제출하는 기획서마다 채택되지 못한 것도 생각하지 못했다. 대신 자신이 20년 전에 얼마나 유능했는지만 생각하는 것이다. 바로 이런 마음의 전환을 거부하는 현상이 중립지대를 가져온다. 자신이 과거와 달리 많이 무기력해졌음을 받아들이고 해고될 수밖에 없었던 이유를 인정해야만 그는 진정한 전환을 시작할 수 있을 것이다.

중립지대는 무시되기 쉽다. 그러나 이 영역을 간과했다가는 대가를 톡톡

문제는 무기력이다

히 치러야 한다. 이곳에는 무시해서는 안 되는 '마음의 함정'이 있기 때문이다. 윌리엄 브리지스는 중간지대에 대해서 이렇게 말했다.

> "뭔가 변한다는 것은 원래 있던 것들을 새롭게 진전시키고, 유기체가
> 그 결과를 경험하는 것을 의미한다. 그런데 이때는 이전의 무엇인가는
> 놓아버리고, 새로운 무언가를 다시 잡는 과정을 반드시 포함해야 하는
> 데 그 과정 중간쯤에 이전의 방식도, 그리고 새로운 방식도 통하지 않
> 는 혼란스러운 '중간지대'가 있다."

이 상태를 혼란스럽다고 표현하는 이유는 이전 방식이 통하지 않고, 그렇다고 새로운 방법을 발견한 것도 아니기 때문이다. 따라서 이 상태에 도달한 사람은 당연히 당황하게 된다. 이 혼란스러운 상태에 들어섰을 때 우리는 삶이 완전히 파괴되어 재기할 가능성이 전혀 없는 듯 느끼기도 한다. 인생을 복구하기 위해 할 수 있는 일이 전혀 없어 보이는 상태, 완벽한 무기력 상태를 체험하게 되는 것이다.

나는 무기력에서 벗어나는 과정에서 약 2년간을 중립지대에서 보냈다. 당시 23년간 교수로 살았기에 나는 계속 그 삶을 살아야 한다고 생각했고, 나에게 무기력을 가져오는 원인을 제거할 생각도 하지 못했다. 또 교수가 아닌 다른 직업을 가지고 싶다는 막연한 생각을 하긴 했지만 구체적인 계획이나 준비는 없었고 과거를 잊지도, 나를 용서하지도 못했다. 아무런 변화 없이 나는 내가 만든 틀 속에서 2년간을 시간만 보냈다. 그때 나는 아무것도 변하지 않았지만 책은 계속 읽고 있었고 글도 쓰고 있었다.

내 문제인 무기력에 대한 글이었다.

그 작업을 하는 동안에도 나는 아직 변한 게 아니었으므로 무기력 속에 있었다. 그 기간이 중립지대였던 것 같다. 과거를 잊기 위해 나름대로 노력은 했으나 아직 새롭게 시작하지 못한 상태, 그러면서 부단히 갈등하고 매 순간 변하려고 노력한 단계였던 것이다. 나의 중립지대는 그렇게 지나가고 있었다.

나는 그 2년이 무기력에서 벗어나기 위해 반드시 필요한 기간이었다고 생각한다. 하지만 그 시간이 순탄하지는 않았다. 매 순간 두려움과 불안에 지배당했고, 스스로의 능력을 의심하고 좌절하면서 혼돈의 시간을 보냈다. 이미 알고 있는 방식, 즉 교수로서 내가 가진 생각만으로 다른 길을 찾아보려고 하니 적응하기 힘들었다. 그때마다 나는 스스로가 너무 무능력하게 느껴졌고, 정체감마저 잃어버린 듯해 무척 우울했다.

누구나 중립지대를 무사히 지나기 어렵다. 노력해도 마음대로 되지 않고 새로운 방식에 적응이 어려우니 예전 익숙한 방식으로 되돌아 가고 싶어진다. 그래서 늘 갈등이 있는 곳이 중립지대이다. 그리고 중립지대를 지나려다가 더 깊은 무기력의 늪에 빠져서 아무것도 시도하지 않는 부작용도 발생한다.

하지만 중립지대가 불안하다고 해서 자신이 아는 장소로 도망치면 결코 중립지대를 벗어나지 못한다. 미국 휴렛팩커드사의 CEO직을 역임했던 칼리 피오리나Cara Carleton Sneed Fiorina는 그녀의 자서전『힘든 선택들』에서 이러한 현상에 대해서 언급했다.

168

"투우의 소들은 나름의 '카렌시아'를 갖고 있다. '카렌시아'란 소가 위협받을 때 돌아가는 특정한 자리를 뜻한다. 투우가 계속되고 더 자주 위협을 받으면, 소는 몇 번이고 '카렌시아'로 돌아간다. 소는 안전한 곳으로 물러난다고 믿지만, 사실은 자신을 더 큰 위험에 빠뜨리는 셈이다. 소는 점점 더 쉬운 공격 상대가 된다."

중립지대의 혼란을 피하고자 원래 상태로 되돌아가려는 모습은 '카렌시아'로 돌아가는 소의 모습과 같다. 익숙한 곳은 우리의 함정이다. 우리가 빠진 구덩이에 다시 빠지는 것은 익숙한 것을 버리지 못하기 때문이다. 그러므로 이미 중립지대에 들어섰다면 절대 과거로 되돌아가지는 마라. 변화와 전환을 위해서는 중립지대의 혼란을 겪어도 절대로 이전 상태로 돌아가서는 안 된다. 그곳이 바로 죽음의 함정이라는 것을 알아야만 한다. 대신 새 땅을 확보해야 한다. 얼핏 안전해 보이지는 않아도, 새로운 곳에 자신의 몸을 의탁할 땅을 확보해야 적에게 당하지 않을 것이다. 카렌시아가 아닌 새 땅에서 새로운 전략을 짤 수 있을 때 비로소 전환이 시작될 것이다.

익숙한 카렌시아로 후퇴하는 것은 오래된 습관의 반복이다. 과거의 습관은 아무리 행해봐야 공회전만 일으킬 뿐, 전환을 이끌어내지 못한다. 그렇지만 자꾸 카렌시아가 눈에 들어와 그곳으로 복귀하고 싶어진다. 엔트로피의 법칙이 작동하는 것이다. 어떻게 하면 엔트로피의 영향력에서 벗어나 물을 거슬러 올라가는 연어의 추진력을 발휘할 수 있을까? 이 문제와 관련해 칼리 피오리나의 말에서 한 가지 배울 수 있다.

"점진적인 변화가 안전해 보이지만, 점진주의로는 관성과 저항을 이기는 데 필요한 힘이 부족하다. 멈칫거리면 실패하고 만다. 일단 변화가 시작되면 후퇴는 치명적이다. 배수진을 쳐야 하는 상황이 생기기 때문이다."

자동차로 오르막을 오를 때 엑셀러레이터를 적당히 밟으면 소리만 요란하게 날뿐, 언덕을 치고 오르지 못한다. 엑셀러레이터를 강하게 밟아 RPM이 임계치를 넘어야만 비로소 그 오르막을 오를 수 있다. 엔트로피의 법칙에 영향을 받지 않고 언덕을 치고 오르는 힘은, 순간 발휘하는 추진력과 멈칫거리지 않고 뒤돌아보지 않는 용기를 통해 얻을 수 있다. 결국 변화를 원한다면 아무리 혼란스러워도 과거로 돌아가지 말고 현 상태에서 할 수 있는 최대한 힘을 모아 그곳에서 탈출하려고 노력해야 한다는 뜻이다.

이렇듯 진정으로 전환하기를 원한다면 뛰어넘을 수 있는 힘을 한 번에 발휘해 그곳에서 빠져나와야만 한다. 그렇게 해야 무기력의 사막에서 벗어날 수 있다. 이는 타이어에 바람을 빼는 것과는 전혀 다른 전략이다. 언제 타이어에 바람을 뺄지, 언제 RPM을 올릴지를 판단하는 것은 또 다른 숙제다. RPM을 올리는 순간을 놓치지 않기 위해서는 전략이 필요하다.

이것을 경영학에서는 '고슴도치 전략'이라고 한다. 여우는 많은 전략을 가지고 있지만 고슴도치는 자신의 몸을 웅크리는 한 가지 전략밖에 모른다. 그러나 여우와 고슴도치의 싸움에서 여우는 절대 고슴도치를 이길 수 없다. 고슴도치가 몸을 웅크리는 단 한 가지 기술로 자신의 생명을 지키듯 무기력에서 살아남기 위해서는 여러 가지 방법을 시도해서는 안 된다.

문제는 무기력이다

단 한 가지라도 전문가가 되는 것만이 우리가 사는 길이다. 한 분야에서 숙달되어 유능감이 생기면 비로소 언덕을 치고 오르는 자동차가 될 수 있다. 이때는 인내로 버티는 것이 아니라 과감히 시도해야 한다. 행동이 필요하다면 즉각 행동해야 한다. 그래야만 우리의 선택이 무기력의 사막에서 탈출할 동력으로 이어질 수 있다.

내가 무기력에서 빠져나오는 데 도움이 된 유일한 고슴도치 전략은 책을 읽고 글을 쓰는 것이었다. 내가 이것저것 시작했다면 결실을 얻지 못했으리라. 하지만 나는 할 수 있는 유일한 행위인 읽고 쓰는 일을 통해 나를 찾기 시작했고 어느 날 문득 내가 더 이상 낙타가 아님을 알게 되었다.

# 미래를 두려워하는 젊음에게 보내는 편지

제자 경민에게

논문이 탈락하고 대학원 졸업이 늦어져 우울해하는 너에게 몇 마디 위로를 하긴 했지만 너의 생각이 머릿속을 떠나지 않는다.

지방 대학 출신에, 서른다섯이라는 적지 않은 나이, 부모님 경제 사정이 좋지 않아 결혼도 네 힘으로 해야 하는데 남자 친구는 대학원에 다니고 있어서 결혼을 계속 미루고 있다고 했지. 게다가 좋은 논문까지 쓰지 못해 졸업이 자꾸 늦어진다는 한숨 섞인 자학의 말이 참 아프게 와닿았다. 하지만 졸업을 포기하고 지금이라도 취업하여 남자 친구와 결혼하고 싶다는 너의 말이 진심은 아니라고 생각한다. 지금 많이 절망스러울 것이다. 하지만 경민아, 너는 아직 젊다. 네 젊음을 훔치고 싶어 하는 은발의 부자가 얼마나 많을지 말해주고 싶구나. 나 역시 네 나이 정도라면 얼마나 좋을까 하고 생각하니까.

대학을 졸업했을 때 취직이 안 돼 대학원에 갈 수밖에 없었던 사람이 너 뿐이었을까? 논문을 잘 쓰고 싶지만 능력이 고만고만해서 졸업 요건도 갖추지 못한다고 괴로워하는 사람이 너 한 사람뿐이겠니? 부자가 아닌 부모 밑에 태어난 사람도, 학교 식당에서 데이트하는 사람도 너 혼자가 아니야. 너는 네가 삼류 대학 출신이라며 학벌을 안타까워하지만, KAIST 우등생들도 너와 같은 고민을 하는 학생이 부지기수였어. 미국 박사 학위를 받은 유명 사립대 교수가 무기력하다고 목을 매는 예도 보았단다. 가진 것이나 능력에 무관하게 각자 주어진 삶의 무게는 다 비슷한 것 같다.

그러니 경민아, 우울하고 암울한 미래를 두려워하며 잠 못 이루는 너와 같은 청춘이 얼마나 많을지 생각해봐. 나 역시 똑똑하지 못한 학생이었고, 지혜롭지 않은 청년기를 거쳐 왔어. 그러다 잠시 방심했을 때 인생이 나락으로 떨어져 무기력과 우울증의 사막에서 긴 인생을 보냈지. 네가 의지하는 나도 사실은 너만큼 슬펐고 암울한 청년기, 중년기를 보냈어. 청년기의 막막함보다 더 무서운 것이 중년기의 두려움이더구나.

결론부터 말하면 견뎌내길 바란다. 지금은 막막하고 아플 것이다. 불안으로 잠을 못 이루고 두려움에 잠을 깰 것이다. 그러나 그런 고통을 겪는 이가 너 한 사람만이 절대 아님을 꼭 말해주고 싶다.

나는 20대 후반에 대학에서 시간 강사를 하며 박사 과정을 준비했다. 그런데 박사 과정을 지도할 교수를 정하는 문제가 나를 괴롭히더구나. 그 문제로 두 달 넘게 갈등했다. 교수 선택이 무슨 문제냐고 할지 모르지만 교수들 간의 미묘한 자존심이 얽혀 있고, 학과 내의 복잡한 갈등이 숨어 있었지.

단순히 원하는 교수를 지도교수로 선택할 수 없던 신경전의 중심에 내가 있었다.

그때 두 사람의 지도 교수 후보 중 한 사람을 선택해야 하는 것은 내게 감당하기 어려운 스트레스를 주었고, 그 때문에 선배와 매일 술을 마시며 고민을 의논했지. 그때의 결정은 엄청난 심적 에너지가 필요한 결단이었다. 지금 생각하면 아무것도 아닌 일인데 말이야.

결국 내가 원했던 교수의 전공으로 입학원서를 냈지만 나는 시험도 치지 못했어. 선택받지 못한 교수가 학과 전체를 뒤집어놓았고 시험조차 칠 수 없게 만들어 나는 그곳을 떠났다.

중년이 된 지금도 나는 선택과 결단을 요하는 많은 순간을 만난다. 그리고 그때마다 스물 여덟 살 때에 겪은 그 일을 생각한다. 지금은 엄청난 사건이지만 시간이 지나면 아무 문제도 아닌 일이 될 수 있다는 것을 그때의 경험으로 배웠다. 대신 내가 포기하지 않아야 한다는 것도 배웠다. 내가 그때 원하던 박사 공부를 완전히 접었다면 나는 운명을 저주하며 살았을지 모를 일이다. 하지만 나는 그 대학을 포기하는 대신 다른 곳을 택하는 방법을 모색했다. 더 많은 시간이 걸리긴 했지만 결국 나에게 맞는 전공으로 학위를 받은 것이다.

그리고 지금 나의 영혼은 새 날을 기획한다. 내가 주인이 되는 삶, 남의 인생이 아닌 나의 인생을 살 수 있는 혁명을 꿈꾸고 있다. 물론 이 혁명은 불안하다. 그건 스물 네 살 때부터 급여를 받아온 대학 밖으로 나가본 적이 없는 나의 작은 세계를 깨야 하기 때문이다. 내가 지도 교수를 소신껏 결정한 스물여덟 살 때와는 비교도 되지 않을 만큼 두렵고 떨린다.

그러나 그때 그 결정이 그랬듯 이 결정도 시간이 지나면 문제가 되지 않으리라는 것을 믿고 있다. 내 속에 잠재된 생명력이 나를 인도할 것이기 때문이다. 재생을 선택한 독수리의 자발적인 무기력이 그의 남은 생에 자유를 주었듯이 나의 지금의 결정이 내 남은 생에 자유와 의미를 남기리라는 것을 이제는 확실히 알고 있다.


경민아, 삶에서 변하지 않고 확고한 것은 하나도 없다는 것을 깨닫기를 바란다. 지금 네가 앓고 있는 그 아픔이 너를 분명 키워줄 것이다. 지나가는 길목마다 네게 가르침이 될 문구들이 운명처럼 네 앞에 나타날 거야. 그러니 불안하더라도 지금 하는 그 일을 포기하지 마라. 힘들지만 대학원을 끝까지 마치길 바란다. 지금의 인내가 너를 기쁘게 할 날이 반드시 올 거야.

그러니 너의 길을 계속 가는 것을 두려워하지 마라. 비록 실수와 실패가 있을지라도 정신을 잘 차리고 주변을 돌아보면 네가 서 있는 곳에서 길을 찾을 수 있다. 하고 싶은 것 다 해보고 가고 싶은 곳 다 가보면서 살되, 너의 영혼이 말하는 것에 귀를 기울여라. 네 영혼의 떨림이 너의 의식을 공명할 때 너는 자유롭게 숨 쉴 수 있고 자연히 네게 성공이 찾아올 것이다.


남들이 말하는, 사회가 강요하는 성공을 좇지 말고 너의 길을 가라. 어떤 길을 가야 할지 모르겠다고 힘이 없다고 무기력하다고 하는 너의 외침을 이해한다. 그러나 그 아우성의 크기만큼 네 부활의 날도 가까웠음을 나는 믿고 있다. 생명의 힘이 네 속에 있기 때문이다.

두려워하지 말고 한 발 한 발 움직이길, 무소의 뿔처럼 혼자서 그 길을 가
길 바란다.

2012년 봄에

따라 해보기

## 생애 곡선 그리기

당신 인생의 행복도를 체크해보라. 당신 인생의 중요한 시점을 나이로 표시한 다음 그때 당신이 느낀 행복의 크기를 생각해보라. 만약 현재가 전체 인생에서 낮은 수준에 있다면 당신은 지금 불행하다고 느낄 것이고, 그 단계에서 벗어나기 위해 노력해야 할 것이다.

아래의 예는 내가 현재까지 살아오는 동안 중요한 사건이 발생할 때마다 느낀 행복도이다.

생애 곡선 그리기

행복도
나이 / 출생 / 13세 / 19세 / 24세 / 32세 / 37세 / 42세 / 46세 / 49세

내 경우는 19세 때 내가 원하는 대학에 들어가지 못한 것 때문에 불행했고 24세가 되면서 대학 강의를 하며 정체감을 확보하기 시작했다. 32세에 대학에 전임이 되었을 때와 37세에 박사 학위를 받고 결혼을 하던 당시는 인생에서 행복도가 최고인 시기였던 듯하다. 그러나 이후 조금 하강했고, 42세에 연구할 수 있는 직장으로 이직했을 때 높아졌으나 몇 년 뒤 가장 바닥으로 추락해버렸다. 46세로 표시된 그때 나의 무기력이

PART 3. 무기력 사막 건너는 법                                    177

최고조였던 것 같다. 이후 나는 무기력에서 벗어나기 위한 수련과 두 번째 인생에 대한 준비를 했고 49세인 지금 상당한 수준까지 행복도가 상승했다.

　내가 분석한 것처럼 당신의 생애 곡선을 다음 표에 그려보고 당신의 현재를 냉정하게 살펴보라. 만약 과거보다 나쁘다면 그 이유를 분석해 더 행복해질 수 있는 길을 찾길 바란다.

＿＿＿＿＿ 생애 곡선 그리기

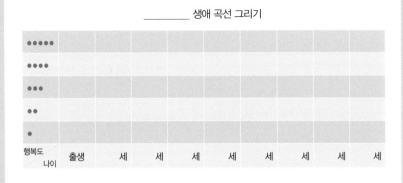

| 행복도<br>나이 | 출생 | 세 | 세 | 세 | 세 | 세 | 세 | 세 | 세 |
|---|---|---|---|---|---|---|---|---|---|

# PART 4
———

# 자발성
# 회복법

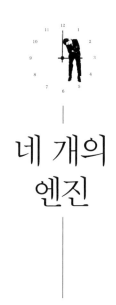

# 네 개의
# 엔진

큰 그림을 그렸으면 이제는 구체적인 실행이 필요하다. 무기력에서 벗어나 자발적으로 움직이는 힘을 얻기 위해서는 우리를 움직이게 하는 요소가 무엇인지 정확히 알 필요가 있다. 과연 무엇이 인간을 움직이게 할까? 인지 과학과 심리학에서 말하는 인간을 움직이는 엔진은 인지·동기·정서·행동이다.

사람은 이 네 가지에 따라 목표를 세우고 생각하고 판단하고, 행동하며 감정을 느낀다. 마치 자동차의 4기통 엔진처럼 넷이 동시에 작동할 때 비로소 실행에 탄력을 받을 수 있다. 이 중 하나라도 막혀 있거나 작동하지 못한다면, 다른 성능이 아무리 뛰어나도 마음의 시스템은 제 기능을 발휘하지 못한다.

인간을 움직이는 네 개의 엔진

그러므로 네 개의 엔진은 동시에 작동해야 한다. 첫 번째인 동기<sup>motivation</sup>는 어떤 일을 하고자 하는 의욕이 일어나는 계기다. 동기가 없다면 인간은 아무것도 하지 않으려 한다. 두 번째인 인지<sup>cognition</sup>는 우리가 어떤 것에 대해 생각하고 외부의 정보를 받아들이는 방식을 말한다. 인지 방식이 서로 다른 두 사람은 같은 사물도 전혀 다르게 본다. 세 번째인 정서<sup>emotion</sup>는 감정과 느낌을 말하는 것으로 마음이 시시각각 외부에 반응하는 결과라고 보면 된다. 마지막으로 행동<sup>action</sup>은 우리가 실행하고 움직이는 모든 것이다.

그런데 무기력에 빠지면 이 네 개의 엔진이 고장 나기 시작한다. 막히거나 기능이 저하되거나 심하면 아예 작동 불능 상태가 되어버린다. 마틴 셀리그만은 무기력에 대해 최종적으로 이렇게 정의했다.

"무기력이란 인간이나 동물이 통제 불가능한 상태를
경험하며 겪는 동기·인지·정서 장애를 나타내는 현상이다."

문제는 무기력이다

즉, 무기력을 느껴 아무것도 하지 못하는 상태는 단순히 행동하지 못하는 문제에 국한된 것이 아니다. 자세히 살펴보면 동기 장애·정서 장애·인지 장애와 결부된 것으로 이 세 장애가 결합되어 행동 장애를 불러온 것이기 때문이다. 여기서 행동 장애는 행동하지 않거나 행동하다가 포기하는 것을 말한다. 결과적으로 무기력해진 사람은 아무것도 실행하지 못한다. 그렇다면 네 개의 엔진이 고장 나는 것은 어떤 상태일까?

첫째, 동기 장애는 어떤 일을 하고자 하는 동기를 약화시켜, 심하면 동기 자체를 사라지게 만든다. 무엇을 하고자 하는 마음, 즉 욕망에 의한 동기는 우리로 하여금 어떤 일을 끌고 갈 수 있게 하는 가장 기본적인 연료이다. 그런데 이 연료가 소진되는 것이다. 따라서 어떤 일을 할 의욕이 없어져 '뭘 해야 하는지, 왜 해야 하는지 모르는 상태'가 된다.

둘째, 인지 장애는 무기력에 매우 중요한 역할을 한다. 인지란 살아오면서 배우고 경험하며 형성된 사고 틀, 자신과 세상을 바라보는 마음의 틀이다. 무기력을 학습하고 나면 이 인지 방식이 왜곡된다. 그래서 자신이 충분히 할 수 있는 일 앞에서도 "해봤자 안 될 것 같아. 또 실패할 거야"라는 잘못된 믿음에 지배당한다. 그리고 이 믿음 때문에 점점 더 무기력해진다. 한번 형성된 인지의 틀은 쉽게 변하지 않고, 따라서 무기력해진 사람의 왜곡된 시각은 잘 변하지 않는다.

세 번째 정서 장애란 무엇일까? 정서는 감정·야심·활기·용기와 연동된다. 우리가 어떤 일을 해내고자 할 때 자신의 두려움을 넘어서는 용기가 필요한데 이것은 정서 메커니즘에서 나온다. 그런데 무기력은 이러한 정서에 문제를 일으켜 기분이 나쁜 상태가 지속되게 한다. 두렵고 불안한 상황에서는 실행을 할 어떠한 용기도 생기지 않는다.


## 왜
## '통합적 마음 전환'인가?

앞서 말했듯이 동기 장애와 인지 장애, 정서 장애가 결합되면 행동 장애가 나타난다. 행동 장애는 쉽게 말하면 '하려고 해도 안 되는 것'을 뜻한다. 행동 없이는 성과를 낼 수 없다. 아무리 거창하고 정교한 계획을 세워도 실행하지 않으면 소용이 없다. 그런데 무기력한 사람은 행동하지 못한다.

뛰지 못하는 남자가 매번 달려볼 마음으로 운동장에 나타나지만 뛰지 못하거나, 어쩌다 뛰기 시작해도 곧 포기해버린 것은 마음속 엔진이 고장 났기 때문이다. 네 가지 엔진 모두에 문제가 생겼다면 두말할 필요도 없지만, 그중 하나가 아무리 강력해도 다른 엔진에 문제가 있다면 결과는 나쁠 수밖에 없다. 예를 들어 동기가 아무리 뛰어나도 인지가 왜곡되면 일관되고 지속성 있는 행동을 할 수 없다. 마찬가지로 다른 분야에 문제가 생겨도 결과는 시원찮다.

따라서 행동이 잘 안 될 때는 행동 자체만 다스려서는 문제를 해결할 수 없다. 행동에 앞서 동기·정서·인지 이 세 가지 요소를 함께 수리해야만 그 결과로 행동이 변한다. 그래서 나는 동기와 정서, 인지 전체를 전환한 후 그 결과로 행동 변화까지 가져올 수 있는 방법을 이 책에서 최초로 제

       문제는 무기력이다

안하고 그 방법을 '통합적 마음 전환Unified Mind Transition'이라고 부르려 한다.

동기·정서·인지가 행동의 근거가 된다는 인지 과학적 접근은 플라톤 시대부터 유래된 개념이다. 윌 듀런트는 『철학 이야기』라는 책을 통해 플라톤이 주장한 '행동의 원천'을 소개했다.

"플라톤은 인간의 행동이 세 가지 원천에서 비롯된다고 했다.

행동은 욕망과 감정과 지식에서 생겨난다. 욕망과 욕구,

충동과 본능이 그 하나이고, 감정과 활기, 야심과 용기가

하나이며, 지식과 상상, 지력知力과 이성이 또 하나다."

플라톤이 말하는 행동의 첫 번째 원천인 욕망과 욕구를 '동기', 두 번째 원천인 감정을 '정서', 세 번째 원천인 지식과 상상을 '인지'로 풀이할 수 있다. 플라톤의 주장처럼 인간이 행동하지 못하는 이유가 마음의 세 가지 원천이 말라버렸기 때문이라는 사실을 최근 심리학과 인지 과학 연구 결과에서 찾아볼 수 있다.

그런데 이 셋을 함께 변화시키거나 다루어야 한다는 통합적 방법을 연구하는 시도는 많지 않다. 인지주의자는 인지 방식의 변화만 주장하고 행동주의자는 인간을 움직이는 것은 눈에 보이는 행동에 근거한다고 주장한다. 또 정서 심리학자는 정서만으로 판단하려 하고, 동기 사회 심리학자는 욕구와 동기가 모든 것의 열쇠라고 주장한다.

물론 그들의 주장에는 일리가 있고 각각의 연구 결과도 꽤 우수해 신뢰해도 된다. 그러나 내가 무기력에 빠졌을 때 각각의 방법을 따로따로 적용

해보니 결과가 별로 좋지 않았다. 동기를 강화해도 인지가 왜곡되었을 땐 계획한 바를 하루 이상 실천하지 못했다. 정서를 긍정적으로 바꾸어도 행동이 따르지 않으면 사상누각이었으며, 인지 방식을 바꾸어도 행동하지 않으면 아무것도 달라지지 않았다.

결국, 나는 마음의 네 가지 요소를 동시에 다스릴 수 있어야 한다고 결론을 내려 동기·정서·인지·행동, 네 가지 엔진을 모두 고치는 방법을 찾기 시작했다. 이런 탐색에서 나온 것이 '통합적 마음 전환'이다.

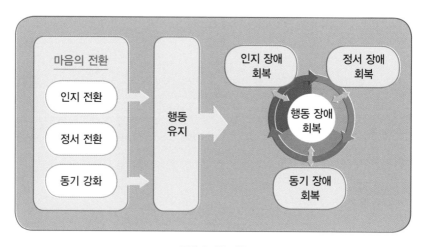

통합적 마음 전환

문제는 무기력이다

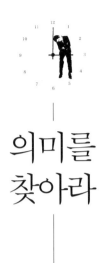

# 의미를
# 찾아라

동기의

미스터리

　　엔진을 고장 내는 첫 번째 원인인 동기 장애는 동기가 희미해지거나 동기 자체가 사라진 상태를 의미한다. 그러면 약화된 동기를 어떻게 강화할 수 있을까? 인간은 욕구에 따라 움직이는 생명체다. 그러므로 욕망이 사라진 인간은 아무것도 하지 않으려 한다. 수용소에서 생활하던 많은 포로가 죽은 것도 살고자 하는 욕구가 사라졌기 때문임을 빅터 프랭클의 증언을 통해 알 수 있었다.

　통제할 수 없는 사건을 반복해서 겪을 때, 그 부정적인 경험이 그 일과 무관한 분야에까지 나쁜 영향을 미친다. 즉 한 가지가 안 될 때는 다른 일도 하고 싶지 않게 된다. 실패한 경험 때문에 욕구가 떨어지면 아무 일도 하지 못한다. 간혹 외부의 힘에 의해 어렵게 시작한다 해도 곧 멈춰버린다. 그래서 아예 시작하지 않거나 도중에 포기해버리기 일쑤다.

심리학에서는 이런 현상을 '시발 행동의 저하'라고 부른다. 통제 불가능한 상황에 맞닥뜨린 생명체는 처음에는 반발하지만 자기 반응으로 그 사태를 변화시킬 수 없다는 것을 알고 나면 곧 소극적이고 수동적인 성향을 보인다. 이후 이들의 마음속에는 어떤 반응을 해도 결과를 얻지 못한다는 인식이 싹트고 '무엇을 해야 하는지, 왜 그것을 해야 하는지 모르는 상태'가 된다. 이는 '동기와 욕망'이 고장 났다는 신호다. 그렇다면 동기를 다시 강화하기 위해서는 어떻게 해야 할까?

사실 인간의 동기란 매우 미스터리하다. 우리는 모든 인간이 조금이라도 편리한 방향, 더 합리적인 방향, 혹은 이득이 되는 방향으로 움직이리라고 예상한다. 하지만 그것은 인간 심리를 너무 단순하게 바라본 데서 비롯된 착각이다. 인간은 무조건 편리함이나 합리성, 이득에 따라 움직이지 않는다. 인간을 움직이는 동기는 때로는 우리의 기대를 크게 벗어난 형태로 나타나기도 한다. 동기의 참모습에 대한 실마리를 풀 수 있는 것이 바로 이 점에 있다.

누군가가 10만 원을 주면서 나와 당신에게 그 돈을 나누어 가지라고 했다고 가정해보자. 내가 당신에게 얼마를 주면 당신은 받겠는가? 단, 당신이 받은 돈이 너무 적다고 거절하면 나와 당신 둘 다 한 푼도 받지 못한다. 사전에 협상을 할 수 없고, 두 번 시도할 수도 없다. 당신이라면 얼마를 준다고 할 때 받을 것인가? 만약 입장이 바뀌어 당신이 낯선 이와 함께 10만

문제는 무기력이다

원을 나누어 가지게 되면 당신은 상대에게 얼마 정도까지 줄 수 있는가?

10만 원 중 당신에게 6만 원을 주면 내게는 4만 원이 남는다. 그러면 당신은 그 6만 원을 받겠는가? 물론 받을 것이다. 5만 원을 준다 해도 받으려 할 것이다. 그러나 내가 8만 원을 갖고 당신에게는 2만 원을 준다면 그래도 선뜻 받겠는가? 2만 원은 8만 원에 비해 상대적으로 적은 돈이니 기분이 나빠 그 돈을 포기하고 대신 내가 받을 8만 원을 물거품으로 만들어 버리려 하지 않을까?

'최후통첩 게임'이라고 불리는 이 게임은 1982년 독일의 사회학자 베르너 귀스Werner Guth가 고안한 것이다. 지난 30여 년간 많은 국가에서 수천 명이 다양한 금액으로 이 게임을 시도했다. 이 게임에서 돈을 나누어 제안하는 사람을 '제안자', 제안된 돈을 수락하거나 거절하는 사람을 '응답자'라고 한다.

실험 결과, 제안자는 전체 금액의 50%를 제안하는 예가 가장 많았고, 대부분의 제안자가 적어도 30% 이상의 금액을 제시했다. 응답자들 중에는 20% 미만을 수락하는 극소수의 응답자도 있었지만 보통은 30% 미만의 액수를 거절했다. 왜 그랬을까?

호주의 경제학자인 리사 캐머런Lisa Cameron은 인도네시아에서 매우 큰 액수를 걸고 이 최후통첩 게임을 시도했다. 이 실험에서 제안자는 응답자에게 대략 3개월 치 수입에 달하는 금액인 20만 루피아를 나누어 가지자고 제안했다. 그가 제안한 액수는 평균 42%였다.

그런데 제안한 금액이 25% 미만으로 떨어지자 응답자의 대부분이 거절했다. 그들 중 일부는 30%를 준다고 했을 때도 거절했다. 그 '받을 돈'도

대가 없이 생긴다고 생각하면 눈이 휘둥그레질 정도로 많은 액수였지만 실험에 참가한 응답자들은 그 돈을 받지 않았다. 대신 "됐어요, 당신이나 가지세요 You Can Keep It"라면서 상대가 거액을 받지 못하게 방해하는 쪽으로 돌아섰다고 보고했다.

세계 각지에서 시행된 이 실험에서 응답자들이 20% 즉, 10만 원 중 2만 원 미만을 받게 되는 제안을 받을 때 대부분 거절한다는 사실이 확인됐다. 그들은 왜 그랬을까? 기분이 좀 나쁘더라도 제의를 수락하면, 없었던 2만 원이 생긴다. 그런데도 사람들은 자기가 갖는 2만 원에 만족하기보다 상대가 8만 원을 갖는 데 분노해 자신의 이익을 포기한다. 이 게임의 결과가 말하는 것은 인간이란 '이익'보다는 '공정성', '복수심', '분노'에 압도된다는 사실이다. 즉 의사결정 과정에서 합리성보다는 감정이 우선적으로 개입한다는 것이다.

그런데 이런 일은 최후통첩 게임과 같은 실험에서만 일어나는 것은 아니다. 우리가 행하는 많은 일에도 감정이 개입되어 있다. 돈을 준다고 해서 모든 사람이 무조건 움직이는 것은 아니다. 다시 말해 보상이 동기를 다스릴 수는 없다는 뜻이다. 사람을 움직이는 것은 돈과 같은 보상이 아니라 그 이상의 무엇인가에 의해서다. 그것이 무엇일까? 결론부터 말하면 그것은 '내재 동기 Intrinsic Motivation'이다.

어떤 사람들은 승진이나 수입과는 상관없는 바이올린 연습을 주말마다 한다. 또 수능 점수를 더 받는 것도 아닌데 퍼즐을 푸는 학생도 있다. 이런 현상은 기존의 경제 이론과는 맞지 않는다는 것이 경제학자들의 주장이

문제는 무기력이다

다. 그래서 취리히대학교의 경제학자 브루노 프레이 Bruno Frey는 부를 극대화하는 경제적 인간을 의미하는 '호모 에코노미쿠스 Homo Economicus'만으로는 인간의 행동과 경제적 측면의 관계를 설명하지 못한다고 했다. 대신에 그는 '호모 에코노미쿠스 마투루스 Homo Economicus Maturus'라는 용어를 썼는데 이것은 좀 더 세련된 동기 구조를 갖춘, 성숙해진 경제적 인간이라는 뜻이다. 그럼 성숙한 경제적 행동이란 무엇일까? 성숙한 인간의 경제적 행동에 대해 알기 위해서는 인간이 보상과 처벌에만 의지한다고 주장하던 기존의 동기 이론과 상충되는 개념을 받아들여야만 한다.

이때 등장하는 것이 바로 내재 동기다. 내재 동기란 마음속에 내재된 '자기만의 동기'이다. 사람은 자신의 내재 동기에 따라 움직이는 존재다. 이에 대해 브루노 프레이는 "내재 동기는 모든 경제 활동에서 매우 중요한 역할을 한다. 사람들이 외부 자극에 의해서만, 혹은 주로 외적 자극에 의해 동기를 부여받는다고는 생각하기 힘들다"고 말했다. 즉, 인간은 중요한 의미나 그 일을 해야 하는 확신, 즐거움이 있을 때 행동한다고 볼 수 있다.

그러므로 동기 장애를 극복하기 위해서는 자신만의 이유, 마음속에 내재된 이유가 반드시 필요하다. 그 이유를 찾는 것이 무기력에서 벗어나기 위해 가장 먼저 해야 할 일이다.


## 전문가를 이긴
## 괴짜들

여기 내재 동기의 힘을 보여주는 재미있는 일화가 있다. 세계 최고의 전문가들과 겨루어 이긴 오합지졸의 이야기다. 2009년 10월 31일, 마이크로소프트는 16년 동안 공들인 MSN엔카르타Encarta의 디스크, 인터넷 백과사전을 완전히 포기하고 말았다. 반면 위키피디아Wikipedia는 세계 최대 규모의 가장 인기 있는 백과사전으로 급성장했다.

현재 인터넷 사전으로 가장 유명해진 위키피디아는 만들어진 지 겨우 8년 만에 약 260종의 언어로 1300만 개 이상의 표제어를 수록했고, 영어 표제어만 300만 개 이상 수록했다. 짧은 시간에 어떻게 이런 일이 가능했을까? 인간의 동기에 대한 기존의 이론으로는 이를 설명할 수 없다.

윈도우로 세계 IT계를 완전히 장악한 마이크로소프트는 천문학적인 연봉을 받는 경영진과 전문 편집진이 협력해 야심차게 백과사전 MSN엔카르타를 기획했다. 그런데 그 MSN엔카르타를 위키피디아가 누른 것이다. 이 두 팀이 경쟁을 시작했을 때 지구상의 모든 경제학자는 MSN엔카르타가 당연히 승리하리라고 확신했다. 하지만 결과는 역전되었다. 돈 한 푼 받지 않고 재미로 일한 자원봉사자들이 승리한 것이다. 경제학자들은 위키피디아가 승리했다는 사실이 인간 행동의 물리법칙, 즉 인간의 행동 동기는 경제성을 따른다는 기존 동기 이론을 위배했다고 탄식했다.

예전에는 누군가가 보수도 받지 않고 열심히 결과물을 내놓는다는 것을, 더군다나 무료로 나눠준다는 것을 상상도 할 수 없었다. 하지만 현재 많은 분야에서 이런 형태의 무료 소스가 공개되고 있다. 오픈 소스Open Source는 이미 IT업계를 이끌어가는 거대한 엔진이다. 많은 기업과 연구소가 가장 중요한 시스템에 자원봉사자들이 만든 제품을 적절하게 이용하는 것은 이제 공공연한 사실이다.

내가 최근까지 근무한 성균관대 지능시스템연구소는 미국의 조지아텍, 펜실베이니아 주립대학과 국내 로봇 제조 기업과 함께 2013년 가을까지 정부에서 50억 원을 지원받아, 노인에게 서비스하는 인지 로봇을 개발할 예정이었다. 그런데 로봇을 상용화하는 시점이 가까워지면서 참여 기업 중 한 곳이 우리가 오랫동안 개발한 기술 대신 무상으로 배포하는 ROS<sup>Robot Operating System</sup>와 ROS의 각종 무료 오픈 소스를 활용하겠다고 통보했다. 물론 최초 연구 시작 단계에서는 조지아텍과 성균관대에서 개발한 기술을 로봇에 탑재하기로 했다. 그런데 무상으로 배포되는 소프트웨어 중 우리 기술을 추월하는 것이 존재한다는 사실을 기업이 먼저 알아차린 것이다.

다른 연구비까지 포함해 10여 년 동안 총 150억 원 이상을 투자한 컴퓨터 비전<sup>Computer Vision</sup> 기술이 이제 별로 쓸모가 없게 될지 모른다는 사실에 우리는 위기를 느꼈다. 2012년 봄, 캘리포니아의 실리콘밸리에 위치한 윌로 가라지<sup>Willow Garage</sup>라는 작은 로봇 회사가 만들어 무상으로 배포한 ROS를 도입하는 것이 더 경쟁력이 있다는 사실을 확인한 연구 총괄 책임자는 ROS와 오픈 소스를 연차적으로 도입하기로 결정했다. 단순한 기술 수준이 아닌 거대한 조류를 수용할 수 밖에 없었기 때문이다.

상상조차 하지 못한 일이었다. 우리 연구소의 컴퓨터 비전 기술은 세계 최고라고 자타가 공인했다. 그런데 자원자들이 무상으로 만든 오픈 소스에 그만한 성능의 라이브러리가 있다니 어이없는 일이었다. 문제는 앞으로 그 기술 수준이 기하급수적으로 성장할 것이라는 사실이다.

어떻게 이러한 일이 가능한 것일까? 이러한 현상이 발생하는 이유를 알아내기 위해 MIT의 경영학 교수 카림 라카니<sup>Karim Lakhani</sup>와 보스턴 컨설팅 그룹의 컨설턴트 밥 울프<sup>Bob Wolf</sup>가 나섰다. 그들은 북미 대륙과 유럽에서 활동 중인 공개 소스 개발자 684명을 대상으로 공개 소스 프로젝트에 참여하게 된 이유를 조사했다.

라카니와 울프는 이들이 소스를 개발해 공개하는 이유에 대해 "즐거움에 기초하는 내재 동기, 즉 프로젝트를 수행할 때 얼마나 스스로의 창의력을 느낄 수 있는지가 가장 폭넓고 강력한 동기가 되었다"라고 보고했다. 기쁨이 그들을 이끄는 것이다. 돈을 받지 않고 할 때는 의무감이나 책임감보다는 재미나 기여를 위해 자발적으로 하는 예가 많다. 따라서 이들은 그 일에서 즐거움을 찾고 창의성을 발휘할 수 있다. 이들은 소프트웨어 개발 중 미국의 심리학자 미하이 칙센트미하이가 '몰입<sup>flow</sup>'이라 부른 '최적의 상태'에 자주 도달했다고 한다.

즉, 공개 소스 프로젝트 참여자는 주어진 소프트웨어의 문제점을 정복하는 '재미'와 프로그래머 사회에 선물을 주고 싶다는 '기여'의 욕구가 동기가 되었고, 그 일을 하는 동안 몰입을 경험하며 점점 그 일에 더 깊이 몰두하는 내재 동기의 선순환을 따라간다는 것이다.

그런데 이런 조류를 예상이나 한 듯 큰 획을 그은 사건이 이미 10년 전에 일어났다. 2002년 노벨재단은 경제학자가 아닌 미국의 한 심리학자에게 노벨 경제학상을 수여했다. 매우 이례적인 그 행운의 주인공은 대니얼 캐니먼<sup>Daniel Kahneman</sup>이다.

그는 '인간이 자신의 경제적인 이익에 대해 언제나 합리적으로 계산하는 것은 아니며 단체들이 부를 극대화하는 결과만을 위해서 흥정하지 않는 경우도 있다'는 사실을 밝혀내 노벨상을 받았다. 이스라엘의 아모스 트버스키Amos Tversky와 함께 한 연구를 통해서 대니얼 캐니먼은 우리가 하는 일에 대해 생각하는 방법을 바꾸도록 했다. 그리고 이 발견은 위키피디아의 승리와 같은 놀라운 사건을 설명하는 근거로 작용했고, 내재 동기 이론의 중요성을 알리는 계기가 되었다.


## 돈을 주면
## 일하기 싫다?

앞에서 살펴본 바에 의하면 내재 동기에 따라 하는 일, 즉 스스로 어떤 일에 열중할 때 눈에 띄는 성과를 거둘 수 있다. 그런데 만일 자기가 좋아하는 일을 하는데 돈까지 받을 수 있다면 어떻게 될까? 더욱 더 열심히 할 것 같지 않은가? 누구나 그렇게 생각할 것이다. 하지만 실제는 예상과 좀 다르다.

많은 연구 결과에서 타인이 주는 보수가 그 사람의 의욕과 흥미를 저하시켜 동기를 약화한다고 보고한다. 예를 들어 나 혼자 잘하고 있던 프로젝트 제안서 작업을 보스가 강요하면 의욕이 줄어들어 적당히 하게 된다. 또 혼자 열심히 추진하던 연구에 인센티브를 준다는 소문이 돌면 흥미가 떨어진다. 혼자 순수하게 호기심 때문에 시작한 연구는 그야말로 부담이 없다. 과정이 다소 터무니없어도, 결과가 엉망이 되어도 오히려 그럴수록 더욱 재미있고 호기심이 당기는 일종의 놀이인 셈이다.

'재미'와 '기여'가 일을 추진하는 두 개의 내재 원동력이라는 것은 앞에서 설명했다. 그런데 누군가 내가 놀이를 얼마나 잘하는지, 놀이의 결과가 얼마나 번듯한지 지켜본다면? 상상만으로도 부담스럽지 않은가?

미국 로체스터대학의 사회 심리학자 에드워드 데시Edward L. Deci는 이러한 인간의 보편적인 심리를 본격적으로 연구했다.

1969년 여름, 카네기멜론대학교의 심리학과 대학원생인 에드워드 데시는 박사 학위 논문을 쓰고 있었다. 그는 당시 인기 있던 파커브러더스 제품인 소마Soma 퍼즐 큐브로 '보수 효과'를 조사하는 동기 연구를 시작했다.

소마 큐브는 다음 그림처럼 서로 다른 모양의 플라스틱이나 나무 덩어리로 이루어져 있다. 사방이 1인치인 정육면체 네 개로 이루어진 것이 여섯 개, 정육면체 세 개로 이루어진 것 한 개로 구성되어 있다. 이 일곱 개의 부속품으로 수백만 가지 조합이 가능하다. 우측 그림은 가장 기본적인 형태인 정육면체로 결합된 사례다.

소마 퍼즐 큐브 부속품과 조립한 사례

문제는 무기력이다

데시는 대학생들을 실험 그룹(그룹 A)과 통제 그룹(그룹 B)으로 나누어 소마 퍼즐을 풀게 했다. 학생들은 사흘 연속으로 모두 세 번에 걸쳐 한 시간씩 실험에 참가했다. 실험 방법은 다음과 같다.

참여자가 실험실에 들어가 소마 퍼즐 부품 일곱 개와 퍼즐로 완성할 세 개의 그림, 그리고 《타임》, 《뉴요커》, 《플레이보이》지가 놓인 탁자 앞에 앉으면 맞은편에 있던 데시가 실험 방법을 알려주고 스톱워치로 시간을 쟀다. 실험은 다음 표와 같이 진행되었다.

| | 첫 번째 세션 | 두 번째 세션 | 세 번째 세션 |
|---|---|---|---|
| 그룹 A | 보상 없음 | 보상 있음 | 보상 없음 |
| 그룹 B | 보상 없음 | 보상 없음 | 보상 없음 |

첫 번째 실험 세션에서 두 그룹의 참여자들은 소마 퍼즐을 탁자에 놓인 샘플 그림과 똑같이 조립해야 했다. 두 번째 세션에서도 그림과 똑같이 만들어야 했는데 그림의 내용은 첫 번째와는 달랐다. 두 번째 세션에서 데시는 그룹 A에게 그림과 똑같이 만들어낼 때마다 1달러(현재의 약 6달러 가치)를 주겠다고 말했다. 반면 그룹 B는 새로운 그림을 받긴 했지만 아무런 보수를 받지 못했다. 마지막 세 번째 세션에서 두 그룹 모두 새로운 그림을 받고 아무 보상도 없이 퍼즐을 풀어야 했다.

그런데 실험자가 퍼즐의 세 그림 중 두 개를 완성했을 때 데시가 갑자기 실험을 중단했다. 데시는 그림 한 개를 더 주겠다고 하고 새 그림을 고르려면 먼저 컴퓨터에 현재까지 완성한 시간을 입력해야 한다고 말했다.

1969년은 컴퓨터가 방 한 개를 완전히 차지하던 메인 프레임 컴퓨터 시대였다. 데시는 컴퓨터에 데이터를 입력한다며 실험실에서 나가 컴퓨터가 있는 방으로 가는 척했다.

그는 실험실을 나가면서 참여자에게 몇 분 후에 돌아올 테니 자기가 없는 동안 하고 싶은 대로 하라고 했다. 그러고는 한쪽만 보이는 유리창이 설치된 실험실 옆방에서 8분 동안 혼자 남은 참여자의 행동을 지켜보았다. 혼자 남게 된 그들은 세 번째 그림을 해결하려고 계속 퍼즐을 조립할까? 아니면 《플레이보이》를 뒤적일까? 아니면 멍청하게 허공을 보거나 눈을 감고 쉴까? 그들이 혼자 남았을 때 무엇을 하는지 관찰하는 것이 데시의 진짜 목적이었다.

첫 번째 세션 참여자들은 8분간의 자유 행동 시간에 그룹 A와 그룹 B가 거의 동일한 행동을 보였다. 첫 번째 세션에서는 두 그룹 모두 평균 3분 30초에서 4분 정도 계속 퍼즐을 조립했다. 퍼즐에 흥미를 느낀 것이다.

두 번째 세션은 조금 달랐다. 보수를 받지 못한 그룹 B는 첫 번째 자유 세션 때 시간과 거의 비슷하게 행동했다. 성공할 때마다 보수를 받은 A그룹은 소마 퍼즐에 더 큰 관심을 보이며 평균 5분 이상 퍼즐을 맞췄다. 그들은 1달러를 받기 위해 데시가 없는 동안에도 열심히 퍼즐을 조립하는 듯 보였다. 보상을 받으면 더 열심히 일한다는 기존의 동기 이론과 일치하는 태도였다.

그러나 세 번째 세션에서는 상황이 달라졌다. 세 번째 세션에서 데시는 그룹 A의 참여자들에게 더 이상 돈을 줄 수 없다고 말했다. 그리고 실험을 전과 똑같이 진행했다. 참여자들이 퍼즐을 두 개 완성한 뒤에 데시는 또다시 실험을 중단시켰다. 이때 보수를 한 번도 받지 않은 그룹 B는 8분 동안의 자유 시간에 이전 세션보다 더 오랫동안 퍼즐을 갖고 놀았다.

반면 보수를 받은 경험이 있는 그룹 A는 달랐다. 그들이 퍼즐에 소비한 시간은 보수를 받은 두 번째 세션에 비해 2분이나 줄었으며 더욱이 퍼즐을 보고 즐거워했던 첫 번째 세션보다 1분 정도 줄었다. 즉 돈을 받다가 받지 못하게 된 그룹의 의욕이 눈에 띄게 저하된 것이다.

이 실험을 통해 데시는 사람들의 행동이 대부분의 과학자와 일반인의 믿음에 역행하는 특정 법칙의 영향을 받는다는 사실을 밝혀냈다. '금전적 보수가 피실험자들의 흥미를 떨어뜨렸다'는 것이다. 이후 그는 "돈이 어떤 행위에 대한 외적 보상으로 사용되면 사람들은 그 행위에 대한 내재적인 관심을 잃는다"고 주장했다. 보상은 단기간의 촉진제가 될 수 있다. 그러나 그 효과는 결국 사라지며 심지어 일을 지속할 수 있는 장기적인 동기 의식도 떨어뜨린다.


## 상을 준다는데도
## 싫은 이유

많은 기업과 연구 기관이 인센티브 제도를 도입하고 있다. 그런데 과연 인센티브 제도가 직원들의 성과 향상에 큰 도움이 될까? 내가 근무했던 기관 중 몇 곳은 성과를 높이기 위해 특허와 논문을 내면 일시적으로 인센티브를 주는 제도를 시행했다. 그런데 그곳의 공통점은 이런 제도가 별로 자극이 되지 못했다는 사실이다. 사실 논문 한 편에 주어지는 인센티브는 박사 과정 학생의 한 달 급여에 해당되는 상당히 큰 금액이다. 하지만 학생들은 그 인센티브에 꿈쩍도 하지 않았다. 물론 다른 기관에서는 상당히 많은 연구 지원금에도 교수들조차 논문을 내지 않았다. 왜 그들은 상을 준다는데도 움직이지 않았을까?

대학이나 기업, 연구소의 인센티브 제도와 마찬가지로, 유아의 의욕을 높이려고 부모나 교사가 아이들에게 상품과 상장을 준다. 그런데 이 상들이 유아의 의욕을 오히려 저하시킨다는 연구 보고도 있다. 상을 주는데도 흥미가 떨어진다니 의아한 일이다.

스탠퍼드대학의 사회 심리학자 래퍼 M. R. Lepper 교수는 바로 이런 현상에 관심을 갖고, 보육 현장에서 상이 의욕에 미치는 영향을 연구했다. 그림 그리기를 좋아하는 아동을 연구 대상으로 선정했다. 실험자는 유아를 교실에서 떨어진 방으로 한 사람씩 불러 자기가 좋아하는 그림을 그리도록 했다. 이때 유아를 세 집단으로 나누었다.

첫째 집단은 '예고된 상' 집단으로 잘 그리면 상을 준다는 약속을 한 뒤 좋아하는 그림을 그리게 했다. 둘째 집단은 '예상하지 못한 상'을 받는 집단으로 사전에 상을 약속하지 않았다. 단지 너의 그림이 보고 싶으니 그림을 그려달라고 말하고는 아이가 그림을 다 그리면 예상하지 못했던 상을 주었다. 마지막 셋째 집단은 '상 없음' 집단으로 상을 약속하지 않았고 실제로 상도 주지 않았다.

이 실험 결과 아동들이 그린 그림의 수는 '예고된 상' 집단이 다른 두 집단에 비해 확실히 많았다. 하지만 그림의 질이 현저히 낮았다. 래퍼는 실험이 끝난 뒤 1~2주 동안 유아들의 행동을 관찰했다.

그랬더니 '예고된 상' 집단 즉, 상을 예고받고 그림을 그린 경험을 한 적이 있는 유아들은 다른 집단과 비교해 자발적으로 그림을 그리는 수가 적었다. 그림 그리기에 대한 흥미가 실험 전보다 감소한 것이다. 이것은 상당히 주목해야 할 결과다. 돈을 줄 테니 공부하라는 말이 얼마나 위험한지 알려주는 실험이기 때문이다.

나머지 두 집단은 예전과 마찬가지로 놀이 시간이 되면 즐겁게 그림을 그렸다. 이 결과에 대해 래퍼는 '상을 기대한 그림 그리기가 자발적인 흥미를 감소시키는 것 같다'고 보고했다. 잇달아 행한 연구에서도 상을 기대하고 그림을 그린 경험이 그리기 의욕 자체를 떨어뜨리는 원인이 되는 것으로 확인됐다.


이처럼 타인에게서 보수나 상으로 평가를 받을 때, 흥미나 향상심이 강해지기는커녕 사라지는 이유는 무엇일까? 이에 대해서는 여러 가지 해석이 있지만 공통되는 의견은 '보수와 외적 평가의 도입이 자율성을 떨어뜨린다'는 것이다. 우리는 자기가 좋아하는 일을 할 때 자기 활동을 지배하는 것이 나 자신이라고 느낀다. 그 활동은 언제 시작해도 좋고 언제 그만둬도 좋다. 해도 되고 안 해도 되며, 한다고 해도 어떤 식으로 하든, 자유다. 즉 재미와 기쁨이 그를 인도하는 것이다.

그러나 일단 '상'과 같은 외적 평가가 도입되면 '상'을 얻기 위해 혹은 외적 평가 기준에 맞게 행동을 조직화해 고치려는 경향이 강해진다. 그러면 그 과정에서 차츰 행동의 원천이 자신이 아니라고 생각하게 된다. 자기가 주도해서 행동할 때 우리는 '해냈다!'는 느낌을 받으며 만족할 수 있지만 외적 평가에 지배받는다면 즐거울 수가 없다.

인간에게는 자기가 자기 행동의 원천이고 자기 행동의 주인공이고 싶어하는 기본 욕구가 있다고 한 사회 심리학자 드샴L. de Charms 의 말에서 우리는 활동이 싫어진 것이 자율성, 자발성의 부재 때문임을 알 수 있다. 남이 시키고 평가하는 일은 하기 싫은 것이다. 이것을 기억하면 스스로가 동기를 끌고 갈 방법을 알 수 있다. 즉, 내가 하고 싶은 일을 마음대로 하는 것이 무기력을 일으키는 동기 장애에서 벗어나는 방법이다.

앞에서도 말했지만 무기력을 물리칠 수 있는 길이 자발성을 회복하는 것임을 이해한다면, 내재 동기와 자신의 재미, 기여 여부에 따라 움직이는 것이야말로 무기력을 극복하는 데 중요한 요인이 됨을 이해할 수 있을 것이다.


## 의미를 찾으면
## 하고 싶어진다

그러면 어떻게 재미와 기여를 찾아낼 수 있을까?

앞에서 보았듯 우리의 의도와 별개로 동기를 약화시키는 사건이나 어쩔 수 없는 외부의 상황으로 동기가 약화되는 예도 있다. 따라서 우리는 자신의 동기, 특히 내재 동기를 스스로 보호할 필요가 있다. 내재 동기를 보호한다는 것은 재미를 느끼는 것과 기여한다는 의식을 계속 지키는 일이다.

직장에서 인센티브 제도를 시행하다가 어느 날 갑자기 없애버리면 잘하던 일도 하기 싫어진다. 그 영향으로 내재 동기가 저하되면 어떻게 할 것

문제는 무기력이다

인가? 이런 일에 체념하지 않고 스스로의 힘으로 내재 동기를 유지하려면 어떻게 해야 할까? 무기력을 유발하는 사건에서 우리를 보호하려면 스스로의 삶을 끌고 갈 의미를 찾아야 한다. 의미를 찾는다면 거기에서 스스로를 흔들리지 않게 할 재미와 자신의 분야에 기여하고 있다는 감정을 이끌어낼 수 있기 때문이다. 빅터 프랭클을 수용소에서 살아남게 한 것이 '삶의 의미'였듯 동기를 확고하게 붙잡을 수 있는 것 역시 삶의 의미다. 삶의 의미를 찾는다면 그 의미에 따라 하는 모든 행동에서 기쁨을 느끼고 자신이 하는 일이 뭔가에 기여한다는 사실을 계속 자각할 수 있다.

『신념의 기적』이라는 책을 쓴 로버트 딜츠Robert Dilts는 세계적인 신경-언어 프로그래밍NLP:Neuro Linguistic Programming 교육 지도자이며 임상 전문가로

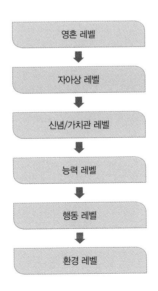

뉴로 로지컬 레벨 이론(Neuro-Logical Level Theory)

인정받고 있다. 그는 삶의 의미가 우리를 움직이는 동기를 만들어내는 현상을 뉴로 로지컬 레벨 이론Neuro Logical Level Theory을 통해 설명하고 있는데, 이는 앞장의 그림과 같이 6단계로 이루어져 있다.

로버트 딜츠는 한 사람의 영혼과 자아상, 신념과 가치관, 능력과 행동, 그리고 그를 둘러싼 환경이 그림처럼 위계를 이루고 있다고 했다. 그런데 그는 인생의 많은 문제가 하위의 3가지 레벨, 능력·행동·환경 레벨에서 일어난다고 했다.

이를 테면 '회사에 가기 싫다'는 사소하고도 흔한 문제는 어디에서 비롯되는가? 만약 당신의 상사가 몇 년째 당신을 괴롭히고 부당한 요구를 한다고 가정하자. 그렇다면 당신이 회사에 가기 싫은 것은 환경 레벨과 관련이 있다. 또 다른 예로 금요일에 동료와 한바탕 크게 다투었다고 가정하자. 당신은 다혈질이라서 전에도 몇 번 동료와 다투었는데 그 여파가 월요일까지 이어져 출근하기 싫다. 다툼은 행동이니 이는 행동 레벨의 문제이다. 마지막으로 요즘 업무 능력이 떨어지는 게 아닌가 하는 생각이 들고 실제로 승진에도 누락됐다고 가정한다면 회사에 가기 싫은 이유는 능력부족 때문이라고 할 수 있다. 그것은 능력 레벨의 문제이다.

이와 같이 환경·행동·능력의 레벨에서 많은 문제가 나타난다. 그리고 대부분의 사람들은 문제가 일어나면 그 레벨에서만 문제를 해결하려고 한다. 하지만, 이는 별로 효과적이지 않다고 딜츠는 주장한다. 그는 어떤 문제를 완전히 해결하려면 문제가 일어난 상위 레벨에서 해결책을 찾아야 한다고 말한다. "문제를 유발한 사고 체계로는 문제의 해답에 이를 수 없다"는 아인슈타인의 말과 같은 맥락이다.

문제는 무기력이다

따라서 하위 레벨인 환경·행동·능력 레벨에서 생긴 문제는 상위에 있는 신념/가치관, 자아상, 영혼의 레벨에서 해결할 수 있다. 신념과 가치관, 자아상을 이루는 것은 단순한 욕구 그 이상이다. 그것은 그 사람의 '삶의 태도'나 '생의 의미'와 연관이 있다. 의미를 찾은 인간은 욕구에 따라서만 움직이지는 않는다. 그가 찾은 의미가 삶을 이끌어간다. 의미가 내재 동기를 강화해주기 때문이다.

여기서 무기력의 문제로 돌아가보자. 우리를 무기력하게 만드는 것은 결국 환경에서 비롯된 특정 사건이다. 인간의 능력과 행동은 무기력을 야기하는 직접, 혹은 간접적인 원인이 될 수 있다. 환경에 영향을 받아 행동하지 않게 되었거나 능력이 부족해 무기력해졌을 수도 있기 때문이다.

그런데 이렇게 발생한 무기력의 문제도, 무기력이 발생한 레벨이 아니라 상위 레벨에서 해결해야 한다. 상위 레벨인 신념과 가치관의 레벨에서 치유해야 진정한 치유가 가능하다.

에이브러햄 매슬로는 인간 욕구 이론에서 자아실현의 욕구가 자기 존중의 욕구보다 위에 있다고 밝혔다. 인간은 자아실현이라는 목적을 위해서라면 자기 존중이 침해되는 치욕도 견뎌낼 수 있다. 이것이 의미를 지닌 인생의 모습이다. 의미가 없는 인생은 저급한 욕구와 환경에 따라 흔들리지만 삶의 의미를 찾은 사람은 하위 욕구를 뛰어넘어 자신을 완성할 수 있다.

## 재탄생을 선택한
## 독수리의 삶의 의미

하늘을 나는 새 중 가장 오래 사는 새는 맹금류인 독수리나 솔개라고 한다. 맹금류의 평균 수명은 70년 정도다. 새들이 이렇게 장수하려면 탄생한 후 약 40년 정도 되었을 때 매우 고통스러운 결심을 해야 한다고 전해진다. 40세쯤 되면 깃털이 무거워져서 날기 불편하고, 부리도 길어져 먹이를 먹기도 어렵다. 뿐만 아니라 발톱도 무디어져 사냥을 하기 힘들다.

이때 독수리는 중요한 선택을 해야 한다. 그대로 죽을 날을 기다리든가 6개월에서 8개월에 달하는 고통스러운 갱생 과정을 견디는 것이다. 재탄생의 길을 선택한 독수리의 수행은 눈물겹도록 처절하다. 높은 산 정상에 둥지를 틀고, 먼저 바위를 쪼아 부리를 깨뜨린다.

부리가 깨지고 터져 피투성이가 되면 며칠간은 아무것도 먹지 못하는 고통을 겪는다. 그러면 비로소 새 부리가 돋아난다. 새로 난 부리가 단단해지면 그 부리로 무뎌진 발톱들을 하나씩 뽑아낸다. 무뎌진 발톱이 빠지고 새 발톱이 자라나면 그 발톱과 부리로 깃털을 뽑는다. 그 후 몇 달이 지나면 새 깃털이 돋아난다. 재생의 길을 선택한 독수리는 고통을 극복하고 나서야 비로소 다시 태어난다. 그리고 남은 30여 년의 삶을 시작한다.

이것이 진실인지는 알 수 없지만 '독수리의 재탄생'이라는 말로 유래되는 이야기의 의미만큼은 명확하다. 독수리는 재탄생의 시간 동안 자신의 삶에서 가장 무기력한 상태에 처할 것이다. 사냥도 하지 못하고 날 수도 없는 독수리는 그동안 자신의 먹이에 불과하던 들쥐에게도 공격을 당한다. 먹잇감인 들쥐에게 공격받는 독수리가 얼마나 큰 무력감을 느낄지 상상해보라. 더 오래 살기 위해 자발적으로 선택한 '재탄생을 위한 무기력'이지만 그 상황은 치욕스럽고 고통스러울 것이다.

이렇게 모든 성장에는 무기력한 순간이 동반된다. 인생의 중년기에 경력이 이동될 때 겪는 무기력이나 고속 승진 후 능력의 한계에서 오는 무기력, 영재 학교로 전학 간 우등생이 겪는 절망 등은 자발적인 무기력의 한 형태다. 그들이 원래 자리에 머무른다면 맛보지 않아도 좋을 감정이다. 하지만 그들은 높은 곳을 지향하므로 무기력해진 것이다.

이런 무기력은 변화를 하고자 할 때 맞이하는 중립지대에서 느끼는 것과 비슷하다. 이럴 때는 삶의 목적과 의미를 붙들지 않으면 견뎌내기 힘들다. 독수리가 치욕을 선택한 것은 수명을 연장하겠다는 확고한 목적 때문이다. 우리도 무기력의 고통을 인내할 수 있도록 확고한 삶의 의미를 품고 그 기간을 견뎌야 한다.

## 자발성 회복을 위한 마음의 전환 1 : 동기 강화

# 보수나 의지로는 전환되지 않는다. 의미를 찾아라!

지금 당신 앞에 놓인 일을 두고 무엇부터 해야 할지, 왜 해야 할지 모르겠다는 생각을 하고 있지는 않은가? 그렇다면 지금까지 뚜렷한 목표 없이 그냥 좋아 보이는 것에 이것저것 손대고 마지못해 계속하면서 그 일이 재미없다고 불평만 한 것은 아닌지 생각해보자.

가장 중요한 것은 당신 인생의 의미와 정말로 원하는 것이 무엇인지를 찾는 것이다. 삶을 지탱해나갈 확고한 의미가 있으면 허둥대며 시간을 허비하는 일도, 불평하는 일도 없다. 일이 재미있어지고 내가 하는 노력의 가치를 느낄 수 있기 때문이다. 그렇게 되면 저절로 하고 싶다는 감정이 일어날 것이다.

문제는 무기력이다

## 양손 그리기를 통한 삶의 의미 찾기

먼저 도화지나 A4 용지, 색연필을 준비하라. 그리고 왼손을 도화지 왼쪽 부분에 올려 모양대로 그려보고 다음엔 오른손을 오른쪽에 올려 윤곽을 그려보자. 그러면 도화지에 자신의 양손이 그려진다. 이제 그 손을 예쁘게 꾸며보자. 반지를 그려도 되고 손톱에 매니큐어를 발라도 된다. 장갑을 끼워도 되고 색칠을 해도 된다. 이 작업을 하는 이유는 색칠을 하는 행위를 통해 긴장을 풀고 아무런 억압 없이 원하는 것을 떠올리게 하기 위해서다.

손을 예쁘게 꾸민 후 왼쪽 손가락 하나하나에 자신이 버리고 싶은 것을 써본다. 예를 들어 뚱뚱해서 살을 빼고 싶다면 '살'이라고 쓰면 되고, 술이나 담배를 끊고 싶은 사람은 '술' 또는 '담배'라고 쓴다. 가볍게 생각하지 말고 반드시 버리고 싶은 것을 적는다.

다섯 가지의 버리고 싶은 것을 완성했다면 이제 오른손으로 간다. 오른쪽에는 꼭 갖고 싶은 것을 다섯 가지 적어본다. 마찬가지로 신이 내 소원을 들어준다는 가정하에 쓰는 것이므로 진지하게 작성하자. 몸이 허약해 건강을 찾고 싶다면 '건강'이라고 쓰고 직업이 없는 사람은 '새 직장'이라고 쓴다.

오른쪽 손도 다 작성했다면 이제 그 열 가지를 놓고 대조해보자. 양쪽에 연결되는 것이 있다면 선으로 연결해보라. 만약 살을 버리고 건강을 갖고 싶다고 썼다면 그 두 가지는 연관성이 있다. 이렇게 하면 열 가지 모두 연결될 수도 있고 전혀 연결되지 않을 수도 있다. 연결된 것을 보면 자기가 정말 원하는 바가 무엇인지 알 수 있다.

그림을 보면 당신의 남은 인생을 지탱해나갈 '삶의 의미'를 찾을 수 있을 것이다. 월급을 좀 더 많이 주는 직장이 더 이상 의미가 없을 수 있고, 건강하게 사는 게 매우 중요한 의미임을 깨닫게 될지 모른다. 이렇게 해서 찾은 '의미'를 '남은 삶을 이끌어나갈 중요한 의미'로 생각하길 바란다. 그러면 무기력하던 당신의 인생이 다르게 느껴질 것이다.

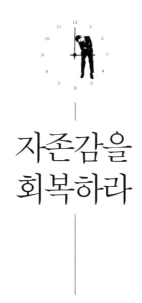

# 자존감을
# 회복하라

무기력이 유발하는 두 번째 마음의 문제는 인지 장애다. 여기서 인지란 우리가 세상과 자신을 바라보고 생각하는 방식이다. 사실 인간의 마음을 어지럽히는 것은 인생을 뒤흔든 사건 자체보다 사건에 대한 생각이라는 주장이 지속적으로 논의되어 왔다.

경영 컨설턴트이자 리더십 트레이너인 데니스 웨이틀리Denis Waitley는 이런 현상에 대해 다음과 같이 말했다.

"우리를 붙드는 것은
우리 자신이 생각하는 그릇된 자신의 모습이다."

가까운 예를 하나 들어보자. 내가 알고 있는 여자 후배 한 사람은 객관적으로 볼 때 상당히 예쁘다. 그런데 그녀는 자신이 예쁘지 않다고 믿는다. 주변 사람들이 아무리 외모를 두고 칭찬을 해도 자신은 어릴 때부터 한 번도 예뻐본 적이 없고, 지금 타인이 보는 것은 화장에 가려진 얼굴이라며 결코 자신의 생각을 포기하지 않았다. 겸손해서가 아니라 정말로 그렇게 생각하는 것 같았다.

이와 마찬가지로 자기 능력에 대해 의심하는 사람은 아무리 좋은 성과를 내도 자기가 능력이 있다고 믿지 못한다. 자신을 바라보는 시각이 왜곡되어 있으니 자신이 어떤 일을 하고 어떤 성과를 내도 자기 능력이라 인정하지 못해 만족할 수도 없다. 무기력은 이런 오류를 부추긴다.

'박경숙'이라는 나는 하나의 사람이다. 그런데 무기력 이전과 무기력할 때, 무기력에서 벗어난 이후의 나는 확연히 다른 얼굴을 하고 있다. 같은 일도 무기력할 때는 자신이 도저히 할 수 없다고 생각한다. 자신을 바라보는 인지 방식이 심하게 왜곡되는 것이다. 사실 우리가 지닌 능력은 그대로인데도 그것을 발휘할 수 없게 만드는 벽이 마음속에 존재하는 것이다. 그래서 무기력하다고 느끼는 것은 실제 무능력해서가 아니라, 할 수 없다는 생각의 오류 때문일 가능성이 많다.

그 오류는 어릴 때 만들어진 것이거나, 힘을 가진 어떤 강한 대상이 지속적으로 방해하거나 무시, 핍박해 자기는 할 수 없다는 마음을 가지도록 만들어버린 결과일 수 있다. 실험에서 개들이 경험한 전기 충격과 같이, 우리를 억압하는 강한 대상이 준 인지적 왜곡을 어떻게 바로잡을 수 있을지 지금부터 알아보자.

문제는 무기력이다

# 열등감과
## 무기력

우리는 이제 '어떻게 잘못된 인지를 전환할 것인가?' 하는 문제에 봉착한다. 무기력한 사람은 어떤 것도 할 수 없다는 생각 때문에 자신이 무능력하다고 느낀다. 따라서 나도 할 수 있다는 유능감을 느끼는 경험이 필요한데, 그래서 유능감은 인지 왜곡에서 벗어나는 중요한 열쇠가 된다. 유능감이란 자기가 어떤 것을 잘해낼 수 있는 능력이 있다고 느끼는 것으로 무능감 혹은 열등감과 상반되는 감정이다.

열등감은 무기력과 긴밀하게 연결되어 있다. 정도의 차이는 있지만 모든 사람에게는 나름의 열등감이 있다. 미스코리아 선은 진에게 열등하다고 느끼고, 평점 4.4를 받은 우등생은 4.5 만점을 받은 사람 앞에서 자신이 열등하다고 생각한다. 우리가 이렇게 열등감에 빠지는 이유는 무엇일까?

정신과 의사 칼 메닝거Karl A. Menninger 박사는 인류가 느낀 최초의 열등감은 대자연에 비해 인간이 너무 나약하다는 원시인의 자각에서 시작되었다고 했다. 이후 인간은 종교·철학·발명 등 부분적인 자연 정복을 통해 조금씩 나약함에서 벗어났다. 그러나 인간은 같은 인간 사이에서 열등감을 찾아냈다. 곧 자기보다 강하고 빠르고 우수한 사람과 자신을 비교하면서 불쾌감을 맛보게 된 것이다. 자신이 다른 사람보다 부족하며 뒤떨어진다는 의식인 열등감은 삶의 전 영역에서 나타난다. 열등감이 깊어지면 상실감이나 무력감이 나타나고, 여기서 더 진행되면 자기 학대로 악화된다.

그런데 유독 열등감을 심하게 느끼는 사람이 있다. 이들은 아동기에 부모나 양육자에게서 잘못된 대우를 받아 후유증이 남은 예가 많다. 아동은 어른들에게 불리한 비교를 당하면서 열등감이 깊어진다.

예를 들어 어머니가 손님에게 자신을 두고 "누나만큼 머리가 좋지 않아요"라고 하는 말을 들으면 그 아이는 자신이 정말 누나보다 머리가 나쁘다고 인식한다. 또 부모에게서 "넌 못생겼으니까 성적이라도 좋아야 한다"라고 하거나 "네 치아가 참 보기 흉하구나!"라는 말을 들은 딸도 마찬가지로 자신이 못생겼다고 생각한다.

이런 힐책은 매우 치명적이어서 당사자의 희망을 무참히 짓밟는 예가 많다. 하지만 이 비판이 부당하다 해도 아이들은 대항하지 못한다. 비판을 하는 사람이 부모이거나 어른이면 미성숙한 자신보다 권위가 강하기 때문에 거기에 짓눌리는 것이다.

최초로 열등감Inferiority Feeling이라는 용어를 사용한 사람은 오스트리아의 정신과 의사 알프레드 아들러Alfred Adler이다. 아들러는 어렸을 때 병약했고 학업 성적도 좋지 않아 장남인 형과 차별을 받으며 성장했다고 한다. 그는 형보다 더 우월한 사람이 되려는 마음에 의사가 되었고, 자신의 경험을 바탕으로 열등감 콤플렉스Inferiority Complex라는 이론을 전개했다.

열등감 콤플렉스는 열등감과 약간 차이가 있다. 열등감은 남에게 잘 보이지 않는 숨겨진 것으로 '다른 사람에 비해 자신이 뒤떨어졌다거나 능력이 없다고 생각하는 만성적인 감정 또는 의식'을 뜻한다. 반면 열등감 콤플렉스는 인간 내부에 존재하는 열등한 요소를 인정하지 않으려는 경향이 열등감을 억압하는 것을 말한다. 아들러는 열등감 콤플렉스에서 열등감이 어떻게 작용하는지에 대해 다음과 같이 설명했다.

첫째, 우월 욕구로 이용되는 열등감이 있다. 사람은 누구에게나 열등감이 있지만 동시에 우월한 존재가 되려는 욕구도 있다. 아들러는 열등감을 이용해 우월 욕구를 자극해야 한다고 주장했다. 가진 것 없고 잘생기지 않은 아이가 주눅 들지 않고 열심히 공부해 원하는 목표를 이루는 것처럼, 다른 부분의 유능감을 확보해 열등감을 극복하는 것이다.

두 번째로 자기 비하와 우울로 이어지는 열등감이 있다. 끝내 열등감을 극복하지 못하면 패자가 될 수밖에 없다. 부족한 외모나 학업 성적, 능력 때문에 주눅이 들고 자신을 하찮게 생각하면 매사에 자신감이 없고 소극적인 삶을 살게 된다. 심해지면 우울증을 겪으며 자살이라는 극단적인 결말에 이르기도 한다. 아들러는 대부분의 자살 뒤에는 우울증이, 우울증 뒤에는 열등감이 도사리고 있다고 했다. 이 열등감이 무기력을 만나면 둘은 더욱 강력해진다.

셋째, 타인에 대한 비난과 정죄와 공격으로 이어지는 열등감이다. 아들러는 가장 무서운 열등감이 바로 이 유형이라고 말한다. 이것은 오히려 타인을 비방하고 공격하고 무시하는 것으로 자신의 열등감을 극복해 병적인 우월을 추구하는 유형이다. 이런 사람은 자신을 미워하기 때문에 상대방도 미워하며 자신을 존중하지 않기 때문에 상대방도 함부로 대한다. 그는 자신이 받은 상처를 다른 사람에게 상처 주는 데 이용한다. 따라서 이런 사람의 지속적인 공격에 주변 사람들이 무기력해질 수 있다. 이런 친구는 만나기 괴롭고 이런 부모나 배우자는 한마디로 재앙이다. 이들은 주변 사람을 열등하게 만들어 하향 평준화하려고 하므로 주변의 피해가 극심하다.

# 열등감이
## 만드는 오류

　　　　　미국 컬럼비아대학교 성형외과 의사이자 심리학자 맥스웰 말츠Maxwell Maltz는 세계 인구의 95% 정도가 열등감을 느끼고 있다고 추정했다. 이를테면 얼굴이 못생긴 사람은 통제 불가능한 요소인 외모 때문에 열등감을 느낀다. 그런데 열등감은 열등감에서 끝나지 않는다. 열등감은 스스로를 무능력한 사람, 멋지지 않은 사람으로 여기는 자기 비하와 자존감의 추락으로 이어진다. 이렇게 자신을 사랑하지 못하는 사람은 결국 '나는 뭘 해도 잘할 수 없다'는 부정적인 감정에 휩싸이기 십상이다.

　이러한 심리 상태를 극적으로 바꾸어놓는 것이 바로 성형이다. 맥스웰 말츠는 성형으로 통제 불가능한 요소인 외모를 바꾼 사람들은 자존감을 회복하고 활기를 되찾는다고 말한다. 마치 얼굴이 아니라 정신을 뜯어 고친 것처럼 삶에 대해 완전히 달라진 태도를 보인다는 것이다. 실제로 우리 주변에 성형수술이나 피부 관리를 받는 사람이 그렇지 않은 사람에 비해 자신감이 더 강한 것을 심심찮게 볼 수 있다. 물론 성형수술 부작용 등이 사회문제로 대두되고 있긴 하지만, 자신감 확보라는 측면에서 볼 때 수술 비용과 고통을 감수하고서라도 자신의 결점을 없앨 필요가 있을지도 모른다. 열등감에 갇혀 인생을 제대로 살지 못하는 것보다는 자신감을 가지고 사는 것이 현명한 결정이기 때문이다.

　그런데 열등감이 통제 불가능한 사건을 만났을 때는 사고에 오류가 생길 수 있다. '내가 부족해서 일어난 일'이라고 생각하며 자신을 탓하게 되는 것이다. 그리고 그 사건을 자기 힘으로 절대 바꾸지 못한다는 인지 왜

곡도 일어난다. 개가 열등해서 전기 충격을 받은 것이 아니듯이, 우리가 무능력해서 무기력한 게 아니다. 그런데도 열등감에 사로잡힌 사람은 자신이 무능력해 무기력해졌다고 생각한다. 그 결과 무기력은 더욱 확고해진다.

앞서 말한 카우아이 섬 실험에서 일부 아이들이 낙오자가 되지 않은 이유도 열등감과 연관이 있다. 혹독한 환경에서도 잘 자라난 아이들의 뒤에는 든든한 지지자가 있었다. 단 한 명이라도 그 아이의 자존감을 지켜주는 이가 있다면, 그 아이는 열등감을 느끼지 않고 성장한다. 그러므로 열등감에서 벗어나 자존감을 갖는 것이 무엇보다 필요하다는 사실을 알 수 있다.

맥스웰 말츠의 의견도 카우아이 섬 실험의 결과와 일맥상통한다.

> "무기력으로 약해진 자아가 탈출할 수 있는 비상구는
> 긍정적인 자아 형상self-image을 만드는 것이다.
> 그리고 긍정적인 자아 형상을 통해 무기력에서 빠져
> 나오는 것이 더 나은 삶을 살 수 있도록 하는 열쇠다."

## 자존심보다
## 자존감이 먼저다

자존심과 자존감은 보통 비슷한 의미로 인식되는데 사실 둘은 정반대에 위치하는 단어다. 먼저 자존심에 대해 알아보자. 사전을 보면 자존심은 '남에게 굽히지 않고 자기를 스스로 높이는 마음'이라고 정의되

어 있다. 그러니까 자존심은 남과의 비교, 경쟁을 전제로 한 감정인 것이다. 남과 비교해서 내가 낮다고 생각하는 것이 자존심이므로 곧 열등감이 되기도 쉽다.

일단 자존심이 강한 사람은 끊임없이 자기를 남과 비교한다. 예를 들면 이런 것이다.

"네가 나보다 좋은 직장에 다닌다고 나를 무시하는 것 같은데, 네 직업도 불안정하긴 마찬가지잖아."

그런데 이런 식의 비교는 자신보다 직업이 조금이라도 나은 사람을 만나는 순간 가차 없이 열등감으로 바뀐다. 그래서 자존심은 표면적으로는 강해 보이지만 실제로는 힘이 없다. 1부에서 설명한 데이비드 호킨스의 의식 지도에 나타난 자존심은 어떤 일을 성취할 수 있을 만한 강력한 에너지를 보이지만 차짓하면 열등감으로 변할 수 있기 때문에 호킨스 박사는 자존심을 200 이하의 값인 175에 둔 것이다. 자존심이 언제든 열등감으로 추락할 수 있음을 기억해야 한다.

따라서 우리에게는 자존심이 아니라 다른 대상과 비교하지 않아도 자신의 가치가 빛난다고 믿을 수 있는 확고한 감정인 자존감이 필요하다.

그렇다면 자존감은 정확히 무엇일까? 자존감은 우리의 존재 가치와 관련이 깊다. 다른 사람과 비교해 우월감을 느끼는 게 아니라 스스로 자신의 가치를 인정하고 자신을 존중하고 사랑하는 감정이다. 그래서 자존감이 높은 사람은 외부 환경이나 자극에 민감하게 반응하지 않는다. 그는 자신의 직업에 대해 "난 내 직업에 만족해. 급여는 적은 편이지만 안정적이니까. 나는 앞으로 여기서 성장할 수 있고 이 직장은 장점이 많아"라는 식으로 생각한다. 자신만의 소신으로 사고하고 행동하는 것이다.

그런데 '자존감'이 아닌 '자만심'을 가진 사람도 있다. 이들은 별로 노력도 하지 않고 자신을 과시하기 바쁘다.

"이 회사에 나만 한 사람이 어디 있어? 내가 제일 학벌도 좋고 실적도 좋은데! 게다가 상사들도 다 나를 좋아하니까 나는 다른 사람들보다 설렁설렁 해도 돼."

이렇게 자만심이 강한 사람은 머지않아 실패를 맛보게 된다.


자존감이 강한 사람은 자신의 강점과 재능에 집중하는 반면 자존심이 강한 사람은 약점과 결점에 집중한다. 자존심은 부족한 부분을 늘 염두에 두고 그것을 들키지 않으려고 하는 자기방어 수단이다. 그래서 지나치게 자존심을 세우는 사람은 반대로 자존감이 부족한 사람이라고도 할 수 있다. 가진 자는 젠체하지 않는다. 자기 재능에 집중하며 남에게 증명하려고 애쓰지도 않는다.

반면 자존감이 낮은 사람은 내부가 비어 있어 공허한 부분을 타인에게서 공격받을까 봐 늘 두려워한다. 그래서 어떻게든 그 빈 공간을 다른 사람에게 들키지 않으려고 노력하는 방어주의자가 된다. 이들은 타인의 인정을 받음으로써 빈틈을 채울 수 있다고 믿기 때문에 다른 사람에게 인정받고자 애쓴다. 직장에서는 상사의 지시에 열심히 따르고 누구보다 열심히 일하며 자신을 과시하고자 한다. 하지만 상사나 동료에게 인정받는다 해도 그것은 타인의 평가일 뿐이다. 타인의 마음이란 어찌할 수 없는 것이고 타인의 평가에 집착하면 의존적인 성향이 강해진다. 다른 사람의 마음을 통제할 수 없다 보니 무기력해질 가능성이 크다.

이와는 반대로 자존감이 높은 사람은 타인에게 충고를 듣더라도 상처받지 않는다. 남의 평가나 공격을 두려워하지도 않고 무서워하지도 않는다. 오히려 타인의 생각이나 평가도 존중받아야 할 가치가 있다고 생각한다. 이들에게는 타인에게 받은 상처를 금방 치유할 수 있는 능력이 있다.

열등감은 부모나 사회, 경험에서 비롯되고 축적된다. 따라서 누구도 열등감에서 완전히 벗어나지는 못한다. 하지만 그 열등감을 줄일 수는 있다. 그러기 위해서 우리는 자존감을 회복해야 한다. 자존감의 회복은 '우리는 세상에서 하나뿐인 귀중하고 독특한 존재'라는 생각에서 출발한다. 우리는 모두 소중한 존재로 태어났고 각자의 강점이 있음을 잊지 말자.


## 살아남기
## 위하여

"현존하는 프랑스 최고의 지성"이라는 수식어가 따라다니는 미래학자 자크 아탈리Jacques Attali는 저서 『살아남기 위하여』에서 개인과 기업, 국가가 위기 상황에서 살아남을 수 있는 일곱 가지 원칙을 소개한다. 그런데 재미있게도 그중 첫 번째 원칙이 '자긍심의 원칙'이다. 스스로를 존중하는 자존감을 회복하라는 것이다.

자크 아탈리는 다음과 같이 말한다.

"우선 제대로 살고 싶다는 욕망을 지녀야 한다. 그러기 위해서는 자신

문제는 무기력이다

에 대해 충분히 의식하고, 자신의 운명에 대해 중요성을 부여하며, 자신을 부끄러워하거나 증오해서는 안 된다. 자기 자신을 존중하며, 살아야 하는 이유를 찾고자 부단히 노력해야 하고 몸과 품행·외모·꿈의 실현에서 뛰어나고자 하는 욕망을 품어야 한다. 그러려면 남에게 아무것도 기대하지 말고, 자신에 대해 정확히 정의내리기 위해 자신에게만 의지해야 한다. 자신의 본질이 무엇이든 위기 앞에서 공포에 사로잡히지말고, 인정하고 싶지 않더라도 진실을 받아들여야 하며, 지나치게 낙관적이지도 비관적이지도 않은 미래의 주체가 되기를 바라야 할 것이다."

자크 아탈리가 가리키는 자긍심은 곧 자존감이다. 그러므로 이 말은 우리가 무기력해져 이미 아무것도 할 수 없게 된 지 오래라 하더라도 그 상황에서 벗어나고 싶다는 욕망을 품고 포기하지 말아야 한다는 뜻으로도 해석할 수 있다. 우리가 믿어야 할 것은 오직 자기 자신뿐이다. 자크 아탈리는 여기에 덧붙여 "우리는 처음부터 남들이 자신을 위해 해줄 수 있는 일이 아닌, 자신이 할 수 있는 일을 생각해야 한다"고 했다.

일찍이 아리스토텔레스는 에우다이모니아eudaimonia라는 개념을 제시했다. 이는 '인간의 고유한 기능이 덕에 따라 탁월하게 발휘되는 영혼의 활동', 쉽게 말하면 '행복'과 뜻이 통하는데 여기서 행복은 일상에서 문득 느끼는 순간적인 감정이 아니라 현실에서 성취 가능하고 완전히 자족할 수 있는 상태, 즉 다소 고차원적인 의미의 행복을 말한다. 그렇다면 이러한 행복에 도달하기 위해서는 어떻게 해야 할까?

피터 드러커와 톰 피터스 등 세계를 움직이는 사상가 50인에 선정된, 전 세계에서 가장 영향력 있는 경영 사상가이자 경영 이론가 찰스 핸디Charles Handy는 저서 『포트폴리오 인생』에서 우리가 자신의 생애 목표를 발전시키기 위해 자기 인생을 마치 재무 포트폴리오 구성하듯 재편할 필요가 있다고 말했다. 즉 인간이 행복해지기 위해서는 자기의 일을 여러 면으로 나누어 재구성해야 한다는 것이다. 그래서 그는 자신의 역할을 작가·강연가·아버지·남편 등으로 분류하고 각각의 역할을 잘해내기 위해 불필요한 일을 제거했다.

마찬가지로 우리도 자기 인생에서 가장 소중하다고 판단되는 것만 남기고 나머지는 쓰레기를 버리듯 제거할 수 있어야 한다. 자기 인생에서 소중한 것만 남기는 일은 자신에 대한 애정인 자존감이 있어야 가능하다.

그는 또 인간이 가져야 할 개인적인 가치와 도덕적인 잣대인 에우다이모니아를 '자신이 가장 잘하는 분야에서 최선을 다하는 것'이라고 해석했다. 즉, 자신이 가장 잘하는 방식에 최선을 다하는 삶이 자존감의 원칙에 입각한 삶이라 보는 것이다. 따라서 우리는 우리가 가장 소중하다는 자존감을 가지고 스스로가 정한 전략에 따라 자기의 행복을 추구할 때 비로소 에우다이모니아적 삶에 이를 수 있다.


## 어떻게 자존감을
## 회복할 것인가?

자존감을 회복하고 싶다면 우선 자신의 모습을 있는 그대로

문제는 무기력이다

받아들여라. 장점과 단점을 그대로 용납하고 다른 사람의 시선은 무시하라. 그리고 자신이 가진 열등한 가치관을 바꾸어야 한다. 이는 인지 전환이 뒷받침되어야 가능하다. 당신이 열등감을 느낀 외적인 가치가 중요한 것이 아님을 깨닫고, 자신의 진정한 가치는 내면에 있다는 확신을 가져라.

그리고 감사하는 마음을 가져야 한다. 열등한 사람은 감사를 모른다. 언제나 자신이 부족하다고 여기기 때문이다. 무기력한 사람도 감사하는 일이 잘 안 될 것이다. 하지만 작은 일에 감사하기 시작하면 자신이 가진 것의 소중함을 알게 된다. 그리고 비로소 자신이 소중하다고 느끼게 된다. 자신의 부족한 부분도 자랑으로 여기고 감사하는 마음을 가져보자.

마지막으로 작은 목표부터 이루어내는 습관을 기르자. 열등한 사람은 자존심을 세우기 위해 무리한 목표를 설정한다. 무리한 목표가 실패를 낳고 실패의 경험이 열등감을 남기지만 열등감 때문에 더 큰 목표를 세우고 다시 실패하는 악순환을 거듭한다. 열등감에서 벗어나기 위해서는 현실성 있는 목표를 세우고 순서를 정한 다음 하나씩 실행하자. 작은 성취감이 큰 성취의 씨앗이 된다.


다음은 1994년 넬슨 만델라가 남아프리카 공화국 대통령에 취임할 때 낭독한 취임사이다. 이 글을 통해 자존감에 대해 다시 한 번 생각해보길 바란다.


　우리의 가장 깊은 두려움은 무능함이 아닙니다.

　우리의 가장 깊은 두려움은 우리가 가진,

가늠할 길 없이 강한 힘입니다.

이것은 빛입니다. 우리는 위협하는 어둠이 아닙니다.

우리는 스스로에게 묻습니다.

이렇게 영리하고 아름답고 재능 있고

경이로운 존재인 나는 누구인가?

사실, 우리 중 그렇지 않는 이가 누구입니까?

당신은 신의 아이입니다.

움츠러들어서는 세상을 구원할 수 없습니다.

당신 옆의 사람들이 불안해할까 봐

뒷걸음질 치는 것은 옳지 못합니다.

우리는 우리 안에 존재하는 신의 영광을

천명하기 위해 이 세상에 왔습니다.

그것은 몇몇 사람들에게만 있지 않습니다.

우리 모두의 마음 안에 있습니다.

그리고 우리가 스스로 빛을 발하는 일은,

어느새 다른 이들도 빛을 발할 수 있도록 도와주는 일입니다.

우리 스스로 두려움에서 벗어남으로써,

우리의 존재는 다른 이들을 자유롭게 할 것입니다.

문제는 무기력이다

# 40일간의 몰입

　나 역시 내 능력에 대해 의심하는 성향이 강했다. 내가 박사 학위 논문을 쓸 때 인지 과학 박사 학위자가 국내에 한 명도 없었다. 선배가 쓴 논문을 참고할 수 없었고, 인지 과학이라는 학문의 특성을 살린 학제적인 논문 방향을 설정하기가 쉽지 않았다. 예전에 연구한 인공지능 테마를 버리고 인지 과학적인 주제를 새롭게 정하기 위해 나는 상당 기간 고민했고, 그 기간 동안 소논문도 하나 쓸 수 없었다. 그러다 6학기 방학을 마칠 때쯤 논문 주제를 정해 기초 연구가 전혀 이루어지지 않은 상태에서 40일간 몰입해 학위 논문을 완성했다. 그 기간 동안 단 하루도 잠을 자지 않았다. 40일 뒤 예비 논문 제출 기한까지 무조건 끝마쳐야 했으므로 잘 수가 없었다.

　보통 논문을 쓸 때 문제에 봉착하면 그 문제를 해결하기 위해 일주일이고 한 달이고 고심한다. 나 역시 그 이전에는 그런 과정을 거치며 논문을 차근 차근 완성해나갔다. 그러나 박사 논문을 준비할 때는 시간이 없었기에 논문을 만들어 가는 중에 만난 문제를 고민할 틈이 없었다. 하지만 당장 해결책을 찾아내야 하는 긴급한 문제였기 때문에 잠을 잘 수 없었다. 밤에 누워도 잠들지 못한 채 낮 동안 해결하지 못한 문제에 집중했다. 그러면 신기하게도 그 문제를 해결할 방법이 저절로 떠올랐다. 다음 날 연구실에 가서 전날 밤 생각한 방법을 적용해 문제점을 해결해나갔고, 매일 그런 작업을 반복하다 보니 결국 예비 심사 논문 제출일까지 40일간 단 하루도 자지 못했다. 그러나 건강에는 전혀 문제가 없었다. 신기한 일이었다. 아마 좋은 에너지가 계속 생겨난 덕분이 아닌가 싶다. 그것은 내 인생 최초로 경험한 깊은 몰입이었다. 제출한 논문은 예심에서 통과되어 1심, 2심을 건너뛰고 바로 종심으로 가는 성과를 거두었고, 나는 7학기 만에 박사 학위를 받았다.

그 일은 개인적으로 매우 놀라운 경험이었다. 내 능력이 뛰어나 그럴 수 있었을까? 그건 아니다. 그때 느낀 몰입이 언제든 재현되지는 않았기 때문이다. 알 수 없는 힘에 인도되었다는 표현이 알맞았다. 여하튼 논문을 쓸 당시 나는 하고자 하는 것을 언제나 할 수 있는 자유로운 사람이었다. 내게 무기력이란 것이 찾아올 것이라고 상상도 하지 못했다.

그러나 결혼 후 외부적인 힘에 의해 어쩔 수 없이 학습된 무기력에 빠진 후에는 아무것도 할 수 없었다. 심지어 내가 쓴 내 논문조차 이해할 수 없었다. 무기력해지면 생의 모든 면에서 무기력증이 나타나기 때문이다. 새 논문은 시작도 하지 못한 채 예전 논문을 수정하거나 번역해 제출하는 작업만 했다. 그런 시간을 오래 보냈다. 아무리 해도 좋은 연구 결과가 나오질 않았다. 그러나 마음을 통합적으로 다스리는 법을 발견하고 2년간의 수련을 통해 학습된 무기력에서 빠져나오고 난 뒤에 나는 달라졌다.

첫째 예전의 나로 돌아갔다. 깊은 사고가 가능해지며 새 연구를 할 수 있게 되었다. 체중도 저절로 줄었다. 다이어트로 뺀 게 아니라 정말 저절로 빠졌다. 원래 내 성격을 되찾았고 오랫동안의 칩거 생활에서 벗어나 연락을 끊었던 친구와 동문을 만나며 나의 정체성을 회복하기 시작했다. 또 나를 무기력하게 만든 원인에 대해 객관적인 시각으로 바라보았고, 심리적인 힘이 생겨 그 원인을 내 인생에서 영구히 제거하자고 결단을 내렸다. 그 결단은 두 번째 몰입을 체험하며 생긴 부산물이다.

최근에 어떤 중대한 일로 나는 또다시 40일 정도 잠을 자지 못하는 경험을 했다. 내 인생에서 중요한 결정을 해야 하는 사건 때문이었다. 대체 40일 정도를 거의 자지 않는다면 사람이 어떻게 살 수 있냐고 생각할 수 있는데, 나는 오히려 더 건강해졌다. 그 40일 정도의 몰입을 통해 내 인생 전체를 통찰하게 되었고, 내가 가야 하고 가고자 하는 두 번째 인생에 대해 확신을 얻었으며 나를 무기력하게 만든 원인에 대해서도 감사할 수 있었다. 그 무기력이 나를 두 번째 인생으로 인도했다는 사실을 알았기 때문이다. 그리고 몰입의 경험이 내가 무기력에서 완전히 벗어난 증거라는 것도 알 수 있었다.

## 자존감 누적시키기

　다음은 무기력할 때 인지를 전환하고 자존감을 느끼며 행동하게 하는 방법의 하나이다. 뭔가를 하다가 잘 안 될 때 다음의 단계를 밟아가며 자신을 독려해보자.

어떤 일을 해야 하는데 무기력 때문에 할 수가 없다면 다음 과정을 따라 해보라.

1 문제 정의 : 내가 할 일이 무엇이지? _____을 하는 것구나!

2 문제 접근 : 나는 그것을 해결하기 위해 어떻게 할 수 있을까?
_____

3 주의 집중 : 지금 해야 할 것에만 집중해야지!

4 답의 선택 : 이 문제의 답은 _____이야.

5 대처 진술 : 잘못했구나! 이건 정말 어려운 문제야! 초조해지지만 그러나 한번 해보자. 노력하면 해결할 수 있는 좋은 방법을 찾아낼 수 있어! 난 할 수 있어!

6 자기 강화 : 좋아 해냈군, 잘했어.

　이런 식으로 사고하는 방식을 연습하다 보면 자신의 문제를 하나하나 처리할 때마다 자신감과 자존감이 누적되어갈 것이다.

# 인지
# 전환법

## 매 순간 인지 방식을
## 전환하라

대부분의 정신적인 문제는 세상과 스스로에 대한 믿음의 오류에서 비롯된다. 그러므로 잘못된 믿음과 왜곡된 시선을 바로잡는 것이 치유와 회복의 핵심이다. 인지 치료·인지 행동 치료자들은 이런 믿음의 오류를 수정하는 정신 치료법을 개발했다. 마음을 전환해 우울증에서 벗어나는 방법이 약물치료보다 효과가 더 오래간다는 보고가 있는 만큼 우리는 그 인치 치료 기술을 활용해 인지 왜곡을 바로잡는 법을 배울 필요가 있다.

인지 행동 치료 CBT: Cognitive Behavioral Therapy는 인지가 감정과 행동에 영향을 미치고 행동도 인지 패턴과 감정에 영향을 미친다는 기본 전제에서 출발

한다. 인지 치료가 인지적 왜곡을 바로잡아 더 정확한 평가와 해석을 하게 하는 과정이라면, 행동 치료는 행동을 교정해 사고와 감정에 변화를 주려는 치료법이다. 이 행동 치료에 대해서는 다음 장에서 알아볼 것이다.

인지 방식에서 문제가 발생한다는 관점은 이미 2000년 전에 그리스 스토아학파의 에픽테토스Epiktētos, 키케로Cicero, 세네카Seneca 등이 소개한 것이다. 에픽테토스는 그 옛날 『편람Enchiriclion』에서 "사람은 일어나는 사건보다 사건에 대한 생각에 의해 영향을 받는다"라고 했다.

한편 동양의 도교나 불교에서도 인간의 사고가 행동을 결정하는 주요한 힘이라고 여겼다. 달라이 라마Dalai Lama는 『Ethics for the New Millenium』에서 "만약 우리의 사고와 감정이 방향을 바꿔 행동을 재구성할 수 있다면 고통을 좀 더 쉽게 극복할 수 있을 뿐 아니라 고통이 시작되는 것 또한 예방할 수 있을 것이다"라고 했다.

이러한 인지 치료에는 앨버트 엘리스Albert Ellis의 합리적 정서 행동 치료Rational Emotive Behavior Therapy와 아론 벡Aaron Beck의 인지 치료Cognitive Therapy 등이 있다. 이 치료법으로 우리 사고의 패턴을 변화시킬 수 있다면 무기력에서 조금씩 벗어날 수 있을 것이다.


## 인지 전환의
## 힘

인지 치료의 대가인 펜실베이니아대학교의 아론 벡 박사는 우울증 환자들이 어떤 일이 일어날 때 심하게 자기 비난을 하고, 일을 지나치게 왜곡하는 경향이 있음을 발견했다. 그가 연구한 바에 따르면 우울증 환자들은 자기 자신과 주변 세계, 미래를 독특하게 바라보고 비논리적인 결론을 끌어내곤 한다. 이러한 사고상의 오류를 '셰마타schemata'라고 부른다.

아론 벡은 우울증 환자들이 자기가 만든 잘못된 사고의 틀 속에서 자신을 평가 절하하고 비난한다며 이것을 자동적 사고Automatic Thoughts라고 했다. '자동적 사고'는 말 그대로 우리가 어떤 일을 당할 때 자동적으로 생각하게 되는 사고의 패턴이다.

예를 들어 자신이 예쁘다고 생각하는 여성은 길을 가다 한 남성이 자기를 쳐다볼 때 자동적으로 '내가 예쁘니까 또 쳐다보네'라고 생각한다. 하지만 자기가 못생겼다고 생각하는 여자는 '저 남자 왜 쳐다보는 거야, 내가 그렇게 이상해?'라고 생각한다. 객관적인 평가와 무관하게 어릴 때부터 형성된 사고의 틀이 그녀들로 하여금 그렇게 판단하게 한다. 이것이 바로 자동적 사고다.

엘리스 박사도 세상과 자신에 대한 '비합리적 믿음'이 인지, 정서적 왜곡을 유발한다고 했다. 실제로 유능한 사람이라 할지라도 어릴 때부터 부족하다는 지적을 받고 자라면 그는 스스로 열등하다고 믿는다. 그러니까 열등감은 일종의 비합리적 믿음이다.

이런 자동적 사고와 비합리적 믿음에 의해서 유기체의 정서 반응과 행동 양식이 영향을 받는다는 가정하에 만들어진 것이 인지 치료 이론인데 이 치료의 목표는 잘못된 인지 방식을 변경해 다시 건강한 정신으로 회복하는 것이다.

무기력한 사람은 예전에 몇 번 시도하다 실패한 경험 때문에 '해도 안될 것 같다'라는 인지 왜곡을 학습하고, 그것을 계기로 자신을 비판하고 비판한다. 게다가 전체를 생각하고 결론을 내리는 것이 아니라 특별한 사건과 부분에만 집중해 그것을 전체로 '일반화'해버린다. 예를 들어 어쩌다 한번 실수해 시험을 망쳤는데, '나는 원래 공부를 잘하지 못해' 라고 일반화하는가 하면, 상사에게 한 번 혼난 것을 가지고 '내가 하는 일은 항상 실수투성이야, 난 곧 해고될 거 같아' 라고 왜곡한다.

이 책에서 말하는 '인지 전환Cognitive Transition'은 열등감과 무기력을 일으키는 아론 벡의 '자동적 사고'와 엘리스의 '비합리적 믿음'을 근원적으로 바꾸어 행동과 정서에 변화가 일어나도록 사고 전환을 유도한다. 즉 우리가 살면서 만들어온 인지 방식을 전면 수정하는 작업인 것이다. 인지 변화Cognitive Change라 하지 않고 인지 전환이라고 부르는 것은 인지 변화가 한순간에 일어나지 않기 때문이다. 수십 번 수백 번 자신을 달래고 마음을 수정해야 겨우 그 변경된 믿음을 의지하는 존재가 인간이기 때문이다. 그러므로 인지 방식의 변화도 단번에 일어나지 않고 반드시 중립지대를 거쳐 서서히 일어나기 때문에 '변화'가 아닌 '전환'이라고 이름 붙인 것이다.


알파벳

인지 치료법

    1 엘리스의 ABCDE

    엘리스 박사가 만든 마음의 치료법은 '합리적 정서 행동 치료'

                                                          

라고 부른다. 비합리적이고 자기 패배적인 신념을 배척하고 현실적이고 합리적인 가치관을 갖도록 유도하는 기술이다. 엘리스의 이 치료법은 'ABCDE 공식'으로 불리는데 내용은 다음과 같다.

A Antecedent Events는 스트레스를 유발하는 사건을 의미한다.

B beliefs는 그 선행된 사건에 대한 의미를 해석하는 인지적 과정이다.

C consequence는 해석(B)의 결과로 나타난 정서와 행동 상태다.

D disputation은 왜곡된 해석인 B를 바꾸기 위해 신념이 잘못되었다고 논박하는 과정이다.

E Efficient Philosophy란 새로 생겨난 믿음을 뜻한다.

엘리스는 비합리적인 생각과 왜곡된 신념이 심리 장애를 유발하는 중요한 원인이라고 보고 비합리적인 생각인 B beliefs를 바꾸는 일이 치료의 핵심이라고 생각했다. B를 B′ 새롭고 건강한 신념로 변경하기 위해서는 치료자가 내담자치료를 원하는 환자의 비합리적인 생각과 신념이 잘못되었다고 논박해야 하는데 이것이 D disputation다.

토론이 격렬할수록 치료 효과가 크다. 내담자의 믿음에 대해 강력한 반대 증거를 대면 댈수록 설득과 치료가 잘된다. 토론 후 원래 가지고 있던 비합리적인 신념이 새로운 신념(B′)으로 대체되고 내담자는 더 합리적인 철학을 갖게 된다. 그 새로운 철학이 E Efficient Philosophy다. 이처럼 우리를 무기력하게 만드는 B를 새로운 B′로 바꿔 의욕과 자신감, 유능감과 자발성에 기반으로 한 철학을 세우는 것이 인지 전환의 목표다.

## 2 아론 벡의 인지 치료

아론 벡의 인지 치료도 엘리스의 방식과 비슷하게 내담자가 신념과 사고를 자각하게 해 변화시킨다. 그러나 이 둘의 차이는 논박을 할 때 다르게 나타난다. 엘리스의 행동 치료는 다소 지시적이지만 아론 벡의 인지 치료는 소크라테스식 우회 대화를 통해 스스로 잘못된 신념을 찾을 수 있게 돕는다. 인지 치료의 방식을 예를 들어 설명해보겠다.

다음 예는 아론 벡 박사가 실제로 26세의 대학원생을 4개월간 치료하면서 기록한 인지 치료 사례이다.

> **환자**  내가 나에 대해 부정적으로 생각한다는 것에는 동의하지만 내가 생각하는 방식 때문에 우울하다는 것은 동의할 수 없어요.
>
> **치료자**  그걸 어떻게 알 수 있나요?
>
> **환자**  나는 일이 잘못될 때 우울해져요. 내가 시험에 실패할 때처럼.
>
> **치료자**  시험에 실패한 것이 왜 당신을 우울하게 합니까?
>
> **환자**  만약에 실패한다면 법대에 갈 수 없을 테니까요.
>
> **치료자**  시험 실패가 당신에게 매우 많은 것을 의미하는군요? 시험에 실패한 사람이 모두 우울할까요?
>
> **환자**  아니요. 하지만 그건 시험이 그 사람에게 얼마나 중요한가에 달린 거겠죠?
>
> **치료자**  맞아요. 그럼 그 중요성은 누가 결정하나요?
>
> **환자**  내가 하지요.

예에서 보듯 치료자는 답을 주는 게 아니라 계속 질문을 한다. 이런 방식으로 환자에게 질문을 하면서 모든 원인이 자신의 마음에 있음을 환자 스

문제는 무기력이다

스로 느낄 수 있도록 유도한다.

아론 벡의 인지 치료는 이처럼 대화를 통해 환자의 인지 방식을 점점 변화시키는 '인지적 재구조화 과정'을 거친다. 특히 대화의 첫 번째 단계에서 자동적 사고를 찾아내야 한다. 특정 상황에서 내담자가 바로 떠올리는 생각과 심상이 무엇인지 파악하는 것이 치료의 성공 여부를 결정한다.

어떤 대학생이 '나는 무기력하다'는 핵심 믿음을 가지고 있다고 가정하자. 그는 컴퓨터 프로그래밍 작업을 하고 있는데 작은 문제가 생길 때마다 곧바로 이런 감정을 품는다. '못하겠다'. 조금만 힘들어도 곧바로 '나는 무기력하다'는 생각이 영향력을 행사하려 하는 것이다.

이 핵심 믿음이 영향력을 행사하는 통에 작업을 하면 할수록 '나는 이것을 절대로 해내지 못할 것 같다'라는 '자동적 사고'가 형성된다. 그는 곧 불안하고 슬픈 감정이 일어나 급기야 프로그래밍을 포기한다. 그 후 머리가 아프고 소화가 안 되는 신체 증상에 시달리기도 한다.

이때 그 대학생은 자신이 왜 프로그래밍을 중도에 포기했는지, 왜 머리가 아프고 소화가 안 되는지 이유를 찾아내야 한다. 물론 그 근원에 '나는 무기력해'라는 핵심 믿음이 자리 잡고 있다는 것을 우리는 안다. 하지만 보통 자동적 사고의 근원인 핵심 믿음을 찾기란 쉽지 않다. 전문가인 정신과 의사조차도 환자의 자동적 사고와 그 근원이 되는 핵심 믿음을 찾기 어렵다고 한다.

그러나 자신을 치료할 수 있는 사람은 오직 자신뿐임을 기억해야 한다. 의사나 상담자의 도움을 받을 수는 있지만 최종 열쇠는 본인이 지니고 있다.

아론 벡의 인지 치료 대화 기술을 자기 스스로에게 적용해보자. 만일 지금 연말 보고서를 써야 하는데 좋은 보고서를 쓸 수 없다는 생각에 계속 미루고 있다면 자기 스스로에게 소크라테스식 질문을 해보자.

| | |
|---|---|
| 환자인 나 | 보고서를 쓰려니 엄두가 안 나. 나한테 너무 어려워. 어떻게 하지? |
| 치료자인 나 | 그 보고서가 너만 어려울 것 같니? |
| 환자인 나 | 아니 김 대리도 어려워할 테고, 이 과장도 그럴걸? |
| 치료자인 나 | 남도 어려워하는데 너는 왜 너만 어렵다고 생각하니? |
| 환자인 나 | 이걸 처음 해보는 거라서 그런 것 같아 |
| 치료자인 나 | 보고서 한 번도 안 써봤니? |
| 환자인 나 | 아니 대학교 때 많이 써봤어. |
| 치료자인 나 | 그래? 그럼 그때 보고서 결과는 어땠어? |
| 환자인 나 | 교수님한테 잘 썼다고 칭찬받은 적도 있었어. |
| 치료자인 나 | 칭찬받았을 때 넌 어떻게 그걸 썼는데? |
| 환자인 나 | 일주일간 밤새웠지. |
| 치료자인 나 | 그래, 노력한 거구나? |
| 환자인 나 | 응, 그 교수님한테 잘 보이려고 죽기 살기로 했지. |
| 치료자인 나 | 그럼 이번 보고서로 잘 보이고 싶은 사람 없어? |
| 환자인 나 | 왜 없어. 전무님한테 칭찬받고 승진하고 싶어. |
| 치료자인 나 | 그럼 전무님을 그 교수님이라고 생각하고 그때처럼 해보는 건 어때? |
| 환자인 나 | 음, 그것도 괜찮겠네. |
| 치료자인 나 | 한번 그래 볼래? |

문제는 무기력이다

환자인 나    그래, 한번 해볼게.


이런 식으로 자신을 설득하면서 못한다고 미루던 일을 해내는 것이다. 자신과 이런 대화를 하는 것이 처음에는 어색하고 우습게 느껴질지도 모른다. 하지만 실제로 적지 않은 효과가 있다.


## 3  마틴 셀리그만의 ABCDE

마틴 셀리그만도 아론 벡과 엘리스의 치료 기술처럼 '자기 자신에 대한 반박 방법'을 개발하고 이를 ABCDE 모델이라 명명했다. 여기서 ABCDE 의 개념은 엘리스가 정의한 것과 비슷하지만 명칭은 조금 다르다.


A adversity, accident 는 우리에게 생긴 불행한 사건을 칭하는 것이다.

B belief 는 신념으로 그 불행한 사건을 당연하게 여기는 그릇된 생각이다.

C consequence 는 잘못된 신념을 토대로 내린 잘못된 결론이다.

D disputation 는 우리의 잘못된 신념에 대한 해명이며 반박이다.

E energizing 는 잘못된 신념을 옳게 반박한 후 우리가 갖게 되는 활력이다.


여기서, ABCDE 모델의 예를 들어보자.


A adversity **사건**  남편과 나는 쇼핑을 하러 갔다. 그러다가 옷이 어울리지 않는다는 말에서 언쟁이 시작되어 집안일 분담 문제까지 거론하며 싸웠고 결국 쇼핑을 하지 못하고 돌아왔다.

B belief **신념** 우리 부부는 무언가 잘못됐다. 봄이라 새 옷을 사려고 백화점에 간 것인데 사소한 문제로 언쟁을 했다. 우리는 항상 이런 식이다. 앞으로 우리는 어떻게 될까? 잘 살 수 있을까?

C consequence **잘못된 결론** 너무 암담하다. 이제 화해하기도 싫고 남편의 얼굴을 보는 것조차 싫다.

D disputation **반박** 내가 지금 잘못 생각하고 있는지 모른다. 지난 몇 달 동안 나는 직장 일과 집안일에 지쳐 있었다. 쇼핑을 하지 못했다고 이혼을 생각하는 건 무리가 있다. 이보다 더 힘든 시련도 잘 견뎌냈고 그때마다 서로를 이해했다. 가사 분담은 시간을 두고 생각해보고 남편을 이해할 시간을 가져야겠다.

E energizing **활력** 길게 생각하자. 그동안 집안일과 직장 일 때문에 피곤했음을 남편에게 이야기하고 다시는 이런 일이 생기지 않도록 노력하자. 다음 주말에 여행이라도 가자고 해야겠다.

## 다섯 가지
## 인지 전환 기술

위의 예시를 살펴보면 반박에 의해서 여자의 상태가 한층 나아졌다. 이처럼 우리에게 일어나는 모든 문제는 자기 반박을 통해 사고의 결과를 변화시킬 수 있다. 이처럼 문제 상황을 반박하는 기법에는 어떤 것이 있을까? 인지 치료자들이 자주 쓰는 네 가지 인지 전환 기술을 이용해 반박과 회피의 방법을 배워보자.

문제는 무기력이다

**1 주의 돌리기 – 생각을 피하는 기술**

일단 문제를 야기하는 비관적 신념(B)을 알아차렸다면, '주의 돌리기' 방법을 취할 수 있다. 비관적인 생각이 들면 주의를 돌려 다른 생각을 하는 것이다. 주의를 다른 데 돌리는 방법에는 세 가지가 있다.

첫 번째는 '순간 환기' 전략이다. 이것은 머릿속에 자꾸 떠오르는 어떤 생각을 떨쳐버리고자 할 때 흔히 사용되는, 간단하지만 효과적인 사고 중지 기법이다. 방법은 다양하다. 예를 들어 부정적인 생각이 떠오를 때 벽을 꽝 치면서 "그만" 하고 외치거나, 종을 크게 울린다.

혹은 빨간색으로 된 '생각 중지'라고 쓰인 카드를 들고 다니면서 불필요한 생각이 날 때 본다. 아니면 손목에 고무 밴드를 차고 있다가 어떤 생각을 떨치고 싶을 때마다 그것을 딱 소리 나게 세게 잡아당기는 방법도 있다. 부정적이고 자신을 무기력하게 만드는 생각이 들 때 사용해보기 바란다.

두 번째는 '다른 것에 집중하기'다. 부정적인 생각을 멈춘 뒤 생각이 다시 그쪽으로 흘러가는 것을 막기 위해 다른 일에 집중하는 방법이다. 흔히 배우들이 한 감정에서 다른 감정으로 재빨리 옮아 가야 할 때 이 방법을 쓴다. 하나의 생각에서 벗어나기 위해서 작은 물건을 몇 초 동안 자세히 살펴보라. 손으로 만져보고 냄새도 맡아보고 소리가 나는지 흔들고 두드려도 보라. 그렇게 주의를 집중함으로써 부정적인 생각과 감정에서 주의가 이동되어 다른 생각으로 전환할 수 있다.

세 번째는 '반추 미루기'이다. 반추란 되새겨 생각하는 것인데 반추와 비관이 만나면 우울증을 유발한다는 연구 보고가 있을 만큼 좋지 않은 습관이다. 하지만 사람은 과거의 사건을 자꾸 돌이켜 생각하려는 경향이 있다. 따라서 반추를 완전히 포기할 수 없다면 반추의 시점을 미루자.

예를 들어, 나쁜 일이 생겼는데 그 생각을 하지 않으려고 해도 자꾸 떠오른다. 그럴 때는 밤 11시부터 생각하겠다고 시간을 정해놓고 반추를 미룬다. 예를 들어서 '오늘 상사가 좀 쉬는 게 어떻겠냐고 했는데 아무래도 나를 해고하려는 게 아닐까?'라는 생각이 머릿속을 맴돌아 벗어날 수 없다면 '이제 이 생각은 그만하자. 내일 오후 2시에 이 문제를 다시 생각해보자'라고 스스로에게 지시하는 것이다. 이 방법을 쓰면 걱정이 불러오는 무기력이 줄어든다.

어떤 근심거리가 생길 때, 바로 그 순간 수첩에 적어두는 것도 미루기 방법 중 하나다. 이것은 '근심거리 적어두기'라고 부르는 전문적인 치료 방법인데, 이 방법은 근심을 수첩이라는 공간에 공개적으로 표출해 객관적으로 처리하는 효과를 낳는다. 생각할 문제와 생각할 시간까지 정해두면 지금 당장 반추할 이유가 사라지며, 반추할 이유가 사라지면 당연히 강도도 약화된다.

## 2 거리 두기 - 마음을 멀리서 바라보기

자신의 신념이 틀릴지도 모른다고 의심하는 것이 인지 전환의 시작이다. 그런데 신념이 잘 변하지 않을 때는 신념은 그냥 신념일 뿐이라고 생각하는 것이 좋다. 그것 역시 부정적인 신념의 영향에서 벗어나는 방법 중 하나다. 우리가 오랫동안 믿어온 신념은 사실일 수도 있고 아닐 수도 있다. 자신의 신념을 바꾸기 힘들다면 그냥 그 신념이 사실이 아닐지도 모른다고 의심하며 자기 신념과 거리를 두자.

만약 당신의 라이벌인 친구가 질투에 차서 "너는 형편없는 사람이야. 이기적이고 남을 배려할 줄도 모르고 멍청해!"라고 폭언을 한다면 어떻게 하겠는가? 아마 그 말을 그대로 받아들이는 사람은 별로 없을 것이다. 그의 말을 무시하고 흘려버릴 것이다.

"내 친구들이 나를 얼마나 좋아하는데!"

"내가 후배들하고 보내는 시간이 얼마나 많은데. 점심도 사주고 자료도 찾아주고 인생 상담도 해주거든."

이렇게 반박할 수 있다. 이런 식으로 타인의 부정적인 말에 대해 변명하거나 논쟁하고 반박하는 것을 자신에게 적용하는 기술이 '거리 두기'다.

사실 타인의 말에 대해서는 '거리 두기'가 어렵지 않다. 그런데 자신이 한 말에 '거리 두기'를 하기는 어렵다. 자기 자신이 한 말이나 스스로에게 쏟아내는 비난은 사실이라고 생각하기 때문이다. 하지만 실제로는 그렇지 않다. 우리가 실패했을 때 자신에게 던지는 말은 질투에 불타는 라이벌이 내뱉는 폭언만큼이나 근거 없는 말일 수 있다.

스스로 무기력하다고 결정해버린 우리의 판단이 과연 진실일까? '내 인생은 왜 이 모양이지?' 하고 비관했다면 다시 한 번 생각해보자. 자신의 오랜 신념에서 한발 물러나 믿음을 잠시 보류하는 것, 적어도 그것이 정확한 것으로 입증될 때까지는 비관적인 생각과 거리를 두어야 한다.


3  반박하기 – 나를 '반박'할 수 있는 용기

앞에서 소개한 '주의 돌리기'와 '거리 두기'는 일종의 응급처치법이다.

그러나 확실한 변화와 치료는 잘못된 신념에 강력하게 반박할 때 일어난다. '반박하기'는 부정적인 믿음에 반론을 제기하고 먼저 공격하는 것으로, 이를 통해 지레 낙담하거나 포기하는 것을 막고 활기와 유쾌한 기분을 되찾을 수 있다. 따라서 이 방법은 장기적으로 볼 때 '주의 돌리기'나 '거리 두기'보다 훨씬 효과적이다.

그러면 어떤 식으로 반박하기를 활용할 수 있을까? 앞에서 본 엘리스와 셀리그만의 치료법을 적용해 반박하기를 시도해보자.

**나쁜 일(A)** 석사 학위를 받기 위해 이번 학기부터 야간 대학원에서 수업을 들었다. 한 학기를 마치고 성적을 받았는데 실망스럽다.

**신념(B)** 성적이 엉망이야. 과에서 꼴찌겠지. 나는 멍청한가 봐. 원래 그런 걸 어쩌겠어? 이 나이에 젊은 애들과 경쟁하기가 쉬운가? 게다가 열심히 공부한다 해도 누가 나 같은 중년 아줌마를 고용하겠어? 이제 갓 대학 졸업한 여자애도 있는데, 도대체 무슨 생각으로 입학한 거지?

**결과(C)** 절망에 빠져 내가 쓸모없는 인간처럼 느껴진다. 학위에 도전한 것 자체가 후회되기 시작했다. 다음 학기 등록을 취소하고 지금 직장에 만족하기로 마음먹었다.

이 잘못된 신념을 다음과 같이 반박할 수 있다.

**반박(D)** 내가 너무 비관적으로 생각하고 있는 것 같다. 사실 나는 전체 과목 성적이 A 이상이길 바랐지만 실제는 A, B, B+를 받았지. 하지만 이게

문제는 무기력이다

아주 나쁜 성적은 아니잖아? 과에서 1등은 못했지만 그렇다고 꼴찌도 아니야. 내가 전 과목 A학점을 받지 못한 이유가 나이가 많아서일까? 신경 써야 할 다른 일이 많아 공부할 시간이 충분하지 않기 때문이야. 직장도 다녀야 하고 책임질 가족도 있잖아. 내 상황에 이 정도 점수면 잘한 거야. 게다가 나는 전공도 바꿨기 때문에 다른 학생들보다 더 힘들었지. 다음 학기에는 학점을 올릴 수 있어. 졸업 후 취업에 대해서는 지금부터 고민하지 말자. 선배들도 학위를 받고 괜찮은 직장을 얻었으니 나도 새 직장을 구할 수 있어. 이제 좋은 논문 쓰는 일에만 집중하자.

**귀결(E)** 이러한 반박을 통해 편안히 생각할 수 있게 되어 학교를 그만두지 않기로 결정했다. 그리고 앞으로도 나이 때문에 원하는 것을 포기하지는 않을 것이다. 물론 나이 때문에 불리할지 모른다는 생각은 한다. 하지만 미리 걱정하지 않기로 했다.


이처럼 자신의 신념을 효과적으로 반박해 인지 방식을 전환하면 절망이 희망으로 변하고 소극적이던 행동도 적극적으로 바뀐다. 자발적인 의욕이 생기는 것이다.

이런 반박 기술은 다른 사람과 논쟁할 때 사용하는 기술을 자기에게 적용하는 것으로 자신과 하는 토론이라 할 수 있다. 우리가 스스로에게 내뱉은 근거 없는 비난에 이성적으로 반박해 설득하다 보면 예전과는 다른 새로운 차원의 생각으로 전환할 수 있다.

우리에게 일어나는 일에 여러 가지 원인이 작용했을 때 그중 덜 치명적인 것을 선택해 생각을 바꾸는 방법이 대안 찾기다. 만약 형편없는 학점을 받았다면 거기에는 다음과 같은 요인들이 영향을 미쳤을 수 있다. 시험의 난이도, 공부 양, 지능, 출제 교수의 성향, 다른 학생들의 시험 결과, 시험 당일의 컨디션 등.

그런데 비관주의자들은 이 많은 원인 가운데 가장 나쁜 것에 집착한다. 위의 사례에서는 "이 나이에 젊은 애들과 경쟁하기가 쉬운가?"라고 했다. 나이라는 것은 내가 어떻게 할 수 없는 것이다. 그러므로 나이 탓이라고 생각하면 통제 불가능에 따라 무기력을 느낄 수밖에 없다. 따라서 조금 덜 해롭고 덜 파괴적이고 치명적이지 않은 원인을 찾아 생각을 바꾸어야 한다.

위의 예에서 덜 치명적인 대안은 "직장도 다녀야 하고 책임질 가족도 있잖아"이다. 그러면 "이 나이에 젊은 애들과 경쟁하기가 쉬운가?" 라고 생각했을 때보다 훨씬 마음이 편안해진다. 이런 방식이 바로 '대안 찾기'다. 이런 예는 얼마든지 있다.

"등록금이 없어서 휴학을 해야 하다니! 나는 왜 가난한 집에서 태어난 걸까?"

"얼굴이 커서 뚱뚱해 보여. 나는 왜 다른 사람보다 머리가 클까?"

이런 생각들은 가장 자기 파괴적이고 치명적인 생각에 해당된다. 집안 환경과 신체 조건은 스스로의 힘으로 바꿀 수가 없다. 이럴 때는 다른 대안을 찾아야 한다.

"부모님이 건강하시고 가족들이 모두 열심히 일하고 있어서 다른 데 돈이 나갈 데가 없잖아. 일 년만 아르바이트를 하면 복학할 수 있어."

"얼굴이 커도 키는 크고 하체도 길잖아. 다이어트를 해서 하체로 시선을 분산시키면 머리 크기는 괜찮을 거야."

지금 부정적인 생각에 사로잡혀 있는가? 무조건 긍정적으로만 생각할 게 아니라 합당한 대안을 찾아보자. 어렵지 않게 자신을 설득할 수 있을 것이다.

## 인지 전환의 사례 :
## 긍정 심리학 따라 하기

긍정 심리학자들은 인간이 어떤 사건에 닥쳤을 때 심리 성향에 따라 해석을 전혀 다르게 한다고 했다. 그리고 그 기준이 되는 것을 다음과 같이 세 개의 차원으로 분류했다

첫째는 그 사건과 유사한 일이 앞으로도 계속 일어날 것인지 아니면 이번에만 그런 일이 일어난 것인지 평가하는 것으로 영속성과 일시성으로 나눌 수 있다. 영구적으로 그런 일이 일어나는 것을 영속성, 일시적으로 일어나면 일시성이라고 한다.

ex  나쁜 일 : 머리가 어지러워 쓰러질 때

| 영속성 | 일시성 |
|---|---|
| "나는 완전히 끝장이야." | "내가 지금 좀 지쳐서 그래." |

**ex** 좋은 일 : 시험 결과가 좋을 때

| 영속성 | 일시성 |
|---|---|
| "나는 늘 시험을 잘 봐. 난 똑똑해." | "이번에 운이 좋았나 보네." |

둘째는 어떤 사건이 다른 사건에 영향을 줄 수 있는가 하는 파급성을 평가하는 것으로 보편성과 특수성으로 나눌 수 있다. 즉 이번 사건의 결과가 다른 모든 일에도 유사하게 적용될 때는 보편성, 다른 일에 적용되지 않을 때는 특수성이라고 한다.

**ex** 나쁜 일 : 성적에 불만을 느낄 때

| 보편성 | 특수성 |
|---|---|
| "모든 교수가 나를 불공평하게 대해." | "박경숙 교수는 불공평해." |

**ex** 좋은 일 : 길을 걸어가는데 낯선 남자가 연락처를 물어볼 때

| 보편성 | 특수성 |
|---|---|
| "나는 매력적인 여자야." | "저 사람 눈에만 어쩌다 매력적으로 보였나 보지." |

셋째, 우리가 어떤 사건이 자기 자신에게만 일어난다고 생각하는지, 다른 사람에게도 똑같이 일어난다고 생각하는지에 따른 개인성과 비개인성 요소로 나눌 수 있다.

문제는 무기력이다

**ex** 나쁜 일 : 의자를 집어 던지는 남자 친구를 볼 때

| 개인적인 태도 | 비개인적인 태도 |
|---|---|
| "그는 내가 만만한가봐,<br>나한테만 폭력적으로 대해." | "그는 화가 나면 누구에게나 폭력적이야" |

**ex** 좋은 일 : 아내가 남편 상사의 새해 선물을 챙길 때

| 개인적인 태도 | 비개인적인 태도 |
|---|---|
| "내 아내는 내조의 여왕이야." | "모든 아내들은 자기 남편에게 내조를 잘하지." |

위의 세 인자에 따라 무기력한 사람과 의욕적인 사람은 좋은 일과 나쁜 일에 대해 다음 표와 같이 정반대의 태도를 취한다고 정리할 수 있다. 따라서 여기서 인지 전환이란 의욕 강한 사람의 태도로 자신의 사고를 바꾸는 것이라고 보면 된다.

| 의욕적인 사람 | | 무기력한 사람 | |
|---|---|---|---|
| 좋은 일이 생겼을 때 | 나쁜 일이 생겼을 때 | 좋은 일이 생겼을 때 | 나쁜 일이 생겼을 때 |
| ⬇ | ⬇ | ⬇ | ⬇ |
| 영속적으로 봄<br>보편적으로 봄<br>개인적으로 봄 | 일시적으로 봄<br>특수하게 봄<br>비개인적으로 봄 | 일시적으로 봄<br>특수하게 봄<br>비개인적으로 봄 | 영속적으로 봄<br>보편적으로 봄<br>개인적으로 봄 |

인지 전환 사례 1: 나쁜 일이 생겼을 때

상황 '소개팅에 나갔으나 애프터 신청을 받지 못했다.'

| 무기력한 사람의 평가 방식 | | 인지 전환 | 의욕적인 사람의 평가 방식 | |
|---|---|---|---|---|
| 인지 방식 | 차원 | | 인지 방식 | 차원 |
| 왜 나는 매번 애프터를 받지 못할까? | 개인적 | ➡ | 누구나 애프터를 못 받을 수 있어. | 비개인적 |
| 왜 남자들은 나를 싫어할까? | 영속성 | ➡ | 이번엔 그 남자가 나를 잘못 본 거야. | 일시성 |
| 왜 내가 하는 일들은 다 이 모양일까? | 보편성 | ➡ | 난 이 소개팅에서만 실패했을 뿐 다른 일들은 다 잘하고 있다. | 특수성 |

인지 전환 사례 2: 좋은 일이 생겼을 때

상황 '자신이 기획한 의견이 채택되어 회사가 큰 이익을 보았다.'

| 무기력한 사람의 평가 | | 인지 전환 | 의욕적인 사람의 평가 방식 | |
|---|---|---|---|---|
| 인지 방식 | 차원 | | 인지 방식 | 차원 |
| 누가 하더라도 잘되었을 거야 | 비개인적 | ➡ | 나는 늘 운이 좋고 앞으로 하는 일도 잘될 거야. | 개인적 |
| 이번엔 전무가 잘봐줘 성공한 것 같아. | 일시성 | ➡ | 내가 만드는 기획안은 늘 채택될 거야. | 영속성 |
| 기획안은 잘되었으나 다른 면은 엉망이야. | 특수성 | ➡ | 회사 일뿐만 아니라 내 인생의 모든 일이 다 제대로 될 거야. | 보편성 |

문제는 무기력이다

## 스스로를 존중하면 생각이 달라진다

무기력 때문에 인지가 왜곡되면 자신은 할 수 없고 해도 안 된다고 생각하게 된다. 이때는 인지 방식을 바꾸어야 한다. 이것이 바로 인지 전환이다. 인지를 전환하기 위해서는 자신이 소중하다는 자존감을 확보해 열등감에서 벗어나야 한다. 열등감을 줄이고 유능감을 높이며 왜곡된 믿음을 변경해, 할 수 있다는 생각으로 앞에서 제시한 방법들을 실행해보자.

## 인생 사명서 쓰기

### 1. 당신 인생을 한 줄로 요약해보라

내 인생을 한 줄로 요약한다면 어떤 문장이 될까? 지금까지 살아온 모습과 앞으로 살아가고 싶은 삶의 모습을 연결해 한 문장으로 써보자.

예시: 나는 지금 사업을 하고 있다. 하지만 나는 10년 뒤 내 이름을 딴 해외 봉사 재단을 설립하고 싶다.

내 인생의 한 줄 :


### 2. 요약된 문장을 토대로 인생의 사명서를 써보라

당신 인생을 요약한 문장을 토대로 조금 상세한 인생의 사명서를 써보라. 앞에서 그린 '양손 그리기'의 결과도 함께 생각하면서 사명서를 쓰기 바란다. 양손 그리기에서 찾은 갖고 싶은 것과 버리고 싶은 것, 한 줄로 요약한 내 인생의 과거와 미래, 희망 등을 키워드로 나열하고 그것을 기반으로 인생 계획서를 쓰면 된다. 아직 이루지 못했지만 꼭 이루고 싶은 것과 그것을 해야 하는 인생의 사명을 생각하고 그것을 써보라. 만약 뭘 써야 할지 도저히 모르겠다면 일 년 후에 죽을 병에 걸렸다고 생각한 후 이제 남은 일 년 동안 꼭하고 싶은 것, 자녀나 가족에게 남기고 싶은 것이 무엇인지 써보자.

그리고 지금 겪는 무기력에서 벗어났을 때 가장 먼저 무엇을 하고 싶은가? 빅터 프랭클에게 '셰마 이스라엘'이 생의 의미가 되었듯 당신에게 가장 소중한 의미는 무엇인가? 본인이 작성한 사명서에서 답을 찾아야 한다. 남에게는 하찮은 의미일 수 있지만 자신에게는 남은 생애에서 가장 중요하게 여겨지는 것이 사명서 속에 담겨 있을 것이다.

예를 들어 양손 그리기에서 '건강'을 원했는데 이 사명서를 쓰다 보면 당신이 건강을 원한 이유가 '자녀' 때문임을 알 수도 있다. 그러면 삶의 의미가 '자녀를 훌륭하게 키우는 것'이 된다. 이렇듯 여러분도 사명서를 관통하는 하나의 핵심어를 찾아보라. 그것이 당신의 남은 인생의 의미가 될 것이고, 당신을 무기력의 사막에서 벗어나게 할 나침반이 될 것이다.

예시 1)

마하트마 간디 사명서

나는 세상 그 누구도 두려워하지 않을 것이다.

나는 오직 신만을 두려워할 것이다.

나는 누구에게도 나쁜 감정을 갖지 않을 것이다.

나는 어느 누구의 불의에도 굴복하지 않을 것이다.

나는 진실로써 거짓을 물리칠 것이다.

그리고 거짓에 저항하며 고통을 견뎌낼 것이다.


예시 2)

박경숙 사명서

나는 나의 운명을 사랑하며, 내게 주신 모든 것을 활용해 곤핍한 사람을 돕고, 마음이 모든 것의 열쇠가 됨을 밝히는 일에 헌신할 것이다.

# 아픈 정서의
# 치유

## 감정, 나에게 보내는
## 메시지

　　　　무기력이 심해져 우울증이 되면 슬프고 기분 나쁜 상태가 지속된다. 기분 나쁘다는 현상은 감정이 주는 자각이다. 나를 무기력하게 하는 상황에 분노하고 그 힘에 휘둘리는 자신에게 실망하며 죄책감을 느낀다는 뜻이다. 그래서 무기력에 의한 정서 장애를 경험한 사람들은 "단 한순간도 마음이 편한 적이 없다"고 고백한다. 불안하고 짜증 나고 슬프고 화도 나지만 어찌할 수 없는 복합적인 감정이 정서 장애다.

　　감정은 우리 인간에게 매우 중요한 존재다. 우리는 감정을 통해 우리가 하는 일이 원하는 방향으로 잘 가고 있는지 여부를 가늠할 수 있다. 물리학자 게리 주커브 Gary Zukav는 "자기 감정을 모르면 인생을 바꿀 수 없다. 자

　　　　　　　　　　　　　　문제는 무기력이다

기 감정을 이해할 때 인생에서 무엇을 어떻게 바꿔야 하는지 알 수 있다"라는 말로 감정의 중요성을 강조했다.

그러므로 어떤 일을 하는데 기분이 나쁘다면 그 일을 잠시 멈추는 것이 좋다. 감정이란 동물의 생존을 위해 조물주가 만든 안전장치와 같은 것이므로 자신의 감정에 주의를 기울일 필요가 있다. 토끼가 사자를 만났을 때 두려움을 느껴 도망가지 않는다면 그 토끼는 당장 사자의 밥이 될 것이다. 원시인이 살아남아 지금의 인류가 된 것도 감정의 인도를 받아 위험은 피하고 안전과 발전을 추구했기 때문이다. 감정은 이렇게 진화의 사슬을 따라 우리 유전자 속에 내재되어 대물림되었다. 지금도 이 안전장치는 매우 예민하게 작동한다. 이런 감정 발화 과정을 두고 다윈Charles Robert Darwin은 인간과 동물의 생존에 필수적인 진화의 결과물이라고 했다.

이처럼 우리는 감정을 나침반 삼아 인생을 이끌어간다. 그에 따라 기분 나쁠 때나 마음이 편치 않을 때 인생이 잘못 돌아가고 있다고 느낀다. 반대로 이유는 알 수 없지만 기분이 좋다면 그것은 삶의 방식이 인생의 목적과 일치한다는 증거로 볼 수 있다.

무기력을 호소하는 사람들은 대개 자신이나 타인에 대해 복합적인 감정을 느낀다. 특히 시련을 겪을 때는 부정적인 감정을 많이 느낀다. 그러나 무기력에서 벗어나기 위해서는 불행한 일을 부정하거나 증오해서는 안 된다. 마음속에 미움이 뿌리 내리면 원망과 증오의 감정에 에너지를 허비하게 된다. 성장에 써야 할 힘을 퇴보에 투자하는 셈이다. 그러므로 미움이나 증오·원망·죄책감 등의 감정을 따로 처리할 수 있어야 한다.

그러기 위해서는 자신을 무기력하게 만드는 모든 것을 받아들일 준비를 해야 한다. 예를 들어 결혼 생활이 불행해서 무기력해진 아내는 남편을 미워하고 원망한다. 이미 지옥이 되어버린 마음에서 벗어나는 유일한 방법은 남편을 용서하는 것이다. 직장에서 해고된 가장은 자신을 해고한 관계자를 증오할 것이다. 그가 자신의 상황을 받아들이지 않고 계속 자신이 피해자라는 생각에 젖어 있는다면 결코 아픔에서 벗어날 수 없다. 자신이 해고될 수밖에 없는 이유를 분석하고, 그것이 사회현상 때문이든 회사 사정 때문이든 경쟁자의 음해 때문이든 자기의 역량 부족 때문이든, 그 어떤 것이든 받아들여야 한다. 정서 치유에는 용서와 받아들임이 가장 필요하다. 상처에서 자유로워지기 위해서는 반드시 용서의 과정을 거쳐야 한다. 쉽지 않겠지만 마음의 평화와 미래의 행복을 떠올리며 용서를 시도하자. 용서는 분노에서 벗어나는 거의 유일한 길이다.


## 경쟁하는 아이는
## 무기력해진다

유능감을 찾으면 감정이 매우 고조된다. 특히 무기력이란 자신의 능력에 대한 의심에서 비롯되는 예가 많으므로 자신이 유능하다는 느낌을 회복한다면 부정적인 감정에서 벗어날 수 있다.

심리학자들은 인간은 타인과의 관계에서 유능감을 느낀다고 말한다. 하지만 우리가 살고 있는 사회는 지나치게 경쟁적이다. 타인의 성공이 곧 나의 실패를 의미한다. 우리는 어린 시절부터 동료와 함께 성장하라고 배우지 않고 타인보다 유능하게 보이고 돋보여야 한다고 배운다. 유치원 때부터 경쟁을 해야 하는 교육 시스템이 그런 현상을 더 부추기고 있다.

하지만 최근, 경쟁을 강조하는 환경에서는 유능감을 키울 수 없다는 보고가 쏟아지고 있다. 컬럼비아대학 대니얼 에임즈Daniel R. Ames 교수의 연구에서도 이러한 견해를 확인할 수 있다. 에임즈는 초등학교 5학년 남자아이 두 명을 한 조로 해 문제 풀기 실험을 했다. 두 명이 한 조지만 문제는 각자 혼자 힘으로 풀도록 했다. 그 문제란 연필로 복잡한 도형을 그리는 단순한 것이었는데 조건이 있었다. 연필을 종이 위에서 한 번도 떼서는 안 되고 같은 곳을 두 번 지나가도 안 된다는 것이었다.

이 실험을 하면서 에임즈는 '경쟁 조건'과 '비경쟁 조건'이라는 두 개의 실험 조건을 만들었다. 경쟁 조건에서는 두 사람 중 성적이 좋은 아이가 승자가 된다. 실험에 임하기 전에 이기는 아이에게 상으로 장난감을 주겠다고 미리 알려주었다. 비경쟁 조건에서는 연구에 협력해준 보답으로 두 사람 모두에게 상을 주었다.

두 가지 조건에 맞춰 한 번씩 문제를 푼 뒤 실험자가 두 아이의 성적을 발표했다. 이후 아이들에게 실험에 대해 어떤 생각을 했는지 여러 각도에서 물었다. 아이들의 생각과 실험 조건의 관련성을 알아내는 것이 이 실험의 진짜 목적이었다.

비경쟁 조건에서는 '내가 참 잘 잘했다'라는 만족감이 '내가 얼마만큼 노력했는지'와 연관이 깊었다. 즉, 자신이 열심히 노력했다고 생각하는 아이의 만족감이 높았다. 반면 노력이 불충분했다고 생각하는 아이는 만족감이 낮았다. 그런데 경쟁 조건에서는 만족감과 자기 노력 간의 관계가 나타나지 않았다. 노력보다는 승패가 더 중요한 변수였다. 따라서 경쟁 조건에서 실험에 임한 아이들은 자기 능력과 그날의 행운이 만족감과 연관이 깊은 것으로 나타났다. 즉, 자신이 능력있다고 느끼고 운도 좋았다고 답한 아이가 만족감도 컸다. 반대로 자신의 능력이 부족하거나 운이 나빴다고 생각하는 아이는 자신의 성적에 불만을 표했다.

또 에임즈는 두 아이가 상대방의 성적에 대해 어떻게 생각하는지 살펴봤다. 아이들에게 별을 열 개씩 주면서 자신과 상대방이 각각 몇 개씩을 받아야 하는지 물었다. 그 결과, 경쟁 조건과 비경쟁 조건 모두 성적이 좋은 아이가 성적이 나쁜 아이보다 더 많은 별을 받는 것이 옳다고 답했다. 당연한 결과다.

그런데 주목할 것은 아이들이 제시한 별의 개수가 유독 경쟁 조건에서 큰 차이를 보였다는 점이다. 경쟁 조건에서 이긴 아이는 필요 이상으로 자기에게 많은 별을 주는 대신, 진 아이에게는 별을 적게 주었다. 자신이 조금만 잘해도 아주 잘한 것으로 착각하고 경쟁에서 진 상대의 가치를 아주 낮게 평가하는 것이다. 이런 판단은 그 아이가 나중에 실패를 경험할 때 큰 실망과 패배감으로 이어질 수 있어서 상당히 위험하다.

게다가 경쟁 조건에서는 진 아이도 자신에게 별을 조금만 주었다. 즉 경쟁에서 지면 패배감을 강하게 느끼고, 자신을 무능력하다고 평가해 필요 이상으로 자신을 벌하는 것이다.

결론적으로 말하면 경쟁 조건에서는 이기든 지든 상관없이 양쪽 모두에게 열등감과 무기력이 나타날 수 있다. 뿐만 아니라 비경쟁 조건과 달리 승패에 따라 감정의 기복도 심하게 나타난다. 에임즈는 경쟁과 정서 장애에 대해서 이렇게 말했다.

"승자는 경쟁에서 이김으로써 자기도취에 빠지고 패자는 심각한 자기 비하에 빠진다. 더군다나 승자가 실패를 경험했을 때 겪는 실의와 낙담은 매우 심각하다. 경쟁은 기본적으로 실패 지향 체제다."

결국 경쟁 체제에서는 유능감이 생겨나지 않고, 이기든 지든 양쪽 다 무기력에 빠져들 소지가 크다는 것이 현재의 과학이 밝혀낸 사실이다. 그러므로 우리는 경쟁 관계를 지양해야 한다. 경쟁이 아닌 협력 체제가 유능감을 안겨준다. 그러면 협력 관계가 유능감을 어떻게 가져오는지 살펴보자.

## 공헌과 유능감의
## 상관관계

미국의 한 학교에서는 급우끼리 가르치거나 상급생이 하급생을 가르치는 학습법을 도입했다. 미국 아이오와대학의 심리학자 리핏R. Lippitt이 진행한 '서로 가르치기 시스템'이라 불린 프로젝트에서 상급생이 하급생을 가르치는 방식을 실험해 서로 가르치기가 학생들에게 어떤 영향을 미치는지 연구했다.

리핏은 상급생이 하급생을 가르치는 횟수를 일주일에 3~4회로 정한 후 가르치는 교사 입장이던 학생을 면접했다. 그 결과 하급생을 가르친 학생은 자신에 대한 자신감과 자존감이 높아진 것이 확인되었다. 이후 리핏의 연구 방식을 학교 교육에 도입한 다른 연구에서도 '서로 가르치기'가 가르치는 역할을 하는 학생에게 유능감을 심어준다고 보고됐다.

인간이 유능감을 가지기 위해서는 자신의 노력으로 나쁜 사태가 개선될 수 있다는 예상이 전제되어야 한다. 자신의 가르침을 받은 동료가 변화하는 체험을 하면 가르친 사람이나 가르침을 받은 사람 모두에게 유능감을 주는 경험이 될 수 있다. 리핏은 "나에게 영향력이 있고 상대가 나를 존경하고 필요로 한다고 느끼는 것이 서로 가르치기가 주는 이점"이라고 했다.

이렇듯 유능감은 타인과의 관계를 통해 형성된다. 타인을 도와주면 자신의 존재가 중요하다고 자각하게 마련이다. 알코올의존증을 겪었던 사람이 다른 중독자를 돕고, 우울증에 빠졌던 사람이 우울증이 있는 사람들과 대화를 하는 자원봉사를 통해 자신의 상처까지 함께 치유하는 예를 우리는 흔히 볼 수 있다.

반대로 인간은 자신이 다른 사람에게 아무런 도움도 되지 않고 영향력을 끼칠 수 없다고 생각하면 무력감을 느낀다고 심리학자들은 말한다. 그러므로 경쟁에서 이기려는 생각을 버리고 타인을 돕겠다는 생각으로 다시 출발해야 한다. 비록 작은 일일지라도 타인을 돕는 일을 시작해보자. 공헌을 하면 확고한 존재감을 느끼게 되어 자신이 남들에게 꼭 필요한 사람이라는 인식을 갖게 된다. 이와 더불어 자연히 유능감도 생기고 비로소 정서도 편안해진다.

앞에서 저하된 동기를 강화할 때는 삶의 의미를 찾아야 한다고 했다. 삶의 의미가 '기쁨'과 '기여도'를 높여주어 내재 동기를 강화하는 역할을 하기 때문이다. 즉 내재 동기에 따라 움직이는 것은 '기쁨'이라는 긍정적 정서를 갖게 하는 방법이다. 그리고 이때의 기여도는 타인에게 하는 공헌과 다름없다.

불안하고 두려워 한시도 마음 편할 날이 없다고 느낀다면, 무엇보다 나의 아픈 정서를 치유하기 위해서라고 생각하며 모든 것을 받아들이고 용서하자. 그것은 물론 쉬운 일이 아니다. 하지만 그것이 가능할 때 비로소 무기력에서 벗어나 성장할 수 있다. 그런 다음 자신이 가진 것으로 타인을 돕고 사회에 공헌하는 일을 찾아보자. 그러면 두 번째 성장과 치유가 일어나 유능감과 기쁨이라는, 자발적이고 멋진 인생을 살 수 있는 긍정적인 감정을 품게 될 것이다.

# 용서하고 베풀 때 비로소 자유로워진다

타인을 위해서가 아니라 나 자신을 위해서 용서해보자. 부정적인 감정에 시달려 한시도 마음이 편하지 않은 사람은 그런 상황을 만든 환경과 타인을 모두 용서해보려는 노력을 기울일 필요가 있다. 자기 자신까지도 용서하고 그때는 그럴 수밖에 없었다고 인정해보자. 그러면 감정이 변한다.

용서와 받아들임이 정서 왜곡에서 벗어나게 하는 지름길이다. 타인에게 내 것을 빼앗기는 듯해 불안했던 감정이 사라지고 내가 가진 것으로 타인을 도우며 얻는 만족감과 감동도 알게 된다.

# 용서의 벽

사실 용서가 쉽지는 않다. 모든 생명체는 자기를 해하려는 대상을 경계하고 자신의 생명을 우선으로 지키려고 한다. 그것은 오랜 진화의 산물로 본능의 영역이다. 특히 인간은 자신에게 정신적, 육체적인 해를 가한 대상을 오랫동안 기억하고 용서하지 않으려는 특성이 뚜렷하다. 지능이 뛰어난 유기체일수록 더 그러한 것이다. 그러나 자신에게 해를 가한 존재를 기억하고 용서하지 않는 결과가 오히려 자신에게 해를 가져올 수도 있다는 것은 생각하지 못한다.

1부에서 설명한 데이비드 호킨스의 의식단계에서 용서와 수용은 350의 단계였다. 상당히 높은 레벨이다. 여기서 분명히 기억해야 할 것은 회피와 수용이 다르다는 점이다. 사안을 회피하는 사람 중에는 자신이 수용이나 포용하는 것이라 잘못 생각하는 경우가 있다.

결론적으로 말하면 회피와 수용은 완전히 다른 정신 레벨이다. 회피는 받아들일 힘과 용기가 없으므로 문제로부터 도망치는 것에 불과하다. 심리적, 물리적인 힘이 없는 약자가 선택하는 자기 보호의 한 방법에 지나지 않는다. 그러나 포용과 수용은 다르다. 힘이 있지만 그 힘을 더 이상 사용하지 않겠다는 결단이다. 여기서 용서가 나온다. 증오할 수 있다는 것은 심리적인 에너지가 있다는 것이고, 증오할 수 있는 명분인 정신적인 고지를 점령하고 있다는 의미다. 그래서 용서할 수 없는 사람은 자기 명분에 따라 마음껏 대상을 증오하는 것이다.

하지만 용서할 수 없는 마음은 무서운 결과를 남긴다. 일생을 불편한 마음으로 살아야 하는 정서적 장애가 그것이다. 그 대상이 자신이든 타인이든 결과는 동일하다. 용서할 수 없는 사람에게는 용서할 수 없는 사건과 사람을 만나게 되기 마련이다. 이러한 패턴이 죽을 때까지 지속될 수 있다.

나는 너그러운 사람이 아니었다. 누군가가 내게 잘못을 했을 때 그것을 반드시 꼭 찍어 말하고, 잘못된 것을 보면 결코 그냥 넘어가지 않았다. 그런 자세로 오랫동안 살았던 것이다. 나의 한계, 교육과 천성이 만들어낸 견고한 나의 철옹성이었다. 교육자였던 엄격한 아버지는 실수를 용납하지 않았고 완벽주의자인 어머니는 항상 더 잘하라고 충고만 하셨다. 나를 더 훌륭하게 키우고 싶으셨던 부모님의 선의와 반대로, 나는 용서에 인색한 사람이 되었던 것이다. 그래서 난 언제나 '용서'라는 문제에 부딪쳐 정서적으로 편안하지 않았던 것이 사실이다. 그리고 더 큰 문제는 이것이 또한 나의 성장에 걸림돌이었다는 점이다. '용서'라는 레벨을 뛰어 넘지 못한 채 상승과 추락을 반복하는 오랜 시간을 보냈다. 그러면서 좋은 연구를 하고 싶어했다. 좋은 연구 결과를 산출해 내는 훌륭한 학자란 400레벨인 '이성'과 '이해' 단계에서 나타나는데 350의 용서를 못 넘어서니 나는 좋은 학자가 되는 게 불가능했던 셈이다. 그래서 늘 삶이 고달팠고 무기력했는지 모른다.

무기력하게 보내버린 10년 세월이 억울하기만 했는데 그 시간을 감사히 받아들이기 시작하면서 나는 달라졌다. '받아들임' 만큼 나는 자유로워졌다. 나로서는 어쩔 수 없었음을 받아들이고 나자 나를 그렇게 만든 그들도 어쩔 수 없었을 것이라 이해하게 된 것이다. 이해는 400 레벨이다. 용서보다 분명히 위 단계다. 중요한 것은 감정을 통한 용서가 먼저였다는 점이다. 용서하며 받아들이고 나서야 이해할 수 있게 되었다. 이성적으로는 이해해도 정서적으로 받아들이지 못한 것은 언젠가는 다시 증오로 변하게 되어 있다.

그렇게 넘기 힘들었던 350 '용서의 벽'을 넘자 400 '이해'와 '이성'이 어떤 것인지 알 수 있었다. 그리고 어쩌면 나도 400의 이성 레벨을 계속 유지하지 않을까하는 기대도 생겼다. 그런데 더 놀라운 일이 일어났다. 내가 한 번도 가져보지 못했던 '500' 단계인 '사랑'에 대한 원형을 알게 된 점이다. 무기력을 딛고 나와 책을 쓰고 강연을 하고 마음이 아픈 사람을 돕는 일에 남은 인생을 걸겠다는 결심을 하는 정신적 격동기를 거치는 동안 나는 너무나 많이 변했다.

그것은 어느 날 벼락처럼 나를 쳤다. 두 번째 인생에 대한 결심을 기뻐하는 운명이 선물처럼 봉인 해제하여, 앞으로 내가 해야 할 사랑이 이런 것이라고 명확히 보여주는 것 같았다. '용서' 같은 것은 생각할 필요도 없는 단계, 미워하는 마음 그런 것은 애초에 씨앗도 없는 단계, 그 어떤 상황도 그냥 받아들여지는 마음, 자존심이나 자랑이나 질투 따위에 침범되어 숨지 않는 것, 상처를 두려워 않고 계산 없이 아이처럼 건넬 수 있고, 아낌없이 주는 것이 얼마나 가치로운 것인지를 무의식이 가르쳐 주었다. 이 단계는 앞서 말한 니체의 '어린아이' 단계를 연상케 했다. 무기력한 낙타를 벗고 자발적인 사자를 뛰어넘어 영혼이 자유로운 어린아이가 되는 느낌이었다.

이제 당신이 옳다고 믿었던 것을 다 내려놓아 보자. 넘을 수 없을 것 같던 용서의 벽이 사라지는 것을 체험할 것이다. 벽이 사라진 그때 당신은 어디든 갈 수 있고 무엇이든 될 수 있다.

## 알람을 이용한 감정의 확인

다음은 긍정 심리학의 권위자 미하이 칙센트미하이의 몰입도 테스트를 응용해 인지·동기·정서·행동의 정도를 확인하기 위해 내가 이용했던 방법이다.

먼저 휴대폰 알람이 일주일에 40번, 무작위로 울리도록 설정하자. 알람이 울릴 때마다 무엇을 하는 중이었고 그때 기분이 어떠했는지 쓰고 장소와 시간, 함께 있는 사람까지 상세하게 기록한다.

일주일 동안 꾸준히 기록해보면 어떤 순간에 의욕감과 자신감을 얻었는지, 그때 어디에 있었는지, 누구와 함께 무슨 일을 했는지 알 수 있다. 또 하루 중 몰입이 잘되는 시간은 언제인지도 알 수 있다.

이 결과를 바탕으로 일상에 변화를 줘보자. 긍정적인 경험을 늘리고, 집중력이 분산될 때 나만의 방법을 쓰면 다시 일에 집중할 수 있다.

일주일 행동/감정/인지 기록지
(방법 : 일주일 동안 40번의 알람을 울리게 한 뒤 그때마다 아래 빈 칸을 채운다)

| 알람 | 날짜/시간 | 장소 | 함께한 사람 | 하고 있던 일 | 감정 | 자신감/유능감 | 열등감/무기력 | 몰입도(상중하) | 삶의 의미와의 일치도 |
|---|---|---|---|---|---|---|---|---|---|
| 1 | | | | | | | | | |
| 2 | | | | | | | | | |
| 3 | | | | | | | | | |
| 4 | | | | | | | | | |
| 5 | | | | | | | | | |
| 6 | | | | | | | | | |
| 7 | | | | | | | | | |
| 8 | | | | | | | | | |
| 9 | | | | | | | | | |
| 10 | | | | | | | | | |
| 11 | | | | | | | | | |
| 12 | | | | | | | | | |
| 13 | | | | | | | | | |
| 14 | | | | | | | | | |
| 15 | | | | | | | | | |
| 16 | | | | | | | | | |
| 17 | | | | | | | | | |
| 18 | | | | | | | | | |
| 19 | | | | | | | | | |

| 20 | | | | | | | | |
|----|---|---|---|---|---|---|---|---|
| 21 | | | | | | | | |
| 22 | | | | | | | | |
| 23 | | | | | | | | |
| 24 | | | | | | | | |
| 25 | | | | | | | | |
| 26 | | | | | | | | |
| 27 | | | | | | | | |
| 28 | | | | | | | | |
| 29 | | | | | | | | |
| 30 | | | | | | | | |
| 31 | | | | | | | | |
| 32 | | | | | | | | |
| 33 | | | | | | | | |
| 34 | | | | | | | | |
| 35 | | | | | | | | |
| 36 | | | | | | | | |
| 37 | | | | | | | | |
| 38 | | | | | | | | |
| 39 | | | | | | | | |
| 40 | | | | | | | | |

## 평가지

(방법 : 일주일 후 기록지를 분석해 이 평가지에 답한다)

| 평 가 | 답 변 |
|---|---|
| 누구와 함께 있을 때 의욕을 느끼는가? | |
| 누구와 함께 있을 때 무기력했는가? | |
| 누구와 함께 있을 때 기분이 나빴는가? | |
| 누구와 함께 있을 때 기쁘고 즐거웠는가? | |
| 무슨 일을 할 때 유능감 혹은 자신감을 느꼈는가? | |
| 무슨 일을 할 때 무기력을 느꼈는가? | |
| 무슨 일을 할 때 기쁘고 즐거웠는가? | |
| 무슨 일을 할 때 기분이 나빴는가? | |
| 무슨 일을 할 때 몰입이 잘되었는가? | |
| 무슨 일을 할 때 집중되지 않았는가? | |

# 숙달을 통해
# 프로가 돼라

행동만으로는 행동을 다스릴 수 없다. 그런데 우리는 무슨 일이든 일단 실행만하면 잘되리라고 믿는다. 물론 행동으로 사고와 정서를 변화시킬 수 있다. 하지만 행동 치료가 지속적이고도 강력하게 사람을 변화시키지 못하는 데는 이유가 있다. 이는 마음의 요소, 동기와 정서, 인지가 관여하기 때문이다.

## 잠만 자던
## 명문대생

나는 지난 25년간 많은 학생을 가르쳤다. 그중에서도 특별히 기억에 남은 학생이 있는데 바로 연세대 연구 교수 시절에 만났던 1학년 여학생이다. 내가 기억하기로 그 학생은 거의 한 학기 내내 수업 시간에 잠만 잤다. 아예 엎드려서 자는 날도 가끔 있었다. 깨어 있는 순간에는 멍하니 창밖을 보거나 의미 없이 책을 뒤적거렸다. 그러던 어느 날 우연히 그 여학생에 대해 알게 되었는데 그가 고등학교 내내 전교 1·2등을 도맡아 하던 수재라는 것이었다.

그 이야기를 듣고 나서 나는 그 여학생을 불러 물어보았다. 전공이 맞지 않느냐고 했더니 그렇지 않다고 대답했다. 다른 학교에 가고 싶으냐고 물으니 그것도 아니라고 했다. 자신은 이 대학 이 학부에 다니고 싶어 했고 만족한다고 했다. 그런데 왜 잠만 자느냐고 물었더니 뜻밖의 대답이 돌아왔다.

"그건 제가 밤마다 게임을 해서 그래요."

의욕 없이 학교를 오가면서 시간을 허비하는 것이 정말 게임 중독 때문일까? 그토록 원하던 학교에 입학했는데 왜 그렇게 무기력해진 것일까?

우리가 어떤 목표를 달성하면 그 순간 기쁨이 자신을 지배한다. 그 기쁨이 몇 달간 지속되기도 하지만 어떨 때는 이내 사라지기도 한다. 목표를 달성하는 것만으로는 유능감이 생기지 않는다. 올림픽 금메달리스트 중에도 메달을 획득한 후 슬럼프를 경험한 사람이 많다는 보고가 이를 뒷받침한다. 선수권 대회를 석권하고 동계 올림픽 금메달리스트가 된 김연아 선수도 여기에 속한다. 메달을 딴 후에 그녀가 은퇴할 것이라는 소문이 급속도로 퍼졌다. 그녀 스스로도 목표한 바를 모두 이루고 나니, 선수로서 더큰 목표를 세우기 힘들었고 실수에 대한 두려움과 압박에 시달렸다고 밝

문제는 무기력이다

했다. 다행히도 그녀는 한 번 더 올림픽에 도전하겠다는, 쉽지 않은 결정을 내렸다.

미국 대학에서는 한국에 비해 조교수가 되는 것은 비교적 쉽지만 종신 교수가 되기는 쉽지 않다. 그래서 교수들은 종신 교수가 되기를 희망한다. 그러나 종신 교수직에 있는 사람을 대상으로 조사한 결과 목표를 달성하긴 했으나 별로 행복하지도, 자신이 유능하다고 생각하지도 않는다는 응답이 많았다고 한다. 나 역시 오랜 시간 강사를 하고 전임 교원으로 임용되었으나 그 기쁨은 잠깐뿐이었다.

목표를 달성하고도 유능감을 느끼지 못하는 이유는 무엇일까? 일본의 심리학자 기요오 교수는 두 가지 이유가 있다고 주장했다.

첫째는 목표 달성이 자신의 기량을 향상시켰다는 느낌을 주지 못하기 때문이다. 이런 일은 목표 달성이 타인에 의해 이루어졌을 때 종종 일어난다. 중요한 시험에 합격하긴 했지만 시험을 준비하면서 얼마나 실력이 좋아졌는지, 어떤 분야가 숙달되었는지 실감이 나지 않는다. 내적 만족감이 따르지 않는 성공은 단지 외적인 보상에 지나지 않는 것이기 때문에 허탈감을 느낄 뿐이다.

둘째, 기량이 향상됐지만 그것이 본인에게 가치 있는 성장이나 숙달이 아니기 때문이다. 예를 들어 어떤 사람이 실직한 뒤에 공인 중개사가 되기 위해서 시험을 보고 자격증을 땄다고 하자. 자격증 취득이라는 목표는 이루었는데 자신의 가치가 발전한 것 같은 느낌은 들지 않는다. 그렇다면 그는 자신이 유능하다고 느끼지 못한다. 오히려 무기력해질지도 모른다.

결국 유능감을 키우기 위해서는 본인이 기량이 향상됐음을 실감할 수 있어야 하고 기량 향상이 자기에게 가치 있는, '바람직한' 것이어야 한다. 시험과 같이 판단 기준이 외부에 있는 발전은 목표 달성의 즐거움이 일시적이다. 그래서 목표를 달성해도 그것이 의욕적인 삶의 방식으로는 발전하지 못한다.


## 스키마의 힘

피아니스트의 손가락이 구사하는 화려한 움직임을 본 적이 있는가? 수타면을 뽑는 장인의 기교나 프로야구 선수가 던진 공의 속도는 아름다움과 함께 놀라움을 자아낸다. 이들의 움직임을 잘 관찰해보면 이들이 단지 남들보다 몸을 빨리 움직이는 것만은 아님을 금방 알 수 있다.

숙달된 전문가의 정확한 판단과 빠른 속도는 그들이 구조화된 지식을 능숙하게 이용하기 때문이다. 이런 지식을 스키마schema라고 부른다.

스키마는 영국의 심리학자 바틀레트F. C. Bartlett가 주장한 심리학적 개념이다. 스키마는 인간의 기억 속에 쌓인 지식의 구조로, 인간의 지각知覺과 대상의 관계를 해석하는 데 쓰는 용어이다. 어떤 일이 진행되어 기억 속에 지식이 쌓이면 사람은 그 지식을 자기 스키마를 기준으로 판단하려 한다. 그래서 자기 스키마에 따라 사물과 세계를 판단하고 다음 행동을 결정한다.

우리가 어떤 일을 꾸준히 계속하면 스키마도 발달하고, 발달된 스키마를

문제는 무기력이다

기준으로 현재의 자기를 평가하므로 노력을 더 기울이게 된다. 예를 들어 양학선 선수가 홀로 오랜 기간 도마 연습을 해 자기 자신을 만족시킬 만한 양 1 기술을 개발해냈다. 세계에서 누구도 흉내 내지 못하는 고난도 기술이지만 양학선 선수의 마음에는 그 최고의 기술인 양 1이 기준점이 된다. 그는 양 1 기술을 스키마로 해 점점 더 난이도 높은 기술을 개발하고자 노력할 것이다. 이렇듯 전문가는 스키마를 사용해 자신과 타인의 행동을 인지하고 의미를 부여하며 기억하고 평가한다.

스키마가 발달할수록 행동하고자 하는 의욕도 발달한다. 기요오 교수는 스키마의 발달이 행동하고자 하는 의욕에 커다란 변화를 일으킨다고 했다. 양학선 선수가 실력을 연마할수록 양 2, 양 3 등 더 난이도 높은 기술을 만들어내고자 하는 것은 바로 이 때문이다. 잘 발달된 스키마는 기회가 있을 때마다 그에 부합하는 행동을 이끌어내고, 그 결과를 평가하는 것 역시 스키마의 힘이다.

따라서 자기 스키마에 대한 의존도가 높은 사람은 외부 자극이나 평가에 의존하기보다는 자신이 중심이 되어 생각하고 판단한다. 이때는 오직 자신만이 경쟁 대상이 된다. 많은 대가들이 자기 기준에 따라 움직이고 자기가 만족할 때까지 작업을 멈추지 않는 것도 스키마 때문이다.


르네상스 시대 대표 미술가 미켈란젤로가 시스티나 성당의 천장 벽화를 4년 반 동안이나 그린 일화는 유명하다. 부오나로티 미켈란젤로B. Michelangelo는 시스티나 성당 천장에 그림을 그려달라는 율리우스 교황의 말을 처음 들었을 때 기겁했다.

"저는 조각가이지 화가가 아닙니다."

그러나 율리우스가 3000두카토<sup>약 5만 달러</sup>의 사례금을 제안하자 돈이 필요했던 미켈란젤로는 결국 의뢰를 승낙하고 작업을 시작했다.

그는 4년 반 동안 혼자 천장 벽화의 구성을 짜고 설계해 계획에 따라 일을 진행해나갔다. 일반인은 물론 교황까지 출입을 통제한 채, 천장 밑에 받침대를 세우고 그 위에 누워 그림을 그렸다. 얼굴에 물감이 흘러내려 피부병이 생겼고, 온종일 고개를 뒤로 젖힌 채 고통스럽고 고된 작업을 해냈다.

그림이 완성되길 기다리다 지친 교황 율리우스가 미켈란젤로에게 초조하게 물었다.

"이 일은 도대체 언제 끝나는 건가?"

미켈란젤로는 이렇게 대답했다.

"예술의 요건을 충족시키기 위해서 내가 필요하다고 믿는 모든 일이 끝날 때 이 일도 끝납니다."

마침내 1512년 10월 31일, 교황의 미사가 끝난 후 시스티나 성당이 일반에게 공개됐다. 그 그림이 바로 그 유명한 〈천지창조〉다.

비록 미켈란젤로와 같은 천재 예술가는 아니지만 주변을 보면 스스로 만족할 때까지 노력을 멈추지 않는 장인들이 있다. 무슨 일을 하든, 이들에게서는 무기력이나 열등감을 찾아볼 수 없다. 구두닦이의 달인은 빠르고 깨끗하게 닦인 구두에, 국숫집 요리사는 맛있는 국수 한 그릇에 자존심을 건다. 이것이 숙달이 주는 유능감이다.

자신이 한 일이 잘됐는지 여부는 스스로가 가장 잘 안다. 미켈란젤로가 이미 완성된 것처럼 보이는 그림을 계속 수정하고, 게임에서 이긴 투수가 자신의 플레이가 좋지 않았다고 말하는 것은 겸손해서가 아니다. 자신의 스키마를 만족시키지 못했기 때문이다.

전문가란 자신의 스키마에 따라서 행동과 결과에 대해 평가하고, 일이 잘되어가면 자기 스키마에 대한 확신과 자율성을 갖는다. 동시에 자신의 실력이 성장하는 듯한 만족도 스키마를 통해 얻는다. 이 느낌이 바로 유능감이다. 일을 지속하면서 커지는 유능감이 점점 그 일에 빠져들게 할 것이다. 이것이 우리가 어느 한 분야에 숙달되면 무기력과는 멀어지는 이유다.


## 숙련될 때까지
### 수련하라

인생에는 두 가지 고통이 있다고 한다. 하나는 훈련의 고통이고 나머지 하나는 후회의 고통이다. 계획도 목표도 없다면 훈련의 고통은 없다. 하지만 그 뒤에 따라올 후회의 고통은 육중할 것이다. 반대로 훈련의 고통을 감수하면 후회의 고통은 없어진다.

훈련을 반복하면 숙련에 이르고 스키마가 생겨난다. 수련이 숙련으로 이끄는 것이다. 숙련될 만큼 수련하려면 어떻게 해야 할까. 플로리다 주립대학교 심리학과의 앤더슨 에릭슨Anderson Erickson 교수는 숙련은 다섯 단계를 거쳐 이루어진다고 주장했다.

**1단계, 신중한 연습** 몇 년 동안 매주 한 번씩 테니스를 치면 테니스 실력이 좋아지지 않는다. 아침에 20분간 피아노를 친다고 해서 3년 뒤에 훌륭한 피아니스트가 되지는 못한다. 단기간의 신중한 연습이 필요하다. 여기서 신중한 연습이란 자신의 성과에 변화를 가져오도록 새로운 목표를 세우면서 매번 조금 더 높은 곳에 도달하기 위해 힘을 다하는 것을 의미한다.

**2단계, 반복 또 반복** 뛰어난 농구 선수들은 팀 연습이 끝나고 나서 자유투를 500개쯤 던진다. 이처럼 반복은 자신의 부족한 부분을 찾아내 개선하고자 노력하는 행위다. 반복이 누적되면 전문가가 될 수 있다.

**3단계, 꾸준하고 비판적인 피드백** 자신이 어떻게 하고 있는지 모르면 어느 부분을 더 수련해야 할지도 모른다. 그래서 다른 사람에게 코칭과 피드백을 받아야 하는데 피드백은 빠를수록 효과적이다.

**4단계, 집중 투자** 피드백 결과에 따라 부족한 부분에 집중한다. 우리는 이미 잘하는 것에 집중하는 경향이 있다. 그게 편하기 때문이다. 하지만 뛰어난 사람은 자신의 약점을 공략한다고 에릭슨은 말한다. 약점이 있는 사람이 대가가 되는 것은 불가능하다.

**5단계, 대비** 지칠 때를 대비한다는 것은 자신의 인생에 대한 확실한 계획을 가지고 있다는 의미가 될 것이다. 대가는 고된 훈련이 주는 피로를 풀어줄 수 있는 시스템을 미리 만들어놓는다. 이런 대비 덕분에 이들이 멀리 가고 오래갈 수 있는 것이다.


에릭슨은 "10년 동안 위의 5단계를 반복하다 보면 당신은 대가가 되어 있을 것이다"라고 말했다. 신중한 연습을 통한 숙련이 한 분야의 전문가, 나아가 한 분야의 대가에 이르게 할 것이고, 그렇게되면 무기력은 우리를 넘보지 못할 것이다. 그러므로 숙련에 이르기 위해서는 신중한 연습, 자기가 원하는 분야에 집중적인 연습을 오랜 기간 해야 한다.

폴 에어디시라는 수학자가 있다. 보통의 수학자가 평생에 한편 쓸까 말까한 논문을 1475편이나 발표한 엄청난 사람이다. 그가 어떻게 그런 연구 결과를 낼 수 있었을까? 우리는 그의 재능을 질투할 것이 아니라 그가 매일 19시간씩 수학을 생각하고 저술했다는 사실을 기억해야 한다.

시간을 투자하지 않으면 남과 달라질 수 없다. 신화학자 조셉 캠벨은 스톡우드라는 곳에서 5년간 혼자 아무것도 하지 않고 책만 읽은 후 세상으로 돌아와 신화학자가 되었다. 조셉 캠벨의 이야기는 그가 마치 신화 속 주인공인 것처럼 생각하게 만들지만 그가 스톡우드에서 일분일초를 아꼈다는 사실을 간과해서는 안 된다. 그는 하루를 4등분해 한 단위를 4시간씩 운영하며 매일 총 16시간씩 읽고 쓰는 데 집중했다고 한다. 폴 에어디시와 조셉 캠벨이 취한 이런 방식이 신중한 연습이다.

밥을 할 때도 일정 시간 동안 일정 이상의 온도로 가열해야 맛있는 밥이 완성된다. 시간이 부족하거나 온도가 너무 낮으면 밥은 설익고 만다. 이처럼 우리가 한 분야에 숙달되기 위해서는 일정 시간 동안 모든 것을 바쳐 그 일에 집중해야 한다. 어떤 일을 취미로 하려 했다가 취미도 되지 못한 경험이 없는가? 취미도 한동안 집중해야 취미로 계속 남을 수 있다.


## 시작하기
### 어려운 사람

그런데 숙련은커녕 일을 시작하지도 못하는 사람이 있다. 숙달의 경지에 오르려면 반복된 행동이 필요한데 시작조차 하지 못하는 사람은 어떻게 할 것인가? 단도직입적으로 말해 나의 대답은 '그냥 하라'는 거다. 시작을 하지 못하는 사람은 모든 것이 준비되어야 한다고 생각하기 때문에 일을 미루는 일이 많다. 예를 들면 스키를 배우고 싶어도 필요한 장비와 옷이 없다는 핑계로 옷과 장비를 준비한 뒤에 스키장에 가리라 생각한다. 정말로 스키를 배우고 싶다면 맨몸으로 가서 옷과 장비를 빌리고 일단 한번 타볼 수도 있는데 말이다. 모든 준비를 마치고 시작하려고 하면 영원히 시작하지 못하는 수가 많다.

물리학의 작용반작용 법칙은 우리 인간에게도 적용된다. 하던 일은 계속하려고 하고 멈춰버리면 쭉 멈춰 있으려 하는 것이다. 정신 의학자 에밀 크레펠린Emil Kraepelin이 주장하는 '작동 흥분 이론Work Excitement'은 하기 싫던 일도 일단 하다 보면 그것이 계기가 되어 발동이 걸린 기계가 작동하는 것처럼 계속하게 되는 현상을 말한다. 이를테면 세차를 해야 하는데 귀찮아서 자꾸 미루고 있다면 일단 차에 물 한 양동이를 퍼부어보자. 마치 세차하는 기계가 된 듯 나머지 일을 해낼 수 있다. 어느새 차는 반짝반짝, 새차처럼 깨끗해져 있을 것이다.

이처럼 우리에게는 한번 시작한 일은 계속하려고 하는 성향이 있다. 우리 뇌는 몸이 일단 움직이기 시작하면 멈추는 데 에너지가 더 소모되는 것을 알고 있다. 이 때문에 하던 일을 계속하는 것이 더 합리적이라고 판단한다. 따라서 하기 싫은 일도 일단 시작하면 뇌가 자극을 받아 그 일에 집중하게 된다.

글을 쓰는 사람에게는 '작가의 장벽Writer's Block'이라는 것이 있다. 글을 쓰

문제는 무기력이다

기로 작정하고 책상에 앉았지만 머릿속에 장벽이라도 쳐진 것처럼 도저히 쓸 수 없는 상태가 되는 것을 말한다. 이는 제대로 된 글, 감동적인 글을 쓸 수 없다고 느끼는 작가 자신의 두려움 때문이다. 작가의 장벽에 대해 소설가 앤 라모트Anne Lamott는 "글을 쓰고 싶다면 무조건 자판을 두드려라"라고 조언한다. 무조건 쓰다 보면 창의적인 생각이 떠오르고, 자신이 의도하지 않아도 좋은 글이 완성되기도 한다는 것이다.

나 역시 이 책을 쓰는 동안 무기력 때문에 한동안 작업을 할 수 없었다. 생각은 정리되지 않고 논지도 잡히지 않았다. 그래서 내가 택한 방법은 기록이었다. 만년필 몇 개에 여러 색깔의 잉크를 넣어 무조건 기록하고 또 기록했다. 어떤 날은 밤 12시부터 아침 7시까지 꼬박 필기했고, 연구소에 출근해서도 비는 시간에는 기록을 계속했다. 그렇게 2주 정도 어깨가 아플 정도로 기록하고 나니 비로소 글을 쓸 수 있다는 자신감이 생겼다. 쓰는 행위 자체가 장벽을 사라지게 한 것이다. 만일 그때 그 작업을 하지 않았다면 나는 지금도 초고를 끝내지 못했을지 모른다. 일단 시도하고 지속적으로 노력하며 밀어붙이면 결과를 얻을 수 있다.


## 숙달에 이르는
## 세 가지 법칙

숙달mastery은 한 가지 일을 오랫동안 수련해 그것에 정통하고 숙련된 상태를 말한다. 숙련은 그 자체만으로 유능감을 가져와 인지와 정서, 동기에 좋은 영향을 주기 때문에 행동을 통한 무기력 탈출의 중요한 전략이기도 하다.

숙달이 되기 위해서는 자율적인 참여가 필요하다. 앞에서 살펴보았듯이 누가 시켜서 잘하는 것보다 스스로 시도해서 잘할 때 강한 유능감을 느낄 수 있다. 그러니까 숙달은 무엇을 잘하고 싶다는 욕망에서 시작되고 숙달에 이르기 위해서는 적극적으로 참여하는 자율성이 필요하다.

누구나 자신이 원하는 일에는 자발적으로 참여한다. 그러나 불행히도 우리 사회는 이러한 참여를 유도하는 환경과는 거리가 멀다. 직장과 학교에서 적극성을 발휘하기보다는 지침대로 순종하기 바쁘다. 이렇게 자율성이 상실되면 무기력과 우울이 찾아온다.

미하이 칙센트미하이는 숙달에 이르려면 몰입의 과정이 필수라고 했다. 몰입이란 우리의 능력과 도전 과제의 수준이 절묘한 조화를 이룰 때 경험하는 최고의 순간이다.

하지만 몰입과 숙달은 서로 다른 시간 축에서 작용하기 때문에 몰입이 숙달을 보장하지는 못한다. 몰입은 한순간에 일어나는 반면, 숙달은 단번에 이루어지지 않는다. 몇 달, 몇 해, 심지어 몇십 년이 흘러야 이루어질 수 있다. 그래서 어느 순간에 몰입에 도달할 수는 있어도 하룻밤 만에 숙달에 도달하지는 못한다. 숙달은 시간과 벌이는 싸움에서 승리할 때 나타나는 현상이므로 숙달에 이르려면 몇 가지 원칙을 지켜야 한다.

## 1 마음가짐이 절반이다

숙달은 인간의 머릿속에서 진행된다. 스탠퍼드대학교 심리학과 교수 캐롤 드웩Carol S. Dweck은 약 40년간 청소년의 동기와 성취에 대해 연구했다.

문제는 무기력이다

이후 '사람들이 무엇을 믿는가에 따라 성취가 달라진다'는 이론을 발표했다.

캐롤 드웩은 지능에 대한 사람들의 관점을 둘로 나누었다. 첫 번째는 실체 이론Entity Theory을 지지하는 사람들인데 이들은 지능이 실체로 존재하기 때문에 인간은 지능을 증가시킬 수 없다고 생각한다. 반면 증가 이론Incremental Theory을 지지하는 사람들은 지능은 노력하면 향상시킬 수 있는 것이라 믿는다.

이 중 어떤 쪽을 믿느냐에 따라 삶의 태도가 확연히 달라진다. 실체 이론을 믿는 사람들은 교육을 이미 가진 것을 평가하는 과정이라 생각한다. 반면 지능이 증가될 수 있다는 증가 이론을 믿는 사람들은 교육을 성장할 수 있는 찬스로 생각한다. 그러므로 증가 이론에서는 숙달이 일어나지만 실체 이론은 그렇지 못하다.

목표를 바라보는 방식도 달라진다. 캐롤 드웩은 목표에는 수행 목표와 학습 목표가 있다고 했다. 지능의 실체 이론을 믿는 사람에게는 수행 목표가 있다. 반면 지능의 증가 이론을 믿는 사람에게는 학습 목표가 있다. 수행 목표란 어떤 것을 이루어내려는 수행력에 주목하지만 학습 목표는 배워나가는 학습력에 주목한다.

만약 스페인 어 수업을 들으면서 A학점을 따려고 한다면 이는 수행 목표다. 반면 스페인 어를 의사소통이 가능할 정도로 공부해보겠다고 한다면 학습 목표를 가진 것이 된다. 드웩은 이 두 가지 목표가 모두 성취의 원동력이 될 수 있다고 말한다. 그러나 이들 중 숙달에 이를 수 있는 것은 학습 목표다.

학습 목표를 가진 학생들은 자신이 무엇인가를 잘한다고 느끼지 않아도 계속 노력한다. 그들의 목표는 자신의 영리함을 증명하는 것이 아니고 계속 학습하는 것이기 때문이다. 시간에 구애 받고 점수에 연연하지도 않는다. 그러므로 숙달의 차원으로 넘어갈 수 있는 것이다.

캐롤 드웩은 학생들에게 충분히 풀 수 있는 수준의 문제 여덟 개를 낸 다음, 풀 수 없는 문제 네 개를 추가로 냈다. 두뇌의 힘이 고정되어 있다고 믿는 학생들은 자신의 지능을 탓하면서 어려운 문제를 포기했다. 반면 마음이 열린 학생들은 문제가 어려운데도 해결 방법을 찾으려고 했다.

결국 실체 이론을 따르는 사람은 점점 무기력에, 증가 이론을 지지하는 사람은 점점 유능감에 도달한다. 이렇듯 우리가 마음을 어떻게 먹느냐에 따라서 목표를 바라보는 방식이 달라지고 그에 따른 결과도 크게 달라진다.


## 2  숙달에는 고통이 따른다

숙달의 두 번째 법칙은 고통이다. 숙달에는 오랜 투지와 변함없는 노력, 세심한 실행이 필요하다. 숙달에 이르는 길은 무지개가 떠 있는 꽃길이 아니다. 고통스러우며 즐겁지 않을 때가 많다. 그래서 많은 사람들이 그 길을 포기한다.

앤더스 에릭슨도 숙달에는 고통이 동반된다고 했다. 에릭슨은 "예전에는 타고난 재능이라 믿었던 능력이 실제로 최소 10년 이상 연습한 결과였다"며, 운동이나 음악, 경영조차도 숙달되려면 10년 정도의 시간 동안 노력해야 한다고 주장했다.

2008년 《월스트리트저널》의 '세계에서 가장 영향력 있는 경영 사상가

문제는 무기력이다

10인'에 선정된 바 있는 저널리스트이자 베스트셀러 작가 말콤 글래드 웰Malcolm Gladwell이 『아웃 라이어』에서 밝힌 '전문가가 되기 위해서 필요한 일만 시간의 법칙'도 이와 같다. 1만 시간의 법칙은 한 분야에서 전문가, 장인으로 성장하기 위해서는 적어도 1만 시간을 투자해야 한다는 것이다. 하루 3시간을 어떤 일에 투자한다면 10년, 6시간을 투자하면 5년, 하루 10시간을 투자한다면 3년 안에 전문가가 될 수 있다.

전문가가 되기 위해서는 고통스럽더라도 자신이 가진 모든 것을 소진하 며 노력해야 한다. 사회학자 대니얼 챔블리스Daniel Chambliss도 에릭슨의 주 장에 동의하면서 이를 '탁월함의 일상성The Mundanity of Excellence'이라고 칭했 다. '탁월함의 일상성'이란 자신에게 중요한 무언가에 지속적으로 신경 쓰 고 그것을 위해서 기꺼이 일하는 것을 의미한다.


### 3  숙달은 정복할 수 없다

숙달은 점근선이다. 점근선이란 곡선에 근접하지만 절대로 만나지 않는 직선을 말하는 것이다. 점근선이라고 하는 이유는 숙달에 도달하는 과정 이 목표한 일을 완벽하게 이루어내기 위해 끝없이 노력하는 길이기 때문 이다. 하지만 완벽에 가까워지는 것이지 완벽한 숙달이란 없다. 우리는 절 대로 숙달 그 자체를 만나지는 못한다.

그러나 심리학자들은 결과가 아닌 숙달을 추구하는 과정에 즐거움이 존 재한다고 했다. 캐롤 드웩의 의견도 이와 비슷하다.

"노력은 우리의 삶에 의미를 주는 요인이다. 노력이란 우리가 삶에서

중요한 무언가에 신경 쓰고 있으며 그 무언가를 위해서 기꺼이 일하겠
다는 것을 의미한다. 목적으로 삼고 전념을 다해 노력하는 그 무언가를
소중하게 여기지 않으면 우리는 참으로 불쌍한 존재가 되고 만다."

그러므로 숙달의 과정 그 자체를 즐기며 어려움이 따르더라도 계속 노
력하고 반복해야 한다. 미국 NBA의 전설적인 농구 선수인 줄리어스 어
빙Julius Erving도 "프로가 된다는 것은 자신이 사랑하는 일을, 하고 싶은 기분
이 들지 않는 날에도 열심히 한다는 뜻이다"라고 했다. 하루도 쉬지 않고
수련하다 보면 숙련이 찾아온다. 그 길만이 무기력을 모르는 '프로'로 성
장하게 해줄 것이다.

**자발성 회복을 위한 마음의 전환 4 : 행동 시작과 유지**

# 자신의 것을 찾아 지금 숙달하라

원하는 바를 위해 노력하고 싶어도 할 수 없는 순간이 있다. 이때는 무리하게 시도하지 말고 가장 쉽게 할 수 있는 한 가지 일에 대한 훈련을 집중적으로 해보자.

하루 이틀이 아닌 오랜 시간 동안 훈련을 반복해야 한 분야에 숙달될 수 있다. 그리고 그 숙달은 우리에게 유능감을 학습하게 하여 행동을 지속하도록 격려할 것이다.

# 사랑하는 딸에게

세빈아, 먼저 너에게 미안하다는 말을 하고 싶다. 네가 어릴 때 엄마가 극심한 무기력과 우울증으로 너의 귀중한 시간을 풍요롭게 해주지 못해서 정말 미안하다. 엄마가 조금만 더 현명했더라면 너에게 아름다운 추억을 줄 수 있었을 텐데…… 엄마가 지금까지 살아보니 삶은 그리 만만한 게 아니더구나. 인생에는 성공보다 실패가 더 많을 수도 있단다. 그러니 하고 싶은 것을 다 하고 꿈꾸는 모든 것을 성취할 수 있게 된다해도 결코 자만해서는 안 된다. 네가 삶에서 이루는 모든 성취에 깊이 감사해라. 너의 행운은 특별한 은총이니 절대로 네가 뛰어나서 그렇게 되었다고 생각하지 마라. 운명과 환경, 너의 지인들이 너를 도와준 걸 잊지 말고, 늘 최악의 상황을 생각하고 감사하며 살기 바란다.

그러지 않기를 간절히 바라지만 네 인생에도 복병이 나타날 수 있다. 연속된 좌절로 무기력을 만날지도 모르고 우울한 청춘과 쓸쓸한 중년을 보내야 할지도 모른다. 하지만 세빈아, 인생은 그렇게 쉽게 끝나지 않는다. 그러니 아무리 아픈 날이 오더라도 절대로 그 힘에 굴복되어서는 안 된다. 청천벽력 같은 일을 당하더라도 정신을 차리고 다시 하늘을 바라보길 바란다. 너만이 그런 어려움을 당하는 것이 아님을, 엄마만 당한 것이 아니었음을 믿기 바란다.

세상에는 너 말고도 아프고 힘든 사람이 많이 있단다. 네가 아픈 그때가 바로 그들을 도울 마음을 가질 수 있는 순간임을 기억해라. 네가 아프다면 그건 운명이 네게 아픈 것이 무엇인지 가르치려고 하는 것이라 믿어라. 그러니 감사하지 않을 수 없는 거지. 네가 받기만 하고 주지 못하는 사람이 될 것을 염려한 운명이 숨겨둔 복병이니 너의 아픔을 온몸으로 받아들여라. 해야 할 일을 피하는 순간 인생은 꼬이기 시작한다. 네 몫으로 받아들이면 그때부터 인생이 역전될 것이다. 엄마도 무기력이 오고 뼈 속까지 아픈 후에야 비로소 자신과 세상을 다시 사랑하기 시작했다. 엄마가 무기력을 몰랐다면 매우 이기적인 사람으로 죽어갔을 것이다.

세빈아, 나는 네가 인생의 고비마다 마땅히 해야 할 것을 다하는 사람이 되었으면 좋겠다. 학창 시절에는 꿈을 키우고, 사회인이 되면 직장에서 최선을 다하고, 네 가족에게 충실한 엄마로 살기 바란다. 그렇게 사는 게 뭐가 그리 어렵냐고 되물을지 모르지만 세상에는 그렇지 못한 사람이 너무나 많다. 그들은 무기력해서 아픈 사람이고 아프기에 더 무기력해진 사람들이다. 그들을 돕기 위해 네가 줄 수 있는 것을 생각해봐. 언제나 받는 줄에만 서 있지 말고 주는 줄 쪽에 서길 바란다. 네가 줄 수 있는 사람이 될 때 비로소 가능성이 열리며 인생이 풍요로운 것임을 알게 될 것이다.

마지막으로 당부할 것은 어떤 순간이 오더라도 삶을 포기하지 말라는 것이다. 아무리 어렵더라도 아파서 죽을 것 같을지라도 네가 가진 것을 바라보면 힘을 얻을 수 있단다. 아프다는 것은 마음이 한계를 만난 결과다. 그러니 아픈 그때가 너의 마음이 성장할 수 있는 절호의 기회임을 기억해라. 아플 때마다 늘 네 안에 모든 것이 있음을 믿고, 네 마음을 굳게 지키며 그 누구도 통제할 수 없는 것이 너의 마음이라는 사실을 끝까지 믿으며 너를 사랑하고 소중히 여기길 바란다. 그러면 그 고통은 지나갈 것이고 힘든 순간을 견뎌낸 너는 황금같이 순수한 자아를 갖게 될 것이다. 그 누구든 사람을 미워하지 말고 운명을 원망하지 말고 언제든 다시 시작할 수 있는 사람이 되어 네게 주어진 삶을 살길 바란다.

건강한 엄마가 오래오래 너의 곁에 있어주길 기도하지만 수십 년이 지난 후 엄마가 너를 떠나더라도 이것만은 기억해라. 아모르 파티, 독일의 유명한 철학자 니체가 한 말이다. 너의 운명을 사랑하라는 뜻이지. 운명을 사랑하는 자는 그 어떤 경우에도 포기하지 않는단다. 사랑한다. 하나뿐인 딸아! 네가 행복하기를, 그리고 네가 이 땅에 왔다 간 이후 세상 어느 한 귀퉁이가 아름다워지기를 엄마는 언제나 기도한다.

2012년 봄, 엄마가

문제는 무기력이다

## 질문 카드 만들기

《패스트 컴퍼니》지의 공동 설립자인 앨런 웨버Alan Webber는 『엄지의 규칙Rules of Thumb』에서 자율성과 숙련의 길에 제대로 들어섰는지 평가할 수 있는 방법을 제안했다. 방법은 다음과 같다.

가로 8cm, 세로 12cm 정도 크기의 빈 카드를 준비해 앞면에는 '무엇 때문에 아침에 일어나는가?'라고 쓰고 뒷면에는 '무엇 때문에 밤까지 버티는가?'라고 쓴다. 그리고 이 질문에 대한 대답을 옆에 쓴다.

생각을 오래 해봐야 하는 사람도 있을 것이고 의외로 금방 답을 쓰는 사람도 있을 것이다. 만약 전설적인 천재 발레리노 니진스키가 이 질문을 받았다면 그는 분명 양쪽 질문 모두에 '발레'라고 쓸 것이다. 나는 이 책을 쓰고 있는 동안은 '무기력에 관한 원고 집필'이라고 쓸 것이다.

물론 엉뚱한 생각이 끼어들어 집필에 집중하지 못한 날도 많았다. 그런 날은 내 삶의 의미와 일치하지 않은 날인데 그럴 때마다 무기력함을 느꼈다. 하지만 하루 종일 집필에 투자한 날은 그날 저녁 깊은 단잠을 잘 수 있었다. 나는 이런 방식으로 하루하루를 제어했다. 결국 나는 한 번에 하루씩 살았다. 그리고 그 방법이 나를 점점 일으켜 세우기 시작했다.

| 앞 면 | 뒷 면 |
|---|---|
| 무엇 때문에 아침에 일어나는가? | 무엇 때문에 밤까지 버티는가? |
| (니진스키 예: 발레 ) | (니진스키 예: 발레 ) |

만약 답을 하나 썼는데 그 답이 마음에 들지 않으면 그 카드는 미련 없이 버린다. 그리고 평생 의지할 만한 새 대답이 나올 때까지 계속 시도해보자. 드디어 인생의 의미와 삶의 방향이 일치하는 답을 얻었다면 그 답을 나침반으로 삼는 것이다. 그리고 가끔 그 답이 당신의 생각과 삶에 일치하는지 확인해본 후, 두 개의 대답 중 하나라도 마음에 들지 않는다면 고쳐나가보자.

이제 카드에 당신의 대답을 써보길 바란다. 그리고 카드를 잘 보이는 곳에 붙여두고 매일 실천해보자.

| 앞 면 | 뒷 면 |
|---|---|
| 무엇 때문에 아침에 일어나는가? | 무엇 때문에 밤까지 버티는가? |
| _____ | _____ |

## 목표에 따라 인생의 장기 단기 계획 세우기

앞에서 매일을 살아갈 중요한 목표를 찾았다면, 그 목표를 이루기 위해 차근차근 이루어가야 할 작은 목표를 생각해보고 단계별 목표를 세워보자. 그리고 그 작은 목표를 이루기 위해 해야 할 행동들을 구체적으로 적어보자.

내 삶에서 이루고 싶은 목표   :

| 단계별 목표 | 목표를 달성하기 위해 해야 할 일 (알아보거나 만나거나 연락할 사람, 경제적 문제 해결, 찾아가야 할 곳, 내가 매일 해야 할 행동) | 목표 달성 시기 |
|---|---|---|
| 1단계 목표 : | | |
| 2단계 목표 : | | |
| 3단계 목표 : | | |
| 최종 목표 : | | |

# PART 5
—

## 마음
## 유지법

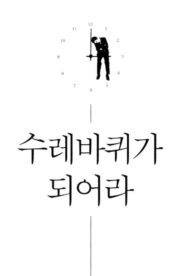

# 수레바퀴가
# 되어라

인생의 중반기에

올바른 길을 벗어난 내가

눈을 떴을 때 캄캄한 숲 속에 있었다.

그 가열<sup>苛烈</sup>하고도 황량한, 준엄한 숲이

어떤 것이었는지 입에 담기조차 괴롭다.

생각만 해도 몸서리쳐진다.

그 괴로움이란 진정 죽음과도 같은 것이었다.


어떻게 해서 그곳에 발을 들여놓았는지 쉽게 말할 수가 없다.

당시 나는 그저 공연한 일에 열중되어

그래서 올바른 길을 버렸던 것이다.

최고의 고전이라 불리는 단테의 〈신곡〉은 이렇게 시작한다. 우리도 인생에서 단테가 말하는 이런 캄캄한 날을 만날 때가 있다. 무기력에 빠지고 나면 단테가 말하는 황량한 숲 속에서 길을 잃고 어디로 가야 할지 모르는 막막함을, 부모의 손을 놓치고 우는 아이와 같은 절망을 온몸으로 느낄 것이다. 이런 느낌을 모르고 산다는 것은 축복이다. 그런데 불행하게도 인간이라면 누구나 무기력 상태에 빠질 수 있다. 무능력한 사람에게만 무기력이 찾아오는 것은 아니기 때문이다.

무기력이란 한 사람의 심적 에너지와 육체적 에너지가 이전보다 떨어졌을 때 그 유기체가 느끼는 자신에 대한 자체 평가다. 우리는 생의 어느 지점에서 불현듯 기력이 떨어짐을 느낄지 모른다. 게다가 우리를 괴롭히는 무기력은 대부분 자신이 이유가 아니라 외부의 강제적인 힘이 유발한 학습된 무기력일 때가 많다. 언제, 어디서나 갑자기 찾아올 수 있는 무기력. 더 무서운 것은 어렵게 벗어나더라도 다시 빠져들 수 있다는 것이다.

그렇다면 다시 무기력에 빠지지 않기 위해서 어떻게 할 것인가? 우리 스스로의 힘으로 자신을 보호해야 한다. 무기력은 본인이 느끼는 에너지 저하 현상이다. 그래서 내가 아닌 다른 사람이 근본적인 치유를 해줄 수 없다.

더 정확히 말하자면, 무기력은 치유하는 것이 아니라 극복하는 것이다. 우리 마음을 움직이는 동기·인지·정서·행동을 스스로 관리할 수 있을 때 무기력에서 벗어나고, 또다시 빠져드는 오류를 되풀이하지 않을 수 있다. 무기력에서 벗어나기 위해서는 4부에서 설명한 네 가지 마음 전환을 매 순간 실천하는 것이 중요하다. 그리고 무기력으로 추락하는 것을 방지하고 더 나아가 자발성을 계속 유지하기 위해 마지막으로 다음 세 가지를 기억하길 바란다. 가장 기본적인 원칙일 수 있는 다음 세 가지에 의해 어쩌면 우리는 자발성 너머까지 성장할 수 있을지 모른다.

앞에서 나는 인간을 움직이는 기본 요소는 동기·인지·정서·행동이라고 했다. 그런데 무기력해지면 동기·인지·정서에 장애가 나타난다. 이 셋이 결합해 행동을 일으키지 못하게 하거나 하던 행동을 멈추게 한다. 그러므로 무기력에서 벗어나기 위해서는 단순히 행동만 변화시켜서는 안 된다. 동기와 인지, 정서가 결합되어 행동을 추진하거나 지속시킬 수 있게 하기 때문에 이 세 가지 요소를 모두 바꿔야 한다. 이 셋 중 하나라도 결여되면 그 부족한 부분이 발목을 잡아 다시 주저앉을 수 있으므로 반드시 전체가 변해야 한다는 것을 기억해야 한다.

먼저 약해진 동기를 강화하기 위해서는 생의 의미를 찾아야 한다. 왜곡된 인지 장애는 자존감의 회복을 통한 인지 전환으로 극복될 수 있다. 늘 불안한 정서 장애는 나와 타인의 모든 잘못을 용서하고 베풀 수 있는 마음이 될 때 극복된다. 그리고 이 세 가지가 결합되면 비로소 뭔가를 하고 싶은 마음이 생길 것이고 이 마음이 행동을 일으킬 수 있다.

이러한 행동이 일회성으로 끝나지 않으려면 반복에 의한 숙달이 요구된다. 동기·인지·정서·행동이라는 각각의 요소가 결합해 쉬지 않고 움직여야 한다. 마치 커다란 수레를 끌고 가는 바퀴처럼 말이다. 이렇게 매일 수련을 거쳐서 숙련이 되면 무기력은 흘러간 물이 된다.

우리는 어제와 다른 사람이 될 것이고, 진화할 것이다. 그렇게 되면 아래의 그림처럼 당신이 원하는 꿈에 한 발 성큼 다가설 수 있다. 이런 방식으로 마음을 관리하는 것을 '통합적 마음 전환'이라고 명명했다. 마음 전환

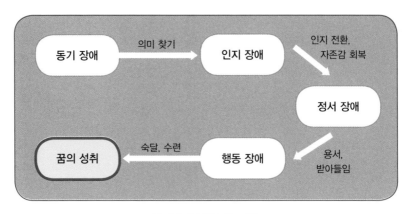

무기력에서 회복되는 과정

에도 통합은 매우 중요한 요소로 작용한다.

솔직히 고백하면 나 역시 또 무기력에 빠지진 않을까 걱정이 된다. 37세부터 무기력의 늪에 빠져 10년간을 다른 세상에서 보냈다. 그리고 2년 동안 원래의 상태로 회복하기 위해서 노력했다. 그 2년은 아무것도 변한 것이 없는 상태로 불안과 두려움이 지배한 중립지대였다. 무기력에 빠진 기간이 긴 만큼 중립지대도 길었다. 앞이 보이지 않는 안개 속에서 계속 넘어지고 일어서기를 반복했다.

하지만 인고의 시간은 지나갔고 나는 달라졌다. 다시 힘이 생겼고 희망도 가질 수 있게 되었으며 새로운 인생을 기획했다. 갈 길을 분명히 알게 되면서 두 번째 인생이 시작되었다. 현재가 소중하기에 더더욱 또다시 무기력에 빠지지 않을까 두렵다. 10년의 시간은 다시는 겪고 싶지 않은 시간이다. 그래서 나는 매일 내 마음을 훈련한다. 이미 지천명을 바라보는 나이지만 어떻게 다시 세상 밖으로 나갈 수 있을까 고민한다.

문제는 무기력이다

나는 이 고민에서 벗어나기 위해 중년기에 대한 연구를 했고 '중년의 위기'라는 용어를 만들어낸 엘리엇 자크Elliott Jaques의 연구에서 나의 가능성을 찾았다. 정신 분석가인 엘리엇 자크는 나처럼, 이미 청년기를 보낸데다 재능도 평범하고 가진 것도 별로 없는 사람에게도 아직 가능성이 있다고 주장했다.

그는 1965년부터 예술가들의 창조성, 특히 중년기의 창조성에 대해 연구했다. 반갑게도 그 중년 예술가들의 삶의 방식은 천재가 아닌, 평범한 사람들도 얼마든지 활용할 수 있는 것이다. 엘리엇이 조사한 예술가들은 생의 중간 지점쯤에 삶의 방식을 바꾸는 예가 많았는데 그는 이 점을 연구하여 중년의 창조성은 젊은이의 반짝이는 창조력이나 천재의 창의력과는 다르다고 말했다. 중년의 창조성은 평범한 사람의 창조성과 닮았다. 그러므로 평범한 사람들이 세상에 승부수를 띄울 수 있는 길은 중년의 예술가들이 획득한 창조성을 배우는 데 있다.

## 다듬어진 창조성

중년에는 어떻게 창조성을 만들어낼까? 엘리엇 자크는 중년의 창조성은 반복에 의해 발현된다고 한다. 즉, 하나의 분야에서 오래 시간을 들여 노력할 때 비로소 창의성이 나타난다는 것이다. 그는 수백 명의 성공적인 예술가·작가·작곡가의 인생을 검토한 후 창조성을 두 가지로 분류했다.

첫 번째 창의성은 불 속에서 막 나온 것처럼 '뜨거운 창조적 작업'에서 유래한다. 조각이나 소설, 음악처럼 예술가의 마음에서 온전하게 우러나온 창조성이 여기에 속한다. 이는 젊은 시절 모차르트가 보인, 귓가에 들리는 악상을 듣고 악보에 옮겨 적는 능력과도 같다. 이 창조성은 영감에서 나오는 것이지만 불행히도 나이가 들수록 사라져버린다. 중년이 되면 이 방법으로는 새 작품을 만들지 못하게 된다.

그래서 중년 이후의 예술가들은 두 번째 유형의 창조성에 의존하게 된다. 엘리엇 자크는 두 번째 유형의 창의성을 '잘 다듬어진 창조성'이라고 불렀다. 대부분의 예술가들은 완전하지 않은 영감으로 작업을 시작한다. 그리고 흡족한 결과물이 나올 때까지 작업에 작업을 거듭한다. 이것이 바로 4부에서 말한 숙련에 이르기 위해 노력할 때 얻을 수 있는 '잘 다듬어진 창조성'이다.

'잘 다듬어진 창조성'은 습관과 노력에 의해 성숙하고 진화한다. 그런 이유로 젊은이들의 창조성은 99%의 영감으로 이루어지고 성숙한 창조성은 99%의 땀으로 이루어진다고 할 수 있다. 노력은 평범한 사람들이 천재를 이길 수 있는 유일한 방법이다. 나이가 들면서 젊은 날의 마법은 사라지고 폭발하는 재능도 시들지만 땀으로 새로움을 창조할 수 있는 것이다.

이렇게 매일 작업에 몰두하여 새로운 작품을 계속 만드는 동안 우리는 자연히 무기력에서 빠져나오게 된다. 원래의 정신 레벨로 회복하고 다시는 무기력이라는 오류에 빠지지 않을 것이다. 우리는 살면서 한 번쯤 고사성어 우공이산愚公移山의 우 노인처럼 산을 옮길 만한 열정을 품는다. 그러

문제는 무기력이다

나 어느 날 무기력에 빠지고 더 이상 과거의 전략으로는 그 사막을 빠져나갈 수 없음을 알게 되어 절망한다.

그런데 그때가 바로 근육에서 힘을 빼고 새로운 방식으로 삶에 대응해야 할 때다. '잘 다듬어진 창조성'을 얻기 위해 마음을 단련하는 강력한 마음의 전환이 필요한 시점이다. 그리고 다시 무기력에 빠지지 않기 위해 반복과 습관의 힘에 자신을 맡겨야 한다. 새롭고 특별한 기술을 배우려고 노력할 게 아니라 내가 할 수 있는 일을 남들보다 잘 해낼 수 있도록 매 순간 단련해야 한다.

하루에 백 리를 가겠다는 무리한 계획을 세우지는 말자. 전환된 마음으로 자발성을 유지하자. 어제 하던 일을 계속하는 것이 무기력에 다시 빠지지 않을 무기가 된다. 이러한 훈련만이 원래의 정신 레벨보다 더 높은 곳으로 가는 가장 안전한 방법임을 기억하자.


친구여 완벽주의자가 되지 마라.

완벽주의자는 저주이며 긴장이다.

왜냐하면 당신은 과녁 한복판을 맞추지 못할까 봐 덜덜 떨기 때문이다.

당신은 그대로 내버려 두면 완전할 것이다.

친구여 실수를 두려워하지 마라.

실수는 죄가 아니다.

실수는 어떤 일을 하는, 또 다른, 어쩌면 창조적인 새로운 방법일 것이다.

친구여, 실수를 유감스럽게 생각하지 마라. 자랑스러워하여라.

당신은 스스로 어떤 것을 줄 수 있는 용기를 가졌다.

양극단, 완벽주의와 마찬가지로 일시적 치료, 일시적 즐거움, 일시적

감각 인식을 경계하라.

어떤 자든 도움 주는 자를 경계하라.

돕는 자는 아무 것도 아닌 것을 위해 어떤 것을 약속하는 사기꾼이다.

그들은 당신을 망쳐 의존적이고 미성숙하게 한다.

_정신 분석가 프리츠 펄스 Fritz Perls 의 〈휴지통의 안과 밖〉

문제는 무기력이다

# 지금 그곳에서
# 시작하라

한 사람이 갯벌에서 바지락을 캐고 있었다. 열심히 바지락을 캐던 그는 갑자기 한 바구니 가득 찬 조개를 보다가 바지락보다는 전복이나 해삼이 값이 더 나갈 것이라는 생각이 들었다. 그러자 지금 앉아 있는 갯벌이 시시해졌고 20m 앞 바다 속에 있을 전복과 해삼이 더 탐났다. 급기야 그는 전복과 해삼을 딸 욕심으로 수영도 하지 못하면서 바다 속에 뛰어든다. 수영 미숙으로 죽을 수도 있는 위험을 무릅쓰고 말이다.

설마 현실에도 이런 사람이 있겠는가? 그러나 너무나 많은 사람들이 이와 비슷한 삶을 살고 있다. 그들은 발아래를 보지 않고 계속 이상만 추구하며 앞으로 나가려고 한다. 현실에 만족하지 않고 이상 추구만을 하는 사람은 높은 이상의 벽 때문에 무기력에 빠질 수 있다. 피터의 법칙Peter's Principle이 적용되는 순간이다.

컬럼비아대학 교수를 지낸 컨설턴트 로렌스 피터<sup>Laurence J. Peter</sup> 박사가 처음 주창한 피터의 법칙은 "위계 조직 안에서 일하는 모든 사람들은, 자신의 무능력 수준에 도달할 때까지 승진하려는 경향이 있다"는 것이다. 일을 잘해내면 능력을 인정받아 승진을 하지만 승진을 하게 되면 다른 분야의 일까지 담당한다. 결과적으로 직위가 높아지면 높아질수록 일의 효율이 급격히 떨어져 급기야 무능력해진다. 그러므로 현실을 고려하지 않고 능력 이상의 것을 추구하면 오히려 독이 될 수 있음을 생각해야 한다.

우리는 현재보다 나아지고자 노력해야 한다. 그러나 현실을 무시한 이상주의는 우리를 위험에 빠뜨릴 수 있다. 그러므로 아무리 시시하더라도 당신이 서 있는 발아래에 숨겨진 조개부터 캐라고 당부하고 싶다. 이건 나 자신에게 하는 당부이기도 하다. 나의 무기력도 절제하지 않는 이상 추구가 한몫했기 때문이다.

우선, 당신은 바지락 캐기 전문가가 되어야 한다. 바지락 캐는 일에 숙련될 때까지 그 일을 해라. 이것저것 기웃거리지 말고 갯벌을 깊고 넓게 파라. 그러면 자신감과 유능감이 생길 것이다. 바지락을 열심히 캐다 보면 기대하지도 않았던 백합조개를 캘 수 있다. 조개를 자유자재로 캘 수 있게 된 다음에 다른 시도를 하라.

전복을 따고 싶다면 수영 연습과 잠수 훈련부터 해야 한다. 이것이 상식인데도 연습도 없이 바다에 뛰어드는 사람이 부지기수다. 철저한 계획과 준비 없이 도전했다가는 실패와 무기력을 다시 만나게 될 확률이 높다. 지금 새로운 시작을 꿈꾼다면 그 출발점은 당신이 서 있는 그곳이다.

문제는 무기력이다

히말라야에 사는 한고조寒苦鳥라는 전설의 새가 있다. 이 새의 다른 이름은 '내일이면 집 지으리'다. 이 새는 한 번도 둥지를 지어본 적이 없다. 히말라야는 밤이 되면 기온이 급격히 떨어져 차가운 바람이 덮쳐온다. 그러나 이 새에게는 추위와 눈보라를 막아줄 둥지가 없다. 낮에 보금자리를 만들지 않고 놀았기 때문이다.

지구상에서 제일 높은 곳인 히말라야의 밤, 둥지 없는 이 새가 얼마나 춥고 고통스러울지 생각해보라. 뼛속까지 파고드는 혹독한 추위와 매서운 바람을 견디며 새는 생각한다.

"내일은 둥지를 지으리. 날이 새면 반드시 집을 지으리."

하지만 날이 밝으면 새는 지난밤의 고통을 잊고 눈부신 햇살이 비치는 설원에서 놀기 바쁘다. 낮은 금방 지나가버리고 다시 밤이 되면 새는 추위에 떨며 생각한다.

"내일이면 반드시 집을 지으리!"

매일 이 말을 반복하기 때문에 이 새를 두고 '내일은 집 지으리 새'라고 부르는 것이다.

믿거나 말거나 한 이야기이지만 이 새의 행동은 우리의 모습과 흡사한 부분이 많다. 당신은 혹시 오늘 할 일을 미루고 또 미루며 매일을 탕진하고 있지는 않은가? 내일이면 의욕이 생기고 기운이 솟아 둥지 따위는 한나절 만에 지을 수 있으리라 착각하지 않는가? 하지만 오늘 하지 못한 일은 내일도 하지 못할 가능성이 크다. 관성의 법칙에 인간도 예외가 아니기 때문이다. 그렇게 인생을 그저 흘려보내면 우리의 묘비명도 조지 버나드 쇼George Bernard Shaw의 그것처럼 '우물쭈물하다가 내 이리 될 줄 알았다I knew if I stayed around long enough, something like this would happen'가 될지 모른다.

그러므로 오늘부터 시작하라. 오늘 1시간 걸릴 작업이 내일로 미뤄지면 1시간 5분이 될지 모른다. 오늘 미룬 일은 내일도 미루게 될 가능성이 크다. 그러다가 더 이상 일을 미룰 수 없게 되면 '나는 정말 안 되나 보다!' 하고 무기력을 호소하게 된다. 그러니 오늘 시작하라. 불쌍한 새가 되어 둥지도 없이 살다가 인생을 끝낼 수는 없지 않은가? 그러므로 바로 지금, 그곳에서 시작하라.

# 무기력에
# 감사하라

급격한 환경 변화로 나무가 살 수 없는 지점을 수목한계선이라고 부른다. 대략 고도 3000~3500m쯤 되는 지점인데 이 수목한계선에 자생하는 나무가 있다. 바로 깃발나무다. 깃발나무는 매서운 바람 때문에 가지와 잎이 곧게 자라지 못한다. 가지와 잎이 휘날리는 깃발처럼 생겨 깃발나무라는 이름을 얻었다. 이 나무는 '무릎을 꿇고 있는 모습'을 하고 있는데, 마치 조물주와 자연에 순응하는 듯 보인다.

수목한계선이라는 도저히 견딜 수 없는 환경을 이겨내는 나무를 상상해 보라. 그 나무가 받아들여야 할 운명은 자발적 재생기를 택한 독수리가 들쥐에게 공격을 받을 때와 흡사하지 않을까? 능력이 있어도 속수무책 무기력해진 사람이 느끼는 절망과 비슷하지 않을까? 그런데 놀라운 것은 세계 최고라고 인정받는 명품 바이올린의 재료가 로키 산맥의 수목한계선에서 비바람을 견디며 자라난 나무라는 사실이다. 수목한계선에서 가혹한 환경을 버텨낸 나무가 천상의 공명음을 내기 때문에 바이올린 장인들이 이 나무를 선택한다고 한다.

이것은 마치 최고 품질의 프랑스산 포도주를 만들어내는 과정과 비슷하다. 프랑스의 한 마을에서는 질 좋은 포도주를 만들기 위해 일부러 좋은 땅에는 나무를 심지 않는다고 한다. 온실 속의 화초가 예쁘게 잘 자라듯, 포도나무를 좋은 땅에 심으면 쉽게 자라 탐스러운 포도가 열리지만, 뿌리를 깊이 내리지 않아 포도의 품질은 좋지 않다. 그러나 척박한 땅에 심으면 그 나무는 물을 얻기 위해 깊고 넓게 뿌리를 뻗어야 한다. 그래서 빨리 자라지는 못해도 땅속 깊이 뿌리를 내려 좋은 물을 흡수한다. 그래서 척박한 땅에서 자란 포도로 포도주를 만들면 최고의 포도주가 된다.

마찬가지로 고난을 견딘 사람이 강인하면서도 아름답다. 고지대에서 오랜 세월 찬 바람을 견뎌낸 깃발나무를 떠올려보자. 척박한 땅에서 살아남기 위해 뿌리를 깊이 내려야 하는 포도나무의 인내도 생각해보자.


곧게 뻗은 고속도로를 달리는 자동차는 위험하다. 곧은 길로만 가면 빨리 갈 수는 있지만 지루하다. 졸릴 수도 있고 자만해서 속도를 높이다 큰 사고를 당할 수도 있다. 반면 굽은 길은 브레이크를 밟아야 하므로 느리더라도 안전하게 통과할 수 있다. 마찬가지로 무기력했던 시간도 당신의 인생에 가르침을 남길 것이다. 아름다운 영혼으로 절묘한 선율을 내는 사람은 아무런 고난 없이 살아온 사람이 아니라 숱한 어려움과 아픔을 겪은 사람이다. 그러므로 예기치 않은 인생의 복병을 만나 고통을 겪고 우울의 골

문제는 무기력이다

짜기를 지나온 사람은 깃발나무처럼 남이 갖지 못한 귀한 것 하나를 더 가졌다고 믿길 바란다. 고난을 통과한 사람만이, 무기력의 처절함을 겪어낸 사람만이 그 고통의 골짜기에서 울고 있는 다른 사람을 볼 수 있고, 무기력하기 이전의 자신 즉 진짜 자기를 찾고자 노력할 것이며, 앞으로 걸어가야 할 길에 대한 확신을 점점 얻을 수 있을 것이다. 분명히 언젠가는 지금 당신이 겪은 무기력을 감사할 때가 올 것이다. 그러니 당신이 지나온 여정, 그 모두를 긍정하라!

에.필.로.그.

# 다시 달리는 남자

출발선에서 울고 있던 남자는 언제부터인가 경기장에 나타나지 않았다. 다른 경기장에도 모습을 보이지 않았다. 그러던 어느 날 운동을 하기 위해 집 근처 초등학교에 갔다가 남자를 다시 만났다. 그는 혼자 운동장을 뛰고 있었다. 경기장에서 본 복장이 아니라 편안한 운동복 차림으로 혼자 오랫동안 트랙을 돌고 있었다.

나는 그 모습을 보며 그가 언젠가는 멋진 유니폼을 입고 다시 경기장에 나오리라고 믿었다. 그에게 무슨 일이 일어났는지는 모른다. 하지만 한때 우승자였던 기억을 버리고 그가 분명 마음을 전환했음을 알 수 있었다. 그 전환된 마음이 그를 예전의 무기력한 선수가 아니라 정말 뛸 수 있는 선수 반열에 올라서게 해줄 것이다. 그가 훈련하는 모습을 보고 난 후, 나는 오랜 기도가 응답받은 것처럼 편안한 잠을 잘 수 있었다.

문제는 무기력이다

이 책을 쓰려고 결심한 것은 나의 무기력 때문이었다. 나는 오랫동안 아팠다. 그래서 나를 괴롭히고 아무것도 할 수 없게 만든 마음의 병이 무엇인지 알기 위해 책을 읽었다. 어떤 날은 하루에 3~4권씩 닥치는 대로 읽으며 내 문제에서 벗어나보려고 했다. 그러다가 마틴 셀리그만이 이야기한 학습된 무기력이 나의 증상과 정확히 일치함을 알았다. 내 증상이 무기력 때문이라는 사실을 알고 나서도 무기력에서 쉽게 벗어날 수 없었다. 무기력은 결코 만만한 대상이 아니었다. 셀리그만의 실험용 개들처럼 나도 변하지 않고 그대로 주저앉으려고 했다. 무기력에서 벗어나는 방법을 알지 못했기 때문이다. 여러 번 언급했듯 사람은 단편적인 기술과 일시적인 시도로 변화하는 존재가 아니다. 인간을 움직이는 모든 요소가 함께, 꾸준하게 움직여야 겨우 변할 수 있다.

내가 무기력 때문에 많이 아플 때, 구본형 선생님의 변화경영연구소 6기 연구원이 되었다. 변화에 갈급했던 나는 선생님께 많은 배움을 얻었고, 덕분에 조금씩 변화되었다. 변화의 첫 증거로 책 쓰는 일을 시작했다. 하지만 여전히 시퍼렇게 살아 있던 나의 무기력이 발목을 잡아 진행 속도가 매우 더뎠다.

하지만 그때마다 나는 새로운 전환법을 찾아내 내 것으로 만들었고, 그 배움이 나를 일으켰다. 그렇게 조금씩 학습된 무기력에서 벗어나 움직일 수 있었다. 쉰을 바라보는 내 인생은 세 개의 장으로 나뉜다. 무기력을 알기 전, 무기력에 빠져 있던 때, 그리고 무기력에서 벗어나고 난 이후 세 개의 장은 모두 다른 얼굴을 하고 있다. 특히 세 번째 인생은 첫 번째 인생으로 단순히 회귀한 것도 아니고 두 번째 인생에서 성장한 결과도 아니었다.

나는 진화했고 전혀 다른 종이 되었다고 생각한다. 모두 무기력 덕분이다.

혹시 당신도 지금 이 순간 달리지 못하고 출발선에 서서 울고 있는가? 그렇다면 내가 사용한 마음 전환 기술을 하나하나 시도해보길 바란다. 그러면 분명 달라진 자신을 발견할 것이다. 출발선에 선 남자가 일어나 다시 뛰어서 새로운 신화를 만들었듯, 당신도 새로운 신화를 창조할 수 있다. 신화 창조자들도 한때는 하루하루를 겨우 살아내다가 적극적으로 살 수 있게 된 사람들이다. 그들은 막판 뒤집기에 성공해 자기 인생의 영웅이 되었다.

당신도 인생의 막판 뒤집기를 꿈꿔보길 바란다. 당신이 주역이 되는 인생을 당신의 힘으로 만들어낼 수 있을 것이다. 마음의 진화는 자유를 줄 것이고 꿈을 이루게 도울 것이며, 원하는 인생을 살게 해줄 것이다. 그러니 이제 다시 뛰어보자.

가장 훌륭한 시는 아직 쓰이지 않았다.
가장 아름다운 노래는 아직 불러지지 않았다.
최고의 날은 아직 살지 않은 날들
가장 넓은 바다는 아직 항해되지 않았고
가장 먼 여행은 아직 끝나지 않았다.

불멸의 춤은 아직 추어지지 않았으며
가장 빛나는 별은 아직 발견되지 않은 별.

무엇을 해야 할지 더 이상 알 수 없을 때
그때 비로소 진정한 무엇인가를 할 수 있다.
어느 길로 가야 할지 더 이상 알 수 없을 때
그때가 비로소 진정한 여행의 시작이다.

_터키 혁명 시인 나짐 히크메트의 〈진정한 여행〉

부록

———

자가
진단
테스트

## 1. 우울증 테스트

무기력 때문에 우울한가? 다음 두 가지 질문지를 이용해 당신의 우울증 지수를 테스트해보라.

간편한 우울증 자가 테스트 1

다음 중에서 몇 가지가 본인에게 해당되는가?

1  낙심되고 우울하고 슬프다. ☐
2  전에 즐기던 일들이 이젠 재미가 없다. ☐
3  내가 죽으면 다른 사람들에게 차라리 더 나을 것 같다. ☐
4  내가 쓸모없고 불필요한 존재로 느껴진다. ☐
5  체중이 줄어든다. ☐
6  밤에 잠을 잘 자지 못한다. ☐
7  불안해서 한시도 가만히 있지 못한다. ☐
8  정신이 전처럼 맑지 않다. ☐
9  이유 없이 피곤하다. ☐
10 미래에 대해 절망적인 느낌이 든다. ☐

이 열 개의 문항 중 1번과 2번을 포함 다섯 개 이상에 동의하고 이 증상이 2주 이상 계속된다면 전문가와 상담해야 한다. 특히 3번에 동의할 때는 즉시 의사를 찾아가기 바란다.

이것으로 뭔가 부족하다면 두 번째 테스트를 해보자.

간편한 우울증 자가 테스트 2

조금 더 자세한 우울 지수를 알고 싶을 때는 마틴 셀리그만이 소개한 다음
의 우울증 테스트를 해보자. 미국 국립정신건강연구소의 래노어 래드로프
가 고안한 이 우울증 테스트는 심리 치료사나 정신과 의사에게 가지 않고
서도 본인 스스로 자신의 우울도를 알아볼 수 있는 방법이다.

당신은 지금 얼마나 우울한가? 지난 한 주 동안 여러분이 겪은 일을 회상
하며 아래 물음에 답해보자. 표의 각 문항을 읽고 오른쪽 답지에 해당되는
번호를 하나 골라 그 번호에 체크하면 된다. 응답을 다 했으면 점수를 계
산해보자. 응답지에 나온 번호의 숫자대로 점수를 주면 된다. 즉 1번을 고
르면 1점, 3번을 고르면 3점을 준다. 20개의 문항이므로 점수는 0~60점
이다.

0  거의 그런 적이 없다(하루 이하).

1  가끔씩 그럴 때가 있다.

2  종종 그럴 때가 있다.

3  거의 한 주 내내 그렇다.

| | 질문 | 답지 |
|---|---|---|
| 1 | 보통 때는 아무렇지도 않은 일들이 나를 괴롭힌다. | 0  1  2  3 |
| 2 | 식욕이 감퇴했다. | 0  1  2  3 |
| 3 | 가족이나 친구들과 같이 어울려도 울적했다. | 0  1  2  3 |
| 4 | 내가 다른 사람만큼 훌륭하지 못하다는 생각이 든다. | 0  1  2  3 |
| 5 | 일에 정신을 집중할 수가 없다. | 0  1  2  3 |
| 6 | 우울했다. | 0  1  2  3 |
| 7 | 매사를 어쩔 수 없이 한 것 같다. | 0  1  2  3 |
| 8 | 미래에 대한 희망이 없었다. | 0  1  2  3 |
| 9 | 내 인생은 실패작이라는 생각을 했다. | 0  1  2  3 |
| 10 | 두려움을 느꼈다. | 0  1  2  3 |
| 11 | 편안히 잠자지 못했다. | 0  1  2  3 |
| 12 | 불행하다고 생각했다. | 0  1  2  3 |
| 13 | 평소보다 말이 적었다. | 0  1  2  3 |
| 14 | 외로웠다. | 0  1  2  3 |
| 15 | 남들이 나에게 불친절했다. | 0  1  2  3 |
| 16 | 사는 데 재미를 느끼지 못했다. | 0  1  2  3 |
| 17 | 갑자기 서럽게 운 적이 있었다. | 0  1  2  3 |
| 18 | 슬펐다. | 0  1  2  3 |
| 19 | 남들이 나를 싫어하는 것 같다. | 0  1  2  3 |
| 20 | 더 이상 살아갈 수가 없다. | 0  1  2  3 |

문제는 무기력이다

### 결과 해석

0~9점에 해당된다면 당신은 우울증이 없는 사람이다. 10~15점이라면 약간 우울증이 있는 사람이며, 16~24점이라면 꽤 우울하다고 할 수 있다. 만일 24점 이상이라면 우울증이 심각하므로 심리 상담사나 의사를 만나야 한다. 한 번의 검사로 우울증에 대한 자가 진단을 하기가 꺼려진다면 2주 정도 후에 다시 한 번 더 이 테스트를 해보자. 만약 2주 후 다시 검사해도 24점 이상을 받았다면 그때는 정말 심리 상담을 받아야 한다.

결과가 어떻게 나왔는가? 9점 이하인가? 그렇다면 당신의 낙관적인 생각이 인생을 풍요롭게 해줄 것이다. 혹시 24점 이상이라 좀 놀라지는 않았는가? 당장 정신과에 가야 하는지 고민되는가? 물론 의사나 상담사를 만나면 큰 도움이 될 것이다. 하지만 그럴만한 시간적·경제적 여유가 없다면 나의 경우를 참고하기 바란다.

나는 글로벌 금융 위기가 닥친 2008년 10월쯤, 매우 힘들 때 이 테스트를 한 적이 있었다. 내가 계산한 점수는 총 54점이었다. 24점부터 의사를 만나라는데 54점이라니 나는 너무 충격을 받았고 믿을 수 없었다. 그 수치를 믿을 수 없어 2주 후에 다시 검사를 했는데 56점이 나왔다. 더 올라가 있었다. 아마 그때 나는 정신적으로 거의 응급 상태였던 것 같다. 실제로 그때는 자살을 자주 생각했다. 하지만 나는 의사를 찾아가지 않았다. 내가 만일 의사를 찾아가 항우울제를 먹으면 나는 이 우울증에서 평생 벗어나지 못할지 모른다는 두려움에 스스로 견디는 쪽을 택했다. 정말이지 나를 지키기 위해 꼿꼿이 버텼다. 그리고 책을 잡았다. 우울을 벗어나기 위해 닥치는 대로 읽었다. 그로부터 2년 후 우연히 위의 테스트를 다시 하게 되었는데 점수가 19점으로 떨어졌다. 다시 6개월 정도가 지난 2011년 6월경에는 4점이 되어 있었다. 항우울제 없이 치유되고 있었던 것이다. 물론 내가 공부한 심리 상담이 큰 역할을 했고, 내가 읽은 책도 도움이 된 것 같다. 그리고 지금은 이 테스트를 하지 않는다. 해야 할 필요성을 느끼지 못하기 때문이다. 물론 지금도 환경이 많이 변한 것은 아니다. 그러나 나는 더 이상 내 인생을 낭비하고 있진 않다. 내게는 해야 할 일이 있고 내가 가야 할 길을 분명히 알기 때문이다. 그러므로 우울증 점수가 높게 나왔다고 당황하거나 놀라지 말길 바란다. 하지만 의사나 상담사를 만나는 것은 좋은 방법이니 여건이 되면 시도해보기를 권한다. 그러나 만약 그조차 할 힘이 없다면 내가 이 책에서 제시한 방법을 매일 시도하며 자신의 정체성에 대해 깊이 생각해보기 바란다. 우울한 감정을 일으키는 원인이 당장 없어지지 않더라도 자기 수련으로 우울을 극복할 수 있다면 상담사나 항우울제에 의한 치료 결과보다 면역성을 훨씬 더 높여주어, 당신은 이전보다 더 튼튼한 영혼의 소유자가 될 수 있을 것이다.


## 2. 탈진 테스트

다음은 매슬래시Christina Maslach가 만든 탈진 체크리스트를 변형한 것이다. 본인이 얼마나 많이 탈진되어 있는지 체크해보자. 20개 항목 중 17개 이상에 해당된다면 심각한 탈진 상태라 할 수 있다. 탈진은 무기력으로 이어질 수 있으니 주의가 필요하다.

문제는 무기력이다

1   나는 내 일에 지쳐있다. ☐

2   나는 하루 일을 끝내는 시간쯤이면 종종 탈진한 느낌을 받는다. ☐

3   아침에 일어나면 곧잘 피곤함을 느끼며 오늘 일을 다른 날로 했으면 할 때가 많다. ☐

4   나는 동료들이 사물에 대해 어떻게 생각하는가를 잘 파악할 수 있다. ☐

5   스스로 동료들을 사람이 아닌 마치 물건과 같이 취급한다는 느낌이 들 때가 있다. ☐

6   하루 종일 사람들과 함께 일한다는 것은 상당히 긴장되는 일이다. ☐

7   나는 내 동료들의 문제를 효율적으로 처리한다. ☐

8   일 때문에 종종 탈진한 느낌을 받는다. ☐

9   나는 일을 통하여 다른 사람들의 생각에 긍정적인 영향을 준다고 느낀다. ☐

10  직업을 가지고 나서 사람에 대해 더 냉정해졌다. ☐

11  내 직업이 나를 정서적으로 경직되게 하지 않을까 걱정한다. ☐

12  나는 매우 정력적이라고 느낀다. ☐

13  내 직업 때문에 좌절감을 느낄 때가 있다. ☐

14  나는 일을 너무 열심히 한다고 생각할 때가 많다. ☐

15  나는 동료들에게 어떤 일이 일어났는지 신경을 쓰지 않는 경향이 있다. ☐

16  사람들과 함께 일한다는 것은 나에게 너무나 많은 스트레스를 준다. ☐

17  나는 동료들과 이완된 분위기를 조성하려고 애쓴다. ☐

18  나는 내 일을 통해 가치있는 일을 많이 해왔다고 생각한다. ☐

19  나는 종종 마지막 줄에 매달려있는 느낌을 받는다. ☐

20  동료들이 그들의 문제에 대한 책임이 나에게 있다고 비난하는 것 같은 느낌이 들 때가 있다. ☐

# 참·고·문·헌

1. 〈학습된 낙관주의〉, 마틴 셀리그만, 21세기북스, 2008

2. 〈긍정 심리학〉, 마틴 셀리그만, 물푸레, 2007

3. 〈낙관적인 아이〉, 마틴 셀리그만, 물푸레, 2010

4. 〈심리학의 즐거움〉, 마틴 셀리그만, 휘닉스, 2008

5. 〈인지 과학〉, 이정모, 성균관대학교 출판부, 2009

6. 〈인지 과학 입문〉, 조르주 비노, 만남, 2002

7. 〈인지 과학〉, 장 가브리엘 가나시아, 영림카디널, 2000

8. 〈인지 과학의 철학적 이해〉, 바넬라 톰슨 외, 옥토, 1997

9. 〈심리철학과 인지 과학〉, 김영정, 철학과 현실사, 1996

10. 〈인지심리학〉, 존 R. 앤더슨, 을유문화사, 1990

11. 〈인지심리학〉, 코린 마틴달러, 교육과학사, 1995

12. 〈인지심리학의 제문제 1〉, 이정모 편, 성화사, 1996

13. 〈인간의 마음 무엇이 문제인가? 1, 2〉, 칼 A. 메닝거, 선영사, 1994

14. 〈정신 병리학의 기초〉, J. C. 네마이어, 민음사, 1993

15. 〈마음의 지도 1〉, 맥크로이, 넥세스, 1997

16. 〈마음의 개념〉, 길버트 라일, 문예출판사, 1994

17. 〈마음의 이론〉, 스티븐 프리스트, 고려원, 1995

18. 〈마음의 진화〉, 대니얼 C. 데닛, 두산동아, 1996

19. 〈마음의 진보〉, 카렌 암스트롱, 교양인, 2011

20. 〈마음의 습관〉, 웨인 다이어, 이레, 2006

21. 〈마음의 작동법〉, 에드워드 L. 데시, 에코의 서재, 2011

22. 〈성장 심리학〉, 듀에인 슐츠, 이화여자대학교 출판부, 1996

23. 〈의식의 탐구〉, 크리스토프 코흐, 시그마프레스, 2006

24. 〈의식 심리학〉, 로버트 오스틴, 성화사, 1992

25. 〈재능은 어떻게 단련되는가〉, 제프 콜빈, 부키, 2008

26. 〈새로운 미래가 온다〉, 대니얼 핑크, 한국경제신문, 2006

27. 〈드라이브〉, 대니얼 핑크, 청림출판, 2011

28. 〈나를 명품으로 만들어라〉, 리처드 N. 볼스, 북플래너, 2009

29. 〈니코마코스 윤리학〉, 아리스토텔레스, 도서출판 창, 2011

30. 〈인간 본성에 관한 10가지 이론〉, 레슬리 스티븐슨, 갈라파고스, 2006

31. 〈최고의 나를 꺼내라〉, 스티븐 프레스필드, 북북서, 2010

32. 〈몸에 밴 어린 시절〉, W. 휴 미실다인, 카톨릭교리선교원, 1995

33. 〈성공의 새로운 심리학〉, 캐롤 드웩, 부글, 2011

34. 〈의지와 표상으로서의 세계〉, 쇼펜하우어, 동서문화사, 2010

35. 〈아웃 라이어〉, 말콤 글래드웰, 김영사, 2009

36. 〈그대 스스로를 고용하라〉, 구본형, 김영사, 2009

37. 〈경영의 미래〉, 게리 해멀, 세종서적, 2010

38. 〈인생으로의 두 번째 여행〉, 알렌 B. 치넨, 황금가지, 1999

39. 〈신화의 힘〉, 조셉 캠벨, 이끌리오, 2007

40. 〈신화와 인생〉, 조셉 캠벨, 갈라파고스, 2009

41. 〈신화의 세계〉, 조셉 캠벨, 까치, 2009

42. 〈천의 얼굴을 가진 영웅〉, 조셉 캠벨, 민음사, 2009

43. 〈유능감을 키우는 교실〉, 하타노 기요오, 정민사, 2007

44. 〈신곡〉, 단테, 하서, 1990

45. 〈학습무기력〉, 신기명, 배영사, 2006

46. 〈How to Live: 갈림길에서 길을 묻다〉, 윌리엄 브리지스, 이끌리오, 2008

47. 〈내 삶에 변화가 찾아올 때〉, 윌리엄 브리지스, 풀무레, 2006

48. 〈변환 관리〉, 윌리엄 브리지스, 풀무레, 2004

49. 〈역사 속의 영웅들〉, 윌 듀런트, 김영사, 2011

50. 〈차라투스트라는 이렇게 말했다〉, 프리드리히 니체, 민음사, 2010

51. 〈의식 혁명〉, 데이비드 호킨스, 한문화, 1998

52. 〈의식 수준을 넘어서〉, 데이비드 호킨스, 황금가지, 2009

53. 〈내 안의 참나를 만나다〉, 데이비드 호킨스, 황금가지, 2009

54. 〈나의 눈〉, 데이비드 호킨스, 한문화, 2001

55. 〈유능한 상담자〉, 제라드 이건, 학지사, 2011

56. 〈감정과 이성〉, 리처드 래저러스, 문예출판사, 1997

57. 〈영혼의 의자〉, 게리 주커브, 나라원, 2005

58. 〈감정을 과학한다〉, 게리 주커브, 이레, 2007

59. 〈그리스 인 조르바〉, 니코스 카잔차키스, 열린책들, 2011

60. 〈월든〉, 헨리 데이비드 소로우, 더클래식, 2011

61. 〈그림자〉, 이부영, 한길사, 2011

62. 〈자기와 자기실현〉, 이부영, 한길사, 2011

63. 〈아니마와 아니무스〉, 이부영, 한길사, 2011

64. 〈서양 철학사〉, 버트란드 러셀, 을유문화사, 2010

65. 〈철학 이야기〉, 윌 듀런트, 동서문화사, 2010

66. 〈심리학〉, 김현택 외, 학지사, 1997

67. 〈인간의 마음과 행동〉, 성균관대 응용심리연구소, 박영사, 2003

68. 〈우울증의 인지 치료〉, 아론 벡, 학지사, 2010

69. 〈성격장애의 인지 치료〉, 아론 벡 외, 학지사, 2010

70. 〈정서심리학〉, 제임스 W. 카랏, 시그마 프레스, 2009

71. 〈합리적 정서행동 치료〉, 앨버트 엘리스, 학지사, 2007

72. 〈인지 치료〉, 주디스 S. 벡, 하나의학사, 1997

73. 〈인지행동 치료〉, J. H. Wright & M.R. Basco, 학지사, 2010

74. 〈성격심리학〉, Walter Mischel 외, 시그마 프레스, 2008

75. 〈정서지능〉, Gerald Malthews 외 , 학지사, 2010

76. 〈성격심리학〉, Charles S. Carver 외, 학지사, 2009

77. 〈성격심리학 이론과 연구〉, Lawrence A. Pervin 외, 중앙적성출판사, 2006

78. 〈엔트로피〉, 제러미 리프킨, 세종연구원, 2010

79. 〈살아남기 위하여〉, 자크 아탈리, 위즈덤 하우스, 2010

80. 〈영혼의 절규〉, 바슬라프 니진스키, 푸른숲, 2001

81. 〈기억 꿈 사상〉, 카를 융, 김영사, 2009

82. 〈프로페셔널의 조건〉, 피터 드러커, 청림출판, 2010

83. 〈자기 경영 노트〉, 피터 드러커, 한국경제신문, 2006

문제는 무기력이다

84. 〈사막을 건너는 여섯 가지 방법〉, 스티브 도나휴, 김영사, 2005

85. 〈광야를 지나는 법〉, 도널드 맥컬로우, 도마의 길, 2009

86. 〈우울의 심리학〉, 수 앳킨스, 소울, 2011

87. 〈우울증 스스로 극복하기〉, 폴 호크, 사람과 사람, 2009

88. 〈삶이 내게 말을 걸어올 때〉, 파커 J. 파머, 한문화, 2010

89. 〈적은 내 안에 있다〉, 남강, 평단, 2006

90. 〈회복탄력성〉, 김주환, 위즈덤 하우스, 2011

91. 〈절대회복력〉, 캐런 레이비치, 물무레, 2012

92. 〈프레임〉, 최인철, 21세기 북스, 2007

93. 〈의욕의 심리학〉, 이훈구, 21세기 북스, 2008

94. 〈권력자와 무기력자〉, 하인츠 스폰젤, 예영 커뮤니케이션, 1998

95. 〈삶의 의미를 찾아서〉, 빅터 프랭클, 청아출판사, 2005

96. 〈죽음의 수용소에서〉, 빅터 프랭클, 청아출판사, 2005

97. 〈나라서 참 다행이다〉, 크리스토프 앙드레, 북폴리오, 2010

98. 〈몰입〉, 미하이 칙센트미하이, 한울림, 2011

99. 〈몰입 1〉, 황농문, 랜덤하우스, 2008

100. 〈몰입 2〉, 황농문, 랜덤하우스, 2011

101. 〈몰입의 즐거움〉, 미하이 칙센트미하이, 해냄, 2006

102. 〈몰입의 기술〉, 미하이 칙센트미하이, 더불어책, 2003

103. 〈사기열전〉, 사마천(김원중 역), 민음사, 2007

104. 〈백범일지〉, 김구, 돌베개, 2005

105. 〈힘든 선택들〉, 칼리 피오리나, 해냄, 2006

106. 〈유러피언 드림〉, 제러미 리프킨, 민음사, 2010

107. 〈부의 미래〉, 앨빈 토플러, 청림출판, 2006

108. 〈제3의 물결〉, 앨빈 토플러, 홍신 문화사, 2006

109. 〈긍정의 힘〉, 밥 머레이 외, 국일 미디어, 2005

110. 〈Good to Great: 좋은 기업을 넘어 위대한 기업으로〉, 짐 콜린스, 김영사, 2010

111. 〈How the Mighty Fall : 위대한 기업은 다 어디로 갔을까?〉, 짐 콜린스, 김영사, 2010

112. 〈성공하는 기업들의 8가지 습관〉, 짐 콜린스 외, 김영사, 2011

113. 〈블루오션 전략〉, 김위찬 외, 교보문고, 2008

114. 〈위대한 나의 발견, 강점 혁명〉, 마커스 버킹엄 외, 청림출판, 2010

115. 〈뼛속까지 내려가서 쓰라〉, 나탈리 골드버그, 한문화, 2000

116. 〈유혹하는 글쓰기〉, 스티븐 킹, 김영사, 2002

117. 〈지금 이 순간을 살아라〉, 에크하르트 톨레, 양문, 2004

118. 〈열정과 기질〉, 하워드 가드너, 북스넛, 2005

119. 〈통찰과 포용〉, 하워드 가드너, 북스넛, 2008

120. 〈체인징 마인드〉, 하워드 가드너, 재인, 2008

121. 〈위대한 승리〉, 잭 웰치, 청림출판, 2010

122. 〈천재들의 창조적 습관〉, 트와일라 타프, 문예출판사, 2006

123. 〈아티스트 웨이〉, 줄리아 캐머론, 경당, 2010

124. 〈자아를 잃어버린 현대인〉, 롤로 메이, 문예출판사, 1996

125. 〈행복한 이기주의자〉, 웨인 다이어, 21세기 북스, 2011

126. 〈끝나지 않은 길〉, M. 스콧 펙, 소나무, 1998

127. 〈포트 폴리오 인생〉, 찰스 핸디, 에이지, 2008

128. 〈비 이성의 시대〉, 찰스 핸디, 21세기 북스, 2009

129. 〈코끼리와 벼룩〉, 찰스 핸디, 생각의 나무, 2008

130. 〈정신분석 입문〉, 지그문트 프로이트, 선영사, 1996

131. 〈정신분석의 기본 원리〉, 알랭 바니에, 솔출판, 1999

132. 〈C. G. 융 심리학 해설〉, 조란데 야코비, 홍신 문화사, 1995

133. 〈한 권으로 읽는 융〉, 에드워드 암스트롱 베넷, 푸른숲, 1997

134. 〈융 무의식 분석〉, C. G. 융, 선영사, 1997.

135. 〈지식의 대융합〉, 이인식, 고즈윈, 2009

136. 〈통섭〉, 에드워드 윌슨, 사이언스 북스, 2005

137. 〈목표, 그 성취의 기술〉, 브라이언 트레이시, 김영사, 2003

138. 〈수첩이 인생을 바꾼다:Franklin Planner〉, 한국성과향상센터, 김영사, 2005

139. 〈굿바이 게으름〉, 문요한, 더난출판사, 2010

140. 〈천 개의 문제, 하나의 해답〉, 문요한, 북하우스, 2012

141. 〈인간과 동물의 감정표현에 대하여〉, 찰스 다윈, 서해문집, 1998

142. 〈제3의 문화〉, 존 브로크맨, 대영사, 1996

143. 〈사랑 중독〉, 브렌다 쉐퍼, 이너북스, 2010

144. 〈무지개 원리〉, 차동엽, 동이, 1996

문제는 무기력이다

1. 〈Helplessness - On depression, development and death〉, Martin E. P. Seligman, W.H. Freeman & CO., San Francisco, 1975

2. 〈Learned Optimism:How to Change Your Mind and Your Life〉, Martin E. P. Seligman, Vintage Books: A Division of Random House, Inc. New York, 2006

3. 〈How to beat Burnout〉, Frank Minirth & Don Hawkins, Moody Bible Institute of Chicago, 1997

4. 〈Cognitive Psychology〉, John B. Best, West Publishing Company, 1995

5. 〈Cognitive Psychology〉, Michael W. Eysenck & Mark T. Keane, Lawrence Erlbaum Associates Publishers, 1995

6. 〈Emotions and Life : Perspectives from Psychology, Biology and Evolution〉, Robert Plutchik, American Psychological Association Washington DC, 2003

7. 〈The Interpretation of Dreams〉, Sigmund Freud, Avon Books, 1998

8. 〈The Ego and the Id〉, Sigmund Freud, W. W. Norton & Company, 1989

# 문제는 무기력이다

초판 1쇄 발행 2013년 2월 28일 | 초판 22쇄 발행 2022년 12월 30일

지은이 박경숙

펴낸이 신광수
CS본부장 강윤구 | 출판개발실장 위귀영 | 출판영업실장 백주현 | 디자인실장 손현지
단행본개발팀 권병규, 조문채, 정혜리
출판디자인팀 최진아, 당승근 | 저작권 김마이, 이아람
채널영업팀 이용복, 우광일, 김선영, 이채빈, 이강원, 강신구, 박세화, 김종민, 정재욱, 이태영, 전지현
출판영업팀 민현기, 최재용, 신지애, 정슬기, 허성배, 설유상, 정유
영업관리파트 홍주희, 이은비, 정은정
CS지원팀 강승훈, 봉대중, 이주연, 이형배, 전효정, 이우성, 장현우, 정보길성

펴낸곳 (주)미래엔 | 등록 1950년 11월 1일(제16-67호)
주소 06532 서울시 서초구 신반포로 321
미래엔 고객센터 1800-8890
팩스 (02)541-8249 | 이메일 bookfolio@mirae-n.com
홈페이지 www.mirae-n.com

ISBN 978-89-378-3404-2 03180

와이즈베리는 참신한 시각, 독창적인 아이디어를 환영합니다.
기획 취지와 개요, 연락처를 bookfolio@mirae-n.com으로 보내주십시오.
와이즈베리와 함께 새로운 문화를 창조할 여러분의 많은 투고를 기다립니다.